JULIAN

[英]爱丽丝·加德纳 著　　李丽 译

朱利安大帝与

PHILOSOPHER AND EMPEROR & THE LAST STRUGGLE OF PAGANISM AGAINST CHRISTIANITY

罗马帝国的中兴

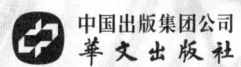

中国出版集团公司
华文出版社

图书在版编目（CIP）数据

朱利安大帝与罗马帝国的中兴 /（英）爱丽丝·加德纳著；李丽译. -- 北京：华文出版社，2021.8
（华文全球史）
ISBN 978-7-5075-5469-4

Ⅰ.①朱… Ⅱ.①爱… ②李… Ⅲ.①罗马帝国—历史 Ⅳ.①K126

中国版本图书馆CIP数据核字(2021)第117372号

朱利安大帝与罗马帝国的中兴

作　　者：[英] 爱丽丝·加德纳
译　　者：李丽
选题策划：盛世华章
插图供应：029-85504182
责任编辑：景洋子　魏丹丹
出版发行：华文出版社
社　　址：北京市西城区广外大街305号8区2号楼
邮政编码：100055
网　　址：http://www.hwcbs.com.cn
电　　话：总编室010—58336239
　　　　　发行部010—58336212
经　　销：新华书店
印　　刷：三河市燕春印务有限公司
开　　本：710×1000　1/16
印　　张：21.75
字　　数：320千字
版　　次：2021年8月第1版
印　　次：2021年8月第1次印刷
标准书号：ISBN 978-7-5075-5469-4
定　　价：90.00元

版权所有　侵权必究

出版前言

随着中国开放的大门越开越大,关注世界各国尤其是西方国家文明的源流、发展和未来已经成为当下世界史研究的一个热点。为了成系统地推出一套强调"史源性"且在现有世界史出版物中具有拾遗补阙价值的作品,我们经过认真论证,推出了"华文全球史"系列,首次出版约一百个品种。

"华文全球史"系列从书目选择到译者的确定,从书稿中图片的采用到人名地名的规范,都有比较严格的遴选规定、编审要求和成稿检查,目的就是要奉献给读者一套具有学术性、权威性和高质量的世界史系列图书。

书目的选择。本系列图书重视世界史学科建设,视角宽阔,层级明晰,数量均衡,有所突出。计划出版的"华文全球史"中,既有通史,也有专题史,还有回忆录,基本上是世界历史著作中的上乘之作,填补了国内同类作品出版的空白。

人名地名规范。本系列图书中人名地名,翻译规范,重视专业性。在人名翻译方面,我们坚持"姓名皆全"的原则,加大考据力度,从而实现了有姓必有名,有名必有姓,方便了读者的使用。在注释方面,书中既有原书注,完整地保留了原著中的注释;也有译者注,体现了译者的研究性成果。

书中的插图。本系列图书的一个重要特点是书中都有功能性插图,这些插图全方位、多层次、宽视角反映当时重大历史事件,或与事件的场景密切相关,涉及政治、军事、经济、社会、外交、人物、地理、民俗、生活等方面的绘画作品与摄影作品。功能性插图与文字结合，赋予文字视觉的艺术，丰富了文字的内涵。

译者的确定。本系列图书的翻译主要凭借的是一个以大学教师为主的翻译团队，团队中不乏知名教授和相关领域的资深人士。他们治学严谨，译笔优美，为确保质量奉献良多。

"华文全球史"系列作为一套具有较高学术价值的优秀的世界历史丛书，对增加读者的知识，开阔读者的视野，具有积极的意义。同时要看到，一方面很多西方历史学家的观点符合事实，另一方面不少西方历史学家的观点是错误的，对于这些，我们希望读者不要不加分析地全盘接受或全盘否定，而是要批判地吸收外国文化中有益的东西。

华文出版社

2019年8月

前　言

将《朱利安大帝与罗马帝国的中兴》列入"民族英雄"丛书是编辑的决定。就我而言，从年少时起，我便对朱利安的故事着迷。随着后来几年对他研究的深入，我愈发被他的性格吸引。在我看来，朱利安与那个时代的关系如今变得越来越具有教育意义。杰拉尔德·亨利·伦德尔先生曾写过一本介绍朱利安的小册子。这本小册子尽管与本书的视角不尽相同，但应该有助于读者对朱利安有一个更清楚的认识。

在此，我谨向给予本书建议、批评和指导的人表示衷心的感谢。首先，我要感谢我的兄弟们，他们是牛津大学的珀西·加德纳教授和雅典不列颠学院的恩斯特·加德纳先生。珀西·加德纳教授提供了很多基础性建议，并协助我挑选插图。在撰写手稿阶段，恩斯特·加德纳先生提出了非常中肯的批评，并且帮我翻译了希腊文本中复杂的段落。剑桥大学冈维尔凯斯学院的J.S.里德博士向我推荐了许多与朱利安有关的德语书籍，使我受益良多。他还不辞辛劳地向我解释了保存在《狄奥多西法典》中与朱利安相关的法律条文。来自冈维尔凯斯学院的门罗先生提供了很多相关资料。剑桥大学的劳拉·阿彻-欣德夫人仔细审阅了我的校样，并提出了非常中肯的批评。感谢阿伦德尔协会。正是得到该协会负责人的许可，我才可以使用南肯辛顿博物馆收藏的牙雕艺术品的照片[①]。另外，经常在小亚细亚旅行的柯林森先生非常慷慨地向我提供了他在塔尔苏斯及其周边地区拍摄的照片，并附上有趣的介绍。朗曼公司负责人欣然允许我复制了由乔治·罗林森教授编著的《第七王朝》中的波斯人图片。大英博物馆货币、纪念章部的先生们，尤其是乔治·希尔先生热心地协助我挑选钱币，并提供了它们的模型。

  这里我还想谈谈我为什么会选择一些插图。我认为插图的主要功能是阐释文本，而不是装饰书籍。因此，我尽量选择可以让故事更生动的图片，使读者能够尽可能详细地了解朱利安时代人们生活的环境，他们的样貌、着装、典型的居所，以及经常出入的场所。由于朱利安时代的艺术作品很多已经损毁，因此我没有过多选择这部分图片。然而，在历史的变迁中，有一种艺术形式受到的影响较小、保存较好，那就是牙雕作品。我选择的象牙双联画，大多出自朱利安统治时期或稍晚时期。这些双联画清晰地反映了当时人们的着装和样貌。作为补充，我还选择了一些早期的神话题材作品。除了朱利安时代的肖像画和钱币，我还挑选了一些小亚细亚大城市的塔楼、驾驶战车的女神和光芒四射的天神的精美图片。这些图片可以帮助我们认识朱利安竭力复兴的古希腊文明。

  在本书部分章节末尾，我列举了参考的一些主要权威史料。当然，对研究朱利安的学者来说，最权威的永远是朱利安本人。

爱丽丝·加德纳
剑桥大学纽纳姆学院

[①] 因原书插图质量较差，该译本没有采用。——译者注

目 录

001 **第 1 章**
君士坦丁大帝统治下的罗马世界(从公元 305 年到公元 337 年)

027 **第 2 章**
朱利安的早期生活与加卢斯的事业
兴衰(从公元 331 年到公元 354 年)

051 **第 3 章**
朱利安接受的教育(从公元 350 年到公元 354 年)

071 **第 4 章**
朱利安被擢升为恺撒(公元 355 年)

087 **第 5 章**
恺撒朱利安在高卢(从公元 356 年到公元 359 年)

107 **第 6 章**
罗马东部和西部的军事行动及朱利安
登基为帝(从公元 359 年到公元 360 年)

127	第 7 章	
	君士坦提乌斯二世之死及朱利安	
	统治罗马（从公元 360 年到公元 361 年）	

147	第 8 章	
	朱利安的宗教和哲学思想	

169	第 9 章	
	宗教改革家及辩论家朱利安	

193	第 10 章	
	朱利安对基督教教徒的政策	

215	第 11 章	
	朱利安的立法工作和行政改革	

231	第 12 章	
	朱利安的文学消遣及他与犬儒学派的论战	

261	第 13 章	
	朱利安与安条克人（从公元 362 年到公元 363 年）	

277	第 14 章	
	远征波斯与朱利安驾崩（公元 363 年）	

299	第 15 章	
	朱利安的结局及历史地位	

313	译名对照表

第 1 章

君士坦丁大帝统治下的罗马世界

（从公元305年到公元337年）

精彩看点

改变罗马的三大事实——罗马政府已成为君主政体——戴克里先皇帝的政策——官职和品级——民政和军权分离——兴建君士坦丁堡——戴克里先皇帝共治计划的失败——戴克里先迫害基督教——君士坦提乌斯一世与君士坦丁大帝的宗教政策——宽容敕令——多纳图派和阿里乌派——亚他那修和基督教宗教会议——阿里乌派的反抗——在提尔召开的宗教会议——亚他那修的命运——宗教论战对朱利安的影响

> 这是一个礼崩乐坏的时代,唉!倒霉的我却要负起重整乾坤的责任。
>
> ——《哈姆雷特》

公元4世纪早期,因为三个事实的出现,古希腊世界与古罗马世界的命运发生了巨变。迄今为止,对心思缜密的观察家来说,这三个事实显而易见。但这些事实由于隐藏在一大堆神圣、庄严的假象中,所以不为人知。①

这三个事实分别是:第一,罗马帝国已不再实行共和政体;第二,"永恒之城"罗马不再是整个罗马帝国的政治中心;第三,无论是早期简单的形式,还是后来结合了东方神话和宗教仪式的产物,抑或融合了神学学者的研究成果,多神教都不再被视为罗马人及其统治者信奉的宗教。

这三个重要事实的形成并不是一蹴而就,也不是由某一位皇帝完成。这

---

① 我认为没有必要在这里详细列举本章参考的众多史料,因为这将是一项漫长的工作。对这个时期罗马帝国的政治和社会状况,赫尔曼·席勒在他的《罗马帝国史》第3卷中阐述得非常透彻。想要了解教会,读者可以参考亨利·梅尔维尔·格沃特金教授撰写的《教会历史时期》或《阿里安纷争》第1卷、约翰·卡尔·路德维希·吉泽勒翻译的《教会史》及塞缪尔·奇特姆撰写的《早期教会史》。我还要特别推荐F.伯林格撰写的《亚他那修与阿里乌》。当然路易-塞巴斯蒂安·勒南·蒂耶蒙的著作也可以称作是研究罗马帝国这一时期的宝藏。而将这段罗马历史向大众普及的著作非爱德华·吉本的《罗马帝国衰亡史》莫属。——原注

三个事实可以说代表了戴克里先和君士坦丁大帝执政时期的主要政策路线。然而，戴克里先没有意识到，罗马帝国的宗教改革是不可阻挡的趋势。因此，戴克里先在其统治时期，通过残酷迫害基督教教徒来遏制基督教的发展。这意味着皇权与教权终有一搏。另外，在政治和军事方面，戴克里先和君士坦丁大帝实施的一些改革在很久以前就已被其他人尝试，这个人就是著名的军人皇帝奥勒利安。公元270年到公元275年，在不到五年的短暂统治期间，奥勒利安启动了一系列改革，这些改革被其继任者沿用。而这些改革与我们当前研究的、戴克里先后来实施的改革完全同质，也是在短时期内进行的。因此，以奥勒利安执政时期为界，我们可以将罗马帝国划分成两个历史时期。一些德国历史学家将这两个历史时期称为元首制时期和君主专制时期。

戴克里先　　　　　　　　　　　　　　　　　　奥勒利安

君士坦丁大帝

　　当然，就君士坦丁大帝及其前任统治下罗马帝国的外部局势和内部发展而言，即使是最粗略的叙述，也远远超出了我们现在的研究范畴。著名的英国历史学家爱德华·吉本写过一部研究罗马帝国这一时期的著作。爱德华·吉本的著作尽管有瑕疵，但短时期内不太可能被取代。我们发现，虽然许多现代历史学家可以更公正地评价罗马历史，提供更精确的细节，赢得更广泛的认同，但我们不敢指望这些历史学家的作品能像爱德华·吉本的著作一样有分量并且鼓舞人心。近年来，尽管一些学识渊博的法国学者和德国学者努力追随爱德华·吉本的脚步，把罗马帝国这个宏大课题作为一个整体来研究，但更多来自各国的专题史研究者也做了一些有益的工作。他们把这一广阔领域划分为多个部分，专注研究其中的某一部分。那些想要钻研罗马帝国历史的人，如果没有异于常人的天赋，就必须接受罗马人的准则——分而治之。然而，与历史学家相比，传记作家的任务要简单得多。对传记作家而言，这种对研究对象的划分是现成的，也是明确的。传记作家只需把那个时代发生的历史事件看作是自己的主人公生活和工作的背景。因此，目前我们研究朱利安，与其过多考虑罗马当时的历史，不如了解他的生平及性格。

对前面提到的三大事实的认识极大地影响了朱利安的一生。当这些变化以一种势不可当的趋势袭来时，朱利安意识到自己必须坚决抵制这种趋势。这倒不是说朱利安不愿意沿用前任的政策，毕竟这样有利于罗马帝国的对外防御和对内管理。但朱利安萌生了让人们遵循古法的愿望。当全心全意地捍卫那些已很难对人产生影响的多神教时，朱利安觉得自己与周围的世界格格不入。于是，他将全部精力投入到反对革新的行动中。在英美读者看来，进步的事业

朱利安

和正义的事业似乎是一致的。读者们也许会认为"反改革英雄"是一个自相矛盾的词。至于朱利安是否应该被称为英雄，在研究结束时我们也许能做出更好的判断。在这里，我只想说，人们不应因朱利安是保守派而从一开始就对他抱有偏见。一些乐观的哲学家希望人们相信，人类进步的进程是稳步向前的。但他们不能否认，在前进的过程中，为了更好地抓住新事物，一些与之不相容的、好的旧事物，也常常被历史丢弃。于是，有学者提醒我们去关注这些正在被丢弃的珍宝，试图找回这些珍宝的碎片。虽然他们表现得过于紧张或满腹牢骚，但后来者无权轻视这些学者付出的努力。

现在，我们必须明白，朱利安抵触这三大事实与其思想和性格密切相关。他憎恨浮华和虚荣，厌恶烦琐、碍手碍脚的宫廷礼仪。他沉迷于雅典民主制和罗马元老院制度创造的古代荣耀，很难从变革的角度理解罗马帝国皇权为何朝东方皇权的形式演变。为了重现罗马元老院制度和雅典民主制的光辉时代，他几乎是单枪匹马、竭尽全力地付出。然而，无论好坏，朱利安的努力都没有产生明显效果。他像尊重古老文明一样尊重罗马城，但并不热衷于捍卫它的地位——至少不像他热衷于捍卫古希腊文化与古罗马文化那样。在朱利安看来，古希腊文化与古罗马文化似乎与罗马帝国的命运息息相关。在朱利安执政时期，罗马帝国内忧外患。作为君主，朱利安主导的两场战役都取得了胜利。其中一场是在莱茵河，另一场是在底格里斯河。同时，朱利安还致力于维护罗马帝国的军事防御系统，倡导希腊文化和思想的传播。因此，我们完全可以认为朱利安在维护罗马帝国的完整性方面尽了一分力量。至于罗马帝国宗教信仰方面的变化，对朱利安来说，这不仅是追求自身事业的不利因素，而且是对自己珍视的多神教信仰的破坏，是对公共利益中最必要的因素的破坏。朱利安觉得自己有义务不惜任何代价阻止这种破坏，或者将破坏多神教的企图消灭在萌芽中。

为避免混乱，让我们简要梳理一下要讨论的主要问题：这些政治和宗教上的巨变是如何产生的？这三项事实的意义分别是什么？

关于第一个事实，历史学家爱德华·吉本将屋大维及其继任者的统治定义为"以共和政体为外衣的君主专制政体"。对君主专制政体的性质及伪装方法的研究，不属于本书讨论的范畴。但凡对罗马帝国历史略知一二的人都知道，在相对繁荣的安敦尼王朝结束后，罗马帝国的实权落入贪婪、残暴的军人佩蒂纳克斯手中。佩蒂纳克斯缺乏民族认同感，不愿意维护国家秩序和加强法纪。因此，国内的无政府状态和边境上无休止的战争使罗马帝国国运衰败。从朱

佩蒂纳克斯

克劳狄乌斯二世

利安的先祖克劳狄乌斯二世开始,一批杰出的统治者相继出现。他们能够恢复秩序,击退傲慢的入侵者,并且采取措施巩固罗马帝国的边防。尽管如此,公元285年,戴克里先即位时,罗马帝国濒临破产,国防亟须彻底重建。戴克里先是一位值得称赞的皇帝,拥有强大的个人魅力。对历史学家来说,戴克里先是一个谜。戴克里先不是罗马人,也不是意大利人,而是一个出身低微的达尔马提亚人。也许正是因为他较少受到传统的束缚,戴克里先才更有能力实施必要的改革。戴克里先平息了执政初期的叛乱后,随即将精力转向一系列的行政部署上,将罗马帝国境内的各个地区直接置于专制统治者的控制下。戴克里先还通过增强政府的财力,减少篡位和暴动发生的可能性。戴克里先将东方君主专制国家的礼节移植到自己的宫廷中,享受起皇帝的威严,坚持让臣民跪下亲吻自己的紫色长袍。戴克里先还给自己选了一个新的头衔,即"主与神"。罗马共和国时期的执政官现在有名无实。元老院失去了立法权和表决权。皇帝的敕令和诏书是唯一的立法形式。皇帝凌驾于立法、司法和行政体系之上。而宫廷官员,尤其是部门总管在公职人员中地位最高。国务会议由一名宫廷官员主持。戴克里先的私人财产很难与公共财产区分开来,戴克里先及其继任者遵循的浮夸而隆重的宫廷礼仪被推广到所有政府机构。高级官员被授予不同等级的荣誉称号,例如,显赫的、非凡的、杰出的,以便他们明确职责、接受密切考察。大部分贵族头衔不是世袭的,而是被授予的。到君士坦丁大帝统治时期,罗马帝国的贵族头衔甚至变成了一种纯粹的个人荣誉。在较低的社会阶层,贸易和手工业的发展受到限制。从船主、面包师到石匠,个人创业受到了当局设置的强制世袭规定的严格限制,这些人还必须缴纳高额费用才能获得开展业务的许可。在皇帝无所不能和无所不在的权威下,政府作为官僚机构通常由法律工作者管理。国家的混乱往往是由一些将军的权力过大引起的。因此,罗马皇帝采取削减个人权力的办法,避免这种混乱。在君士坦丁大帝的领导下,近卫军长官被剥夺了一切军事指挥权。正如现代一位著名的历史学家说的,"军民分离成为新的行政组织的基础"①。君士坦丁大帝将罗马帝国划分成一定数量的行政区域,这些行政区域被称为管区。罗马帝国的东部有七个管区,西部有五个管区。除了由执政官直接管辖的管区,每个管区都归主事官管理。我们发现戴克里先统治时期有两位主事官,君士坦丁大帝统治时期有四位主事官。组成管区的各个行省都有自己的管理者,他们一般被冠以总督的头衔。当时有一项法令规定,禁止本行省人担任本行省总督一职。这样做似乎不仅有利于公平,还有利于各行省的安定。如前所述,在边界和各地担任指挥的军事

---

① 赫尔曼·席勒:《罗马帝国史》,第3卷,第1章,第5节。——原注

长官，通常都有军事首领和扈从长官的头衔，他们与行政部门没有任何联系。罗马军队在任何时候都不是由单一民族构成。一些蛮族人就是罗马帝国最优秀的士兵。而守卫边境的任务通常交给外来移民，这些移民通过服役换取对土地的所有权。

关于第二个事实，罗马帝国的重心从罗马城转移是为了解决一系列长期存在的问题。在罗马共和国后期，罗马公民的特权被当权者小心翼翼地守护着，这些特权也是他们热切渴望拥有的权力。为巩固统治基础，统治者不断扩大公民权的授予范围。卡拉卡拉掌权后，授予所有在罗马帝国出生的自由人罗马公民权。意大利人尽管不情愿，但不得不缴纳从前只要求其余行省缴纳的土地

卡拉卡拉

税。罗马城虽然保留了市政官，但随着元老院权力的减弱，罗马城的特权被削减到略高于罗马帝国其余主要城市的水平。例如，戴克里先采取措施，向亚历山大城提供过去只向罗马城提供的谷物和各种必需品。从固定的皇家住所这个意义来说，戴克里先没有都城，他和他的幕僚也常常去梅蒂奥拉努①和尼科美底亚度假。与其他贵族的住宅讲究排场相比，戴克里先喜欢在大型公共建筑一掷千金。君士坦丁大帝在位时的一大壮举就是在博斯普鲁斯海峡兴建新都君士坦丁堡。新都约于公元330年建成。君士坦丁大帝此举的初衷可能并不是为了与元老院所在的罗马城抗衡。他为了拥护基督教而放弃了古老的罗马城的离奇传说，当然是后来的虚构故事。然而，可以确定的是，君士坦丁堡确实成了罗马城在政治上的竞争对手。由于君士坦丁大帝制定的法律和政策，罗马主教被赋予独特的地位，其权力大大增强。

尽管罗马帝国在东部建立了新都君士坦丁堡，并且在行政管理上实行地方分治，进一步加剧了东西部的分离局面，但如果认为戴克里先或其继任者的分治政策是为了在罗马帝国建立两个或多个国家，造成所谓的分裂，那就大错

亚历山大城

---

① 今米兰。——原注

马克西米安　　　　　　　　　　　　　　　　　　　　　加莱里乌斯

特错了。公元286年，戴克里先成为罗马帝国东部的皇帝，马克西米安成为罗马帝国西部的皇帝，都被授予"奥古斯都"头衔。不久，戴克里先收养了年轻的加莱里乌斯并封他为"恺撒"，还迫使马克西米安收养君士坦提乌斯一世，也将君士坦提乌斯一世封为"恺撒"。当这两位恺撒分别被看作是奥古斯都的同僚和皇位继承人时，戴克里先与马克西米安仍然没有意识到罗马帝国将要走向分裂的事实。法律仍然以戴克里先与马克西米安的名义颁布，两位皇帝共同享有最高头衔。甚至到公元395年狄奥多西一世去世时，罗马帝国皇帝也从未计划建立两个完全不同的、独立的政府。人们可以说，罗马帝国最终分裂成东、西两部分纯属意外。然而，在任何国家，特别是在一个君主专制国家，两位君主意味着两个宫廷和两个行政中心。如果因宗教、语言或民族特性的差异而存在政治分离的趋势，那么这种趋势必然因两位或更多掌权者共同执掌最高权力而加快国家分裂的进程。

戴克里先设计的人为划分权力、四帝共治的计划注定要失败。公元305年，戴克里先和马克西米安退位，仍享有奥古斯都头衔。按照计划，他们的皇位应该由加莱里乌斯和君士坦提乌斯一世继承。然后，两位新皇帝再任命另外两位恺撒接替自己副帝的位置，作为自己的副手和继任者。然而，实际结果是，为了争夺皇位，罗马帝国爆发了一场大规模的内战。一段时间内，有六个人同时声称自己是奥古斯都。随后几年，这些伪皇帝或者倒在战场，或者从历史舞台消失。公元324年，君士坦丁大帝成为罗马帝国的唯一统治者。直到驾崩，君士

君士坦提乌斯一世

君士坦丁大帝留给继承人的罗马帝国版图。Ivernia= 艾弗尼亚；Britannia= 不列颠尼亚；Saxones= 撒克逊；Belgica= 贝尔吉卡；Germania= 日耳曼尼亚；Allemanni= 阿勒曼尼；Sarmatia= 萨尔马提亚；Lugdunensis= 卢格敦高卢；Aquitania= 阿基塔尼亚；Gual= 高卢；Illyricum= 伊利里库姆；Dacia= 达契亚；Hispania= 西班牙；Italia= 意大利；Baleares= 巴利阿里群岛；Corsica= 科西嘉；Sardinia= 萨迪尼亚；Sicilia= 西西里岛；Macedonia= 马其顿；Thracia= 色雷斯；Asia= 亚细亚；Pontus= 本都；Cyprus= 塞浦路斯；Armenia= 亚美尼亚；Mesopotamia= 美索不达米亚；Africa= 阿非利加；Aegyptus= 埃及；Oriens= 东方

坦丁大帝始终保持着至高无上的独裁统治地位。众所周知，君士坦丁大帝后来将恺撒头衔及与之相关的一些行政职务授予自己的三个儿子和一些亲戚，完成新一轮领土与权力划分。当时，朱利安大约七岁。

关于第三个事实，戴克里先和君士坦丁大帝与基督教和异教的关系，以及这些关系形成的原因，是一个庞大而极具吸引力的研究领域。在这里，我们只涉及关系到罗马帝国切身利益的几个重要问题。戴克里先虽然本性并不残忍，也没有背离当时温和、文明的社会风气，却是最后一个迫害基督教教徒的皇帝。他严厉处罚的第一类对象是摩尼教信徒。摩尼教教义融合了基督教教义

戴克里先统治时期基督教教徒惨遭迫害

与古波斯琐罗亚斯德教教义,强调光明和黑暗之间的永恒冲突。在戴克里先统治后期,基督教经历了长期稳定的发展后,基督教教徒遭到了迫害。公元303年,戴克里先颁布了一系列敕令,下令摧毁所有基督教教堂并销毁一切基督教书籍,命令所有在宫廷任职的基督教教徒必须放弃自己的信仰,否则就剥夺他们的公民权利和政治权利。其中一项敕令专门针对基督教神职人员。在三百零四名受牵连的基督教教徒中,有三分之一的人因拒绝放弃信仰而被监禁和处以酷刑。

  戴克里先上述举措的动机并不容易被看透。或许他认为,部分基督教教徒声称的独身主义、禁欲主义和对公共事务漠不关心的态度,有损国家的经济利益和军事利益。这至少可以解释戴克里先为什么会严厉地对待摩尼教信徒。或许戴克里先考虑到随着教会组织越来越强大,教义传播范围越来越广,自己的行政改革会受到干扰。又或许戴克里先被一种真正的恐惧驱使,就像加莱里乌斯一样,害怕古罗马多神教的衰落会招致诸神的惩罚。不管怎样,戴克里先对基督教教徒的迫害是短暂而残酷的。公元305年戴克里先退位前,这种迫害的残酷程度已经大大减轻。另外,争权者之间的竞争让基督教从中获益。人们通常认为,君士坦提乌斯一世及其子君士坦丁大帝早已加入了基督教。对君士坦提乌斯一世来说,这种说法似乎不太可信,尽管他的妻子、君士坦丁大帝的母亲海伦娜信奉基督教这一点毋庸置疑。君士坦丁大帝则完全不一样。如果说是君士坦丁大帝对基督教的热忱使蛮族人及其首领放弃了自身信仰,那就大错特错了。君士坦提乌斯一世和君士坦丁大帝似乎都是一神论者,并且正如我们稍后看到的,他们对待基督教和多神教的立场是一致的。即使是古老的异教仪式和习俗,他们也都虔诚对待,认真关注。而十字架上刻着"以此为名,征服一切"的故事,现在被普遍认为不合史实,也不符合我们对君士坦丁大帝性

海伦娜

格和地位的认识。一些历史学家认为，在君士坦丁大帝制定的法律中，对不洁罪行的处罚尤其严厉，这是受到了基督教的影响。但从某种意义上说，一些针对道德的立法是由戴克里先开创的。而君士坦丁大帝的所作所为，特别是下令处死其命运多舛的长子克里斯普斯的行为，让人很难将他看作一个自始至终严守道德和宗教信条的人。这里，我们可以补充一点，君士坦丁大帝把自己的受洗仪式推迟到生命的最后阶段。我们还要注意到，基督教和多神教的标志都出现在了君士坦丁大帝发行的钱币上，直到他统治结束。①

克里斯普斯

---

① 赫尔曼·席勒：《罗马帝国史》，第3卷，第3章。——原注

不管君士坦丁大帝是不是基督教教徒，他都是一位政治家。君士坦丁大帝痛恨分裂，希望团结所有宗教派别，使他们忠于罗马帝国。君士坦丁大帝绝非不受宗教的影响，也清楚地知道宗教在人的思想和生活中的重要性。因此，君士坦丁大帝颁布的敕令常常体现出宽容和自由的精神。从他写给意见相左的基督教人士的信中可以看出，他的宗教观点即便不总是十分明智的，也有一种令人耳目一新的外行人的思想——也许是一种直率的思想。如果条件允许，君士坦丁大帝可能会在一切宗教问题上保持完全中立的态度。公元311年，在两位幕僚的支持下，君士坦丁大帝起草第一份宽容敕令，授予罗马人信仰自由的权利，命令所有人为皇帝祈祷。这似乎显露出君士坦丁大帝内心的恐惧。他担心禁止基督教教徒礼拜会产生恶劣的后果。这一观点在公元313年君士坦丁大帝和李锡尼在梅蒂奥拉努颁布的第二份宽容敕令[①]中体现得更加突出。该敕令确立了基督教在罗马帝国境内的合法地位，承诺恢复被查封的教堂。君士坦丁大帝和李锡尼认为授予基督教教徒这些权利是一种虔诚的行为，但如果从敕令的措辞来判断，我们会发现他们似乎并不认为自己的宗教立场偏向基督教。

君士坦丁大帝制定的有利于基督教教徒的法律表明，他希望在宗教上保持完全中立的立场和宽容的态度。授予基督教高级神职人员与多神教祭司同等的特权印证了这一宽容政策；对礼拜日的规定既体现了对密特拉神的崇拜，又体现了对基督教礼拜日的尊重。然而，君士坦丁大帝禁止多神教的祭祀活动——尽管可能没有严格执行，他在教会纷争中起到的决定性作用，以及让自己的孩子接受基督教教育，这些因素都表明了一个事实：君士坦丁大帝并没有严格保持中立，而是不得不视基督教教会为亲密盟友或强大而危险的敌人。

在针对基督教教义的两次大论战中，我们看到了皇权的力量。公元313年，多纳图斯派向君士坦丁大帝提出上诉。我们并不十分清楚引发这场论战的深

---

① 现被称为《米兰敕令》，与拿破仑·波拿巴1807年颁布的《米兰敕令》不同，该敕令是罗马帝国皇帝君士坦丁一世与李锡尼于公元313年在意大利米兰颁布的一项宽容基督教的敕令。——译者注

层原因，只知道直接原因是对迦太基主教人选的争议。争议焦点是在戴克里先迫害基督教教徒期间未能坚持信仰的叛教者是否在基督教教会中享有合法地位。在这场论战中，君士坦丁大帝认为多纳图斯及其追随者会制造暴动和混乱，于是以皇帝的权威镇压了多纳图斯派。值得注意的是，君士坦丁大帝将此事交给罗马主教负责。然而，君士坦丁大帝为和平与统一付出的努力没有取得成效。多纳图斯派用暴力手段对抗基督教教会。

罗马帝国皇帝第二次干预宗教的意义更深远，影响也更广泛。亚他那修和阿里乌的神学争论给现代学者的研究带来了很大的困难：一是从宗教纷争遗留下来的文件中寻找事实的人，需要有较强的辨识力；二是当人们推测历史

亚他那修

阿里乌

时，需要把自己置于公元4世纪崇尚形而上学的亚历山大人的位置。我们可以在此尽量概述冲突的主要外部因素，特别是体现基督教教会和罗马帝国之间关系的事件。①

阿里乌争论第一次出现时，亚历山大城的主教是亚历山大。亚历山大虽然没有非凡的才能，但能够通过助手亚他那修的影响力而站稳主教之位。亚他那修是一位天生的领导者，来自亚历山大城。这座城市里弥漫着高度形而上的神

---

① 对不了解教会历史的读者，这里需要做两点说明：一、阿里乌派的原始形式与现代的上帝一位论不尽相同。钱宁或马蒂诺不可能轻易接受阿里乌宣扬的信条，就像他们不可能轻易接受《尼西亚信经》一样。二、经考证，《亚他那修信经》并非亚他那修所著，而是后人托名之作。亚他那修一生都在勇敢地为之奋斗的信经是最初版本的《尼西亚信经》，它与我们今天看到的版本不尽相同。——原注

学思想。亚他那修很早就形成了自己的宗教思想，并且终生为之坚守。他对道成肉身①的研究似乎可以追溯到与阿里乌的争论之前。和亚他那修同时代的阿里乌曾是亚历山大教会的长老，出生于利比亚，在安条克接受教育。安条克流行的思想与亚历山大城截然不同。与阿里乌有关的第一个争论是主教和长老的相对地位，但针对基督教教义的大辩论很快使这个问题变得无足轻重。

阿里乌主张的教义使他和追随者受到了亚历山大主教的斥责。大约一百名主教参加的主教会议通过审议，将阿里乌派成员逐出基督教教会。我们可以用这样的语言来表述阿里乌派的独特信条："耶稣不等同于上帝。"阿里乌派的教义和阿里乌派成员受到斥责后，阿里乌继续用这一信条传教，并努力恢复自己的地位，以对抗亚历山大主教等人。据说，阿里乌试图通过将自己主张的教义融入柔和悦耳的歌词中来赢得民众支持。他还为了教派利益，利用人们对亚历山大城享有的特权的忌妒心理挑起教区之间的纷争。事态很快就变得十分严峻。

君士坦丁大帝既不是神学家，又不是哲学家。但从政治家的立场出发，他深谙教会团结与国家安宁之间的关系。如果条件允许，君士坦丁大帝必然会平息任何引起派系纷争和国家混乱的事端。君士坦丁大帝了解阿里乌争论后，首先试图通过劝诫使双方达成协议，平息事端。当友好的劝说被证明无效后，君士坦丁大帝采取了一个重大举措——召开基督教宗教会议。公元325年6月，这场宗教会议在比提尼亚的尼西亚举行。君士坦丁大帝出席了会议，尽管表现谦逊，但难掩其巨大的影响力。一开始，君士坦丁大帝似乎想在这场争论中寻求平衡，但很快，他就被一种我们现在无从探寻的动机引导，放弃中立，转而支持亚他那修的主张。亚他那修的主张的核心是"三位一体"，强调"耶稣即上

---

① 基督教认为，耶稣是三位一体中的第二位，是上帝的独子，即"圣子"。他与上帝是同一个本体，创世之前便与"圣父"同在，即上帝的"道"。当世人犯罪无法自救，上帝就派耶稣来到世间，以"道"通过童贞女玛丽亚由"圣灵"感孕得到肉身，转世为人，宣传救世福音，这个过程就是"道成肉身"。——译者注

尼西亚宗教会议

帝"。君士坦丁大帝给反对这一主张的阿里乌派打上异端的烙印。尽管尼科美底亚和尼西亚的主教拒绝接受将阿里乌派逐出教会的法令，但除了几位阿非利加主教没表态，在场的其他人都接受这一裁决。

　　亚他那修及其支持者似乎取得了胜利，而阿里乌及其追随者被放逐。不久，情况发生了变化，这主要得益于优西比乌主教的努力。优西比乌主教曾先后担任尼科美底亚和君士坦丁堡的主教，是阿里乌派最能干、最有政治家风范的人物。在优西比乌的影响下，君士坦丁大帝恢复了从前的中立态度，并且收回了放逐阿里乌的命令。阿里乌向君士坦丁大帝表达了忏悔。在忏悔时，阿里乌隐藏了自己引起争论的核心观点。对此，君士坦丁大帝十分满意。此时，亚他那修接替前任亚历山大，成为亚历山大城的主教。当君士坦丁大帝命令亚他那修

主教优西比乌

让被放逐的阿里乌复任时，亚他那修拒绝执行皇帝的命令。虽然现代读者对这场争论中的双方缺乏忍耐和仁慈之心感到遗憾，但令人欣慰的是，至少亚他那修敢于以法律和秩序的名义，反对统治者的专横命令。可见，自由和独立的精神并没有完全消失。

我们无法探知阿里乌派随后对亚他那修提出的恶意指控。被传唤到宫廷时，亚他那修仍然坚持自己的立场。随后，亚他那修被客气地送回亚历山大城。不久，君士坦丁大帝的态度再次改变。亚他那修被迫参加在提尔召开的宗教会议。在此次会议中，阿里乌派占了上风。由于失去了获得正义的希望，亚他那修离开提尔，来到君士坦丁堡，勇敢地与君士坦丁大帝对峙，要求君士坦丁大帝调查这起宗教争论。亚他那修的部分请求得到了应允。但也许是出于恢复和平与秩序的目的，君士坦丁大帝下令将亚他那修流放到特里尔，并邀请阿里乌到君士坦丁堡任职。虽然阿里乌在复职之前突然去世，但阿里乌的主张在接

亚他那修被流放

下来的很长一段时间内盛行。君士坦丁大帝驾崩后，亚他那修重新担任主教，但在公元341年到公元346年和公元356年到公元361年，两度遭到流放。

很多朱利安的传记作者十分关注一个事实：在朱利安接受教育、开启心智的岁月里，占据上风的不是正统的天主教会，而是阿里乌派。我们也许有理由怀疑这个事实的重要性，但与之相关的另一个事实也应引起注意：君士坦丁大帝在解决宗教争端方面的果断干预为其继任者提供了一个先例，而其继任者在宗教观点和性格上与君士坦丁大帝截然不同。罗马帝国皇帝一度行使了祭司的职能，兼任罗马大祭司一职。在神学冲突激烈的时代，君主的宗教身份绝非无关紧要。

通过简短的回顾，我们了解到：在君士坦丁大帝统治时期，罗马帝国并没有出现了不起的英雄人物，是一个肮脏而官僚气息浓厚的君主专制国家。在社会结构上，它有等级和派系，有封闭的行业组织，有一套僵化的监督和税收制度。在艺术和文学领域，它几乎没有独创性。人们虽然对文学充满热爱，却思想贫乏。教会中充斥着严重的分歧。然而，在表象下，有一种力量在涌动，它是孕育美好生活的种子，使那些无法展望未来的人可以逃离不体面的现在，去歌唱逝去的古希腊与古罗马的盛世，因为古希腊与古罗马继承了古代文明、古代文学作品和辉煌时代的遗迹等宝藏。这些宝藏的价值和现实生活的困顿，迫使人们做出选择，至少是让那个时代最热切、最有抱负的人做出选择，这有什么好奇怪的呢？

第 2 章

朱利安的早期生活与加卢斯的事业兴衰

（从公元331年到公元354年）

精彩看点

朱利安的出生——朱利安的家族世系——君士坦丁大帝驾崩后的家族大屠杀——加卢斯和朱利安的逃亡——罗马帝国内乱——君士坦丁二世之死——波斯萨珊王朝——沙普尔二世——马格嫩提乌斯、韦特拉诺和尼波提安的叛乱——君士坦斯一世遇害——君士坦提乌斯二世的胜利——穆尔萨之战——君士坦提乌斯二世独掌大权——朱利安的青年时代——加卢斯被擢升为恺撒——加卢斯的失败——乌尔西奇努斯——君士坦提娜之死——加卢斯之死——加卢斯和朱利安的关系美好的播种期孕育了我的灵魂,我在美好与恐惧的共同哺育下成长。

——威廉·华兹华斯

按照普遍接受的说法,公元331年[①],朱利安出生于君士坦丁堡或其附近。公元330年左右,罗马帝国新都君士坦丁堡建成。从某种意义上说,朱利安与新都几乎同时诞生。

朱利安,全名弗拉菲乌斯·克劳狄乌斯·尤利安努斯。这个全名是由几个部分组合而成,但现在很少被提及。按照古罗马的习俗,每个人的名字由三部分组成,分别是个人名、宗族名和家族名。但后来的皇族并没有沿袭这种习俗。第一部分即个人名,如马库斯、盖恩斯等,早已不再使用。第二部分也就是宗族名虽然被保留下来,但与地位显赫的远亲的名字相比,就显得稍逊一筹。人们希望通过沿用宗族名或家族名来体现自己的血统。因此,从朱利安的全名

---

① 教会历史学家君士坦丁堡的苏格拉底认为朱利安的出生时间比这个时间还要早两年。这样他才有可能在公元337年的大屠杀之后迅速开始流亡——正如朱利安在《致雅典人的信》中写的那样,也印证了利巴尼乌斯在为朱利安作的《墓志铭》中说的,朱利安在流亡前已经在君士坦丁堡上了一段时间的学。虽然利巴尼乌斯也曾说,发生大屠杀时,朱利安才刚断奶。——原注

来看，"弗拉菲乌斯"继承自他的祖父君士坦提乌斯一世，"克劳狄乌斯"是君士坦丁家族的宗族名，源自克劳狄乌斯二世，而"尤利安努斯"来自外祖父安尼修斯·尤利安努斯[①]。

通过阅读下面的朱利安家谱图，朱利安与其他皇室成员的关系就一目了然了。这个家谱图比冗长的描述更加直观。与朱利安的父亲尤利乌斯·君士坦提乌斯有关的信息，我们知之甚少。而朱利安的祖父是君士坦提乌斯一世，祖母是皇帝马克西米安的继女狄奥多拉。据利巴尼乌斯所说，尽管尤利乌斯·君士坦提乌斯比哥哥君士坦丁大帝更有资格继承皇位——可能是由于尤利乌

利巴尼乌斯

---

① 也有说法称朱利安的外祖父叫尤里乌斯·尤利安努斯。——译者注

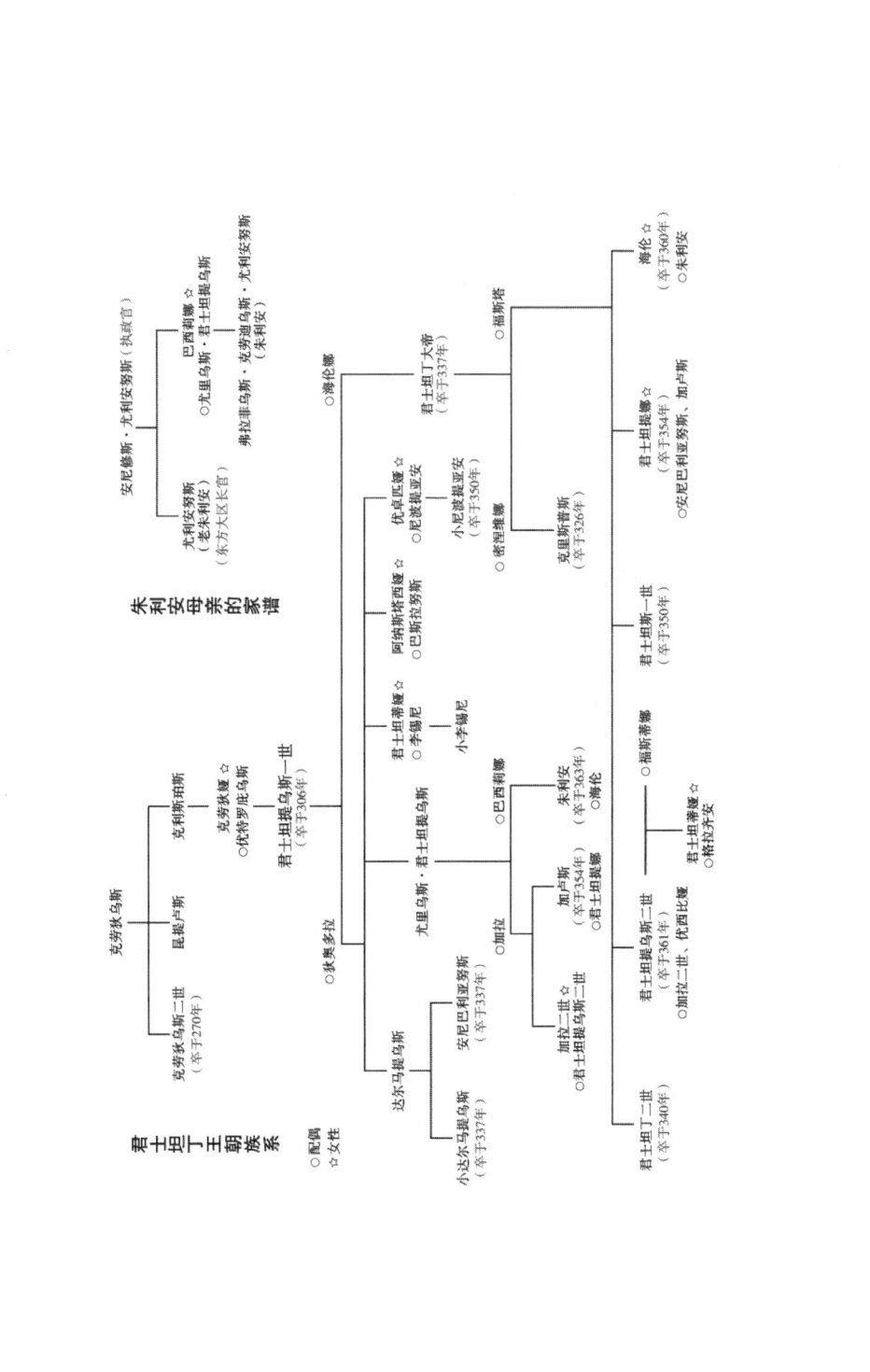

斯·君士坦提乌斯是婚生子，但在君士坦丁大帝即位后，尤利乌斯·君士坦提乌斯仍愿意效忠君士坦丁大帝，并与之建立友好的关系。这一事实表明，安条克的学者在推举皇位继承人方面，要么头脑愚钝，要么佯装无知。君士坦丁继承皇位的事实体现了皇室观念的演变和政策的发展，所以并非毫无意义。朱利安在写给科林斯人的一封信中提到，他的父亲漂泊一生，最终在科林斯找到了安息之地。朱利安的父亲尤利乌斯·君士坦提乌斯至少结过两次婚。两任妻子都出身富甲一方的名门。朱利安的母亲巴西莉娜出生于强大而富有的阿尼西尼家族。而巴西莉娜的父亲安尼修斯·尤利安努斯在李锡尼和君士坦丁大帝

李锡尼

交战时担任李锡尼的执政官。尽管最终败北，但他仍然在征服者的统治下保全了自己的性命和财产。①

对朱利安来说，来自母亲一方的影响似乎比来自父亲一方的影响更大。正如我们所见，朱利安继承了外祖父安尼修斯·尤利安努斯的家族名。而外祖父也为朱利安提供了早期的教育。在朱利安的信中，他不止一次提到祖母——几乎可以肯定是他的外祖母——的财产，尤其提到比提尼亚一个令人神往的小庄园。在那里，朱利安度过了快乐的童年。②朱利安成为罗马皇帝后，在公开自己的宗教思想之前，就写信给自己的舅舅，希望得到对方的支持。可见，朱利安在政治上非常信任自己的舅舅。③此外，朱利安的母亲巴西莉娜也受过古希腊文学的熏陶。因此，朱利安很可能因得到母亲遗传而拥有强烈的文学抱负。相比之下，文学氛围在君士坦丁家族中并不浓厚，并且朱利安同父异母的哥哥加卢斯显然不具有文学气质。

公元4世纪和公元5世纪，罗马帝国为妇女提供了更多接受教育、赢得社会地位和参与社会活动的机会。在这些方面，与罗马帝国其余辉煌历史时期相比，当时的道德法制要更加健全。

巴西莉娜的家庭教师是一个叫马尔多尼乌斯的宦官。他常陪着巴西莉娜一起读荷马和赫西俄德的作品。朱利安称马尔多尼乌斯为斯基泰人④，但斯基泰人的界定在我们这个时代⑤比较模糊。据佐纳拉斯所说，在朱利安出生前，巴西莉娜曾梦见自己诞下了阿喀琉斯。和大多数伟人诞生的传说一样，这种说

---

① 参见利巴尼乌斯为朱利安作的《墓志铭》和约翰·雅各布·赖斯克的注解。阿尼西尼家族都是基督教教徒，据说朱利安的舅舅为了取悦外甥而改变了自己的宗教信仰。我认为这不太可能，因为改信多神教这件事发生在朱利安成为皇帝之前。——原注
② 参见朱利安的第46封信，朱利安在《致教父的信》中提到自己做了一件善事后，重新获得外祖母的庄园。——原注
③ 参见朱利安的第13封信，收录于《莫罗戈达蒂翁书目》。另见阿米亚诺斯·马尔塞林努斯：《大事编年史》，第23卷。——原注
④ 斯基泰人，公元前7世纪活跃在欧洲东部至中亚的一支半游牧、半农耕民族。——译者注
⑤ 即作者爱丽丝·加德纳生活的19世纪末。——译者注

法可能带有神话色彩。如果要探究这个故事与现实的关联,那么这个梦可能出现在巴西莉娜与马尔多尼乌斯一起阅读了《伊利亚特》之后。朱利安从巴西莉娜那里继承的文学修养基本来自先天的遗传,而非后天的传授。因为产下朱利安后不久,用朱利安的话来说,巴西莉娜"正值青春绽放时,就从人间苦难中抽身而去"。母亲的过早离世造成了朱利安孤立无援的处境,也让他形成了敏感的性格。对一个孩子来说,幼年丧母造成的创伤是无法抚平的。

在失去母亲的日子,朱利安挣扎着度过了童年。在君士坦丁堡,当朱利安逐渐长大,外界发生的一些事情给他的生活带来巨变。公元337年,在海伦波利斯浴场尝试水疗无效后,君士坦丁大帝在比提尼亚的尼科美底亚驾崩。君士坦丁大帝晚年制订的皇位继承制度明显带有世袭性质。君士坦丁大帝驾崩前,

君士坦丁大帝弥留之际

君士坦丁二世

将罗马帝国的领地划分给幸存的三个儿子君士坦丁二世、君士坦提乌斯二世和君士坦斯一世及自己同父异母的兄弟达尔马提乌斯的两个儿子,即小达尔马提乌斯和安尼巴利亚努斯①。这种安排似乎符合戴克里先的政治理念。君士坦丁大帝的本意并不是像分土而治造成的结果那样,分裂国家。然而,这项安排并没有顺利实施。本质上,君士坦丁大帝是一名军人,在抵御外敌方面,率领罗马军队立下赫赫战功,深受将士拥戴。而君士坦丁大帝的兄弟和子侄似乎从来没有在军事上取得任何骄人的战绩。这种反差可能是军队对除君士坦丁大帝

---

① 安尼巴利亚努斯在本都及其周边地区的统治似乎更加独立,因为他拥有国王头衔和徽章。——原注

的直系后裔之外的其他所有皇室成员发动政变的主要原因。至少君士坦丁大帝的儿子没有制止军队的暴行。这直接导致罗马帝国东部陷入一段黑暗期：在君士坦丁堡为父亲举行了葬礼后，君士坦丁大帝最喜爱、最有才能的儿子君士坦提乌斯二世煽动或默许军队发动了一场家族大屠杀。就这样，本应共同执掌罗马帝国权力的君士坦提乌斯二世的两个堂兄弟、两位叔叔（其中有朱利安的父亲）及其他一些亲戚——包括朱利安同父异母的长兄，成了士兵泄愤的对象

君士坦提乌斯二世

加卢斯

和君士坦提乌斯二世消除的家族"隐患"。朱利安因年幼幸免于难，而他同父异母的哥哥加卢斯因身患疾病，也幸运地逃过一劫。很久之后，朱利安在发表的声明中提到，后来君士坦提乌斯二世对这场屠杀深感自责，并将自己没有子嗣视为上帝的惩罚。但就当时而言，对手被铲除殆尽后，君士坦提乌斯二世三兄弟牢牢掌握了罗马帝国的统治权。而他们的堂弟加卢斯和朱利安，则失去了最亲近的保护者，过着朝不保夕的生活，不得不任人摆布。

罗马帝国新一轮的势力划分随之而来。显然，罗马帝国东部仍在君士坦提乌斯二世的统治下，北部和西部则由君士坦丁二世和君士坦斯一世分别管辖。由于分权而治的本质缺陷，加上联合掌权者之间的权力划分和管辖疆域都不明确，这种局面并没有持续多久。不久，君士坦丁二世和君士坦斯一世之间

君士坦斯一世

爆发了冲突。君士坦丁二世在阿奎莱亚附近死于伏击。于是，君士坦斯一世把君士坦丁二世的领地纳入自己的势力范围。此时，君士坦提乌斯二世还在遥远的东部抵御外敌入侵。稍后，我们将有机会了解到罗马帝国与当时极具影响力的波斯帝国之间的较量。波斯帝国宣称自己继承了古代文明，复兴了君主制。更确切地说，波斯帝国是东方最后一个庞大的帝国，波斯帝国的统治者自称是居鲁士和大流士的后裔，并试图重现波斯曾经的荣耀和威望。那时，萨珊王朝经常与罗马帝国发生冲突。罗马人只能借助幼发拉底河和底格里斯河上一系列坚固的边境要塞抵御波斯人。与君士坦提乌斯二世和朱利安同时期,统治萨珊王朝的是沙普尔二世。大约公元310年,作为遗腹子,沙普尔二世一出生就加冕为帝。君士坦丁大帝驾崩后不久,沙普尔二世趁罗马政权更迭,率军入侵美索不达米亚,围攻尼西比斯等重要城镇。君士坦提乌斯二世率军顽强抵抗,尤其在守卫尼西比斯时,调集了当时能调动的一切资源。公元348年,双方在美索不达米亚的新加拉交战。起初,罗马人占优势,最终以惨败收场。君士坦提乌斯二世在东部的战绩,对罗马军队十分不利。同时,罗马帝国西部发生的一些变故,也迫切需要君士坦提乌斯二世出面解决。于是,与沙普尔二世缔结休战协议后,君士坦提乌斯二世前往罗马帝国西部。

上文说的罗马西部的变故是指发生在高卢和伊利里亚的两次叛乱和君士坦斯一世的惨死。君士坦斯一世精力充沛,将领地的政务管理得井然有序。但

沙普尔二世

他提拔蛮族人做军队将领，蔑视古罗马军队，引发了罗马军人的不满。于是，反对君士坦斯一世的人找到一个叫马格嫩提乌斯的军人，在奥古斯托杜姆①的宫廷发动政变。随后，马格嫩提乌斯夺取了皇权。君士坦斯一世向南逃亡时，在比利牛斯山脉山脚的小镇赫勒拿被杀。同时，君士坦斯一世手下声名显赫的将军韦特拉诺在多瑙河流域起兵反叛，自立为王。在罗马城，君士坦斯一世的表弟小尼波提亚安②被一群角斗士拥立为罗马皇帝，开始了短暂的统治。

与对抗东方入侵者的表现相比，君士坦提乌斯二世处理帝国内乱时的表现要好得多。事实上，君士坦提乌斯二世唯一的劲敌是僭主马格嫩提乌斯。叛

马格嫩提乌斯

---

① 今欧坦。——译者注
② 君士坦提乌斯一世是小尼波提亚安的外祖父，是君士坦斯一世的祖父。——译者注

将韦特拉诺被君士坦提乌斯二世劝降，带着所有士兵归顺君士坦提乌斯二世。这样迅速的变节令一些历史学家认为，韦特拉诺发动叛乱时并没有经过深思熟虑。然而，经历了种种失败后，马格嫩提乌斯变得更加强大。他不仅代表部分罗马人反对吸纳蛮族人加入罗马军队，而且站在亚他那修一边维护《尼西亚信经》，反对君士坦提乌斯二世青睐的阿里乌派。同时，马格嫩提乌斯以一种奇怪又前后矛盾的方式，提出了一些主张。从前，多神教教徒用这些主张来反对基督教。但君士坦提乌斯二世的兵力强大，尤其是在骑兵方面。公元351年9月，马格嫩提乌斯在德拉弗河旁的穆尔萨惨败，被迫开始逃亡。公元353年，马格嫩提乌斯率领残余部队在卢格杜努姆①被制服，自刎而亡。意大利的小尼波提亚安派系也迅速被镇压。至此，君士坦提乌斯二世掌握了整个罗马帝国的大权。

现在，荣耀头衔奥古斯都由君士坦提乌斯二世独享，但他急需委任一名恺撒。即使作为罗马帝国的主宰，君士坦提乌斯二世也不可能管控罗马帝国的各种事务。当时的局势也表明，皇帝需要同时在高卢和美索不达米亚指挥军队抵御外敌入侵。当时，君士坦提乌斯二世并无子嗣。人们猜测，这位心胸狭隘的皇帝可能不愿将权力托付给一个被他深深伤害过的家庭的后代。而对恶贯满盈的人而言，真正的忏悔方式可能是充分而真心实意地补偿幸存者。君士坦提乌斯二世处事优柔寡断，更倾向于采取折中的办法。由于恺撒人选未定，君士坦提乌斯二世便想到了自己的堂弟加卢斯。但随后发生的事情让我们意识到，君士坦提乌斯二世虽然授予加卢斯一定的权力，但并不信任加卢斯。

现在让我们看看加卢斯和朱利安如何度过这段艰难岁月。针对朱利安接受教育的形式和地点，尽管我们掌握包括权威资料在内的多方面信息，但要按时间顺序精确描述加卢斯和朱利安童年时代与青年时代的经历几乎不可能。

总的来说，朱利安很可能在君士坦丁堡度过孩提时代。朱利安可能曾在

---

① 今里昂。——译者注

比提尼亚的尼科美底亚住过一段时间——他曾在这里求学。不管怎样,他的早期教育主要由宦官马尔多尼乌斯承担。前文提到,马尔多尼乌斯是朱利安的母亲巴西莉娜的家庭教师。从朱利安七岁开始,马尔多尼乌斯便担任朱利安的教师。"教师"的地位高于高级仆人,但低于家庭教师。教师的职责是护送孩子去学校、运动场和任何允许去的地方,也许还要监督他们做功课。我们很难推断马尔多尼乌斯的性格。一方面,利巴尼乌斯对马尔多尼乌斯赞不绝口;另一方面,朱利安画过一幅马尔多尼乌斯教导学生的画,画中的马尔多尼乌斯十分令人厌恶。后世的文学作品中常常用这幅画来讽刺朱利安,把朱利安的怪僻性格归因于马尔多尼乌斯。但我们不清楚朱利安画这幅画是出于什么目的。

然而,有两件事情是确定无疑的:一是马尔多尼乌斯对学生十分严格;二是马尔多尼乌斯本人热爱文学,热衷于随时随地向学生灌输文学鉴赏的知识。在去学校的路上,朱利安享受不到任何特权或排场,而是与普通男孩一样,一成不变地走在同一条街上。朱利安被告知走路时不能左顾右盼,那是不礼貌的行为。朱利安也极少去剧院看戏剧或者去竞技场看比赛。君士坦提乌斯二世生性多疑、嫉妒心强,所以给朱利安安排了这种生活方式。出于对朱利安安全的考虑,外祖父安尼修斯·尤利安努斯欣然接受了这种安排。对童年时期的朱利安来说,沉重的孤独与压抑使他将自己沉浸于现有环境中,对大自然和过去的故事产生了近乎病态的兴趣。在晴朗的天空下,在阳光明媚的海边,朱利安度过了童年时光。这无疑对他思想和性格的形成产生了重大影响。从白天观测太阳运行轨迹到夜晚思考繁星变化的过程中,朱利安得到了巨大的乐趣。同时,朱利安的想象力被对当时或对任何时代来说都非常有益的精神食粮滋养着,那就是荷马的诗歌。

荷马的诗歌是希腊教育的标准教材。孩子们首先要学习的科目是语法,其中包括许多可以划分到文学领域的内容。学校上什么课,马尔多尼乌斯就在家教什么课。他经常告诉朱利安,如果觉得生活单调无趣,想换换环境,就应当拿起书,读读费阿刻斯人的比赛或者卡吕普索的花圃的故事。在现实生活中,朱利安找不到比这些更美好的事物。我们也许能从马尔多尼乌斯身上得到启示：当我们为找不到朱利安早年生活的细节而懊恼时，可以转向那些陪伴他成长的书籍，去体会书中英雄的生平和进取精神给敏感的朱利安造成的影响。朱利安对荷马的痴迷体现在他的写作中。即使在时间仓促和远离书本的情况下，他也能自如地引用荷马的诗句。这无疑是朱利安对荷马的近乎宗教崇拜式的热爱的最佳体现。荷马的诗歌被奉为希腊人的"圣经"。当然，这并不意味着希腊道德家的水平从未超越荷马时代的原始道德水平，也不意味着他们没有用新的思维方式自由地诠释荷马神话。荷马的诗歌始终是人们思考的出发点，是不可或缺的例证和思想宝库。朱利安的居所距离许多希腊重大事件的发生

荷马

地及特洛伊战争的发生地较近。通过阅读，他对这些事件了然于心。因此，在朱利安看来，自己更像是生活在阿伽门农和阿喀琉斯的世界里，而不是君士坦提乌斯二世和亚他那修的时代。

人们可能会想，朱利安身边信奉基督教的教师和当时社会盛行的基督教思想会阻碍他对荷马史诗的热爱。事实上，我们并未发现这种迹象。马尔多尼乌斯究竟是异教徒还是基督教教徒，我们不得而知。试想，如果马尔多尼乌斯是在阿尼西尼家族中长大，而君士坦提乌斯二世允许他与自己的小堂弟朱利安一起生活，那么马尔多尼乌斯不可能是基督教的狂热反对者。但从利巴尼乌斯和朱利安对马尔多尼乌斯的评价来看，我们可以确定，马尔多尼乌斯深受希腊异教思想的影响。根据历史学家阿米亚诺斯·马尔塞林努斯的说法，优西比乌也曾教导过朱利安。优西比乌先后在尼科美底亚和君士坦丁堡担任主教，是阿里乌派教义坚定的捍卫者，也是朱利安的远亲。可能他们都出自阿尼西尼家族。一些历史学家发现，最初向朱利安传授基督教教义的人秉持阿里乌派的信仰，是朱利安对基督教产生强烈反感的原因。历史学家认为，具有神秘色彩的宗教形式对朱利安更有吸引力。但在研究朱利安反基督教情绪的根源时，我们没有发现太多印证这些观点的依据。然而，我们可以看到，当某派宗教信仰占上风时，聪明人往往更倾向于顺应其原则，而不是执着于追求更深刻的真理。优西比乌是一位强大而高明的神职人员，一个忠实的朋友，也许还是一名厉害的辩论家。如果要探寻朱利安为什么没有笃信基督教，那么优西比乌去世时朱利安才十岁极有可能是重要原因之一。回首往事，朱利安将那段时间看作是一段精神黑暗期。毫无疑问，天性让朱利安臣服于与自己喜爱的文学相契合的宗教思想。朱利安的老师可以在某种程度上抑制这种倾向，但没有用基督教的思想取代这种倾向。

然而，这些黑暗的日子并非没有光明的时刻。前文提到的比提尼亚的庄园那时应该仍在朱利安母亲的亲戚手中。从君士坦丁堡或尼科美底亚出发前往庄园，路程并不远。朱利安常常造访这座庄园，度过了些许欢乐的时光。朱利安曾在书信中描述过这座庄园。这些信很有意思，字里行间展现了朱利安对自然风景的高雅品位。当然，古人都会在风平浪静时展现自己对大自然的喜爱："庄园离大海将近二十斯塔德①，所以没有侃侃而谈的商人或争吵不休的水手来打扰你。但这里不乏海神涅柔斯献给人们的礼物，即新鲜的海味。从房子的高处眺望，可以看到普罗庞提斯海、大大小小的岛屿和以君士坦丁大帝的名字命名的城市——君士坦丁堡。你不必站在黏糊糊的海草上，看沙滩上发臭的垃圾。你可以在旋花盛开、百里香怒放的环境下，躺在散发阵阵芬芳的草地上看看书，时不时抬头欣赏令人心旷神怡的海景，舒缓双眼，惬意极了。我还是个男孩时，就很喜欢这个地方。这里有清澈的泉水、宜人的浴池，还有果园和灌木丛。长大后，我仍然深爱着从前在这里的生活方式，所以经常前往。"

然而，有一个时期，朱利安和哥哥加卢斯被禁止与同学和亲戚来往，也禁止自由出入自己的心仪之地。我们不知道君士坦提乌斯二世这一举动是否受到疑心病驱使，也无法得知他产生这些疑虑的确切时间。但我们从朱利安和其他人的口中了解到，朱利安和加卢斯被剥夺了学业，流放到卡帕多西亚的偏远城堡马塞鲁孤独地生活了六年。在马塞鲁，他们没有朋友和同伴，也没有适合年龄和身份的活动。加卢斯早年在哪里度过，我们不得而知。据说，他在以弗所学习过一段时间。当时朱利安正好在君士坦丁堡和尼科美底亚求学。但无论被送到哪里，加卢斯似乎都没有得到悉心栽培，也没有掌握多少知识。

马塞鲁的遗址坐落于雄伟的阿赫达吉山山脚。这是一个荒凉而浪漫的地方。但对那些感受过大海、天空和丰富多彩的大自然之美的人来说，再浪漫的风景也没有什么魅力。相反，老师和朋友的陪伴对朱利安来说是一种求而不得的渴望。朱利安仅有的同伴是哥哥加卢斯和之前的奴仆。朱利安虽然每次提到加卢斯时，总是表现出一种浓厚的兄弟之情，但充分意识到哥哥性格上的明显缺陷，并将其归因于未能接受良好的教育。我们知道，由于身边缺乏志趣相投

---

① 斯塔德，古希腊长度单位。一斯塔德约合一百九十二米，二十斯塔德约合四千米。——译者注

的人，加卢斯不得不与奴隶打交道。而这些奴隶可能品行低劣、意志消沉。朱利安和加卢斯的不同之处让阿米亚诺斯·马尔塞林努斯联想到提图斯和图密善两兄弟。像朱利安和加卢斯一样，提图斯和图密善之间也没有多少真正的情谊。朱利安说，诸神引领自己学习哲学，使自己免于堕落。如果在流放期间，马尔多尼乌斯陪伴着朱利安，那么他就不会中断学业。马尔多尼乌斯不仅是一名语法家，还是柏拉图的作品、亚里士多德的作品、提奥夫拉斯图斯的作品的狂热推崇者。设想一下，如果朱利安先把心思放在作品阅读上，再听取别人的评

提图斯

论，或者说先通过独立阅读和思考储备知识，再从今后的学术训练中获益，那么，被剥夺最优秀教育资源对当时的他来说，也许并不完全是一件坏事。

公元350年，朱利安和加卢斯结束了在马塞鲁的流放生活。正如朱利安说的，二十五岁的加卢斯被君士坦提乌斯二世从乡野传唤到宫廷，成为恺撒，迎娶了君士坦提乌斯二世的姐姐君士坦提娜。此时，朱利安在尼科美底亚继续完成学业。下一章我们将详细讲述这段求学经历。

我们没有理由相信，从一开始，君士坦提乌斯二世就想让加卢斯坐上恺撒之位。但粗鲁的为人和桀骜不驯的个性定会使加卢斯陷入困境，最终走向万劫不复的深渊。这样的后果也会危害君士坦提乌斯二世的利益。如果君士坦提乌斯二世出于恶意，那么任命加卢斯为恺撒便是摧毁加卢斯最行之有效的手段。首先，加卢斯天性软弱多情，而像君士坦提娜这样的女人必定会对他产生伤害。之前，君士坦提娜曾嫁给自己的堂哥安尼巴利亚努斯。公元337年，安尼巴利亚努斯死于大屠杀。因此，君士坦提娜的年纪一定比加卢斯大很多。过去的经历并未磨平君士坦提娜的性子。据说，君士坦提娜在叛将韦特拉诺的暴动中起了推波助澜的作用。阿米亚诺斯·马尔塞林努斯称她为披着人皮的恶魔，是活生生的巨兽。连冷静、公正的旁观者提到君士坦提娜时，也说她崇尚暴力，为人贪得无厌。这些足以表明加卢斯夫妇的性格差异。与钦定的妻子一样，指定给加卢斯的管辖之地也让人开心不起来。

加卢斯管辖的安条克是一座崇尚享乐的城市。在这里，加卢斯可以放纵他天性中最恶劣的一面。而安条克人暴躁冲动的性格，也让犯罪和暴行随处可见。即使周边环境没那么不利，年纪轻轻又缺乏从政经验的加卢斯也很难平定罗马帝国东部的外敌和管理罗马帝国东部的政务。加卢斯对军营事务和政务管理一无所知。此时，波斯人再度入侵美索不达米亚；临近的伊苏利亚人嗜血成性，疯狂地抢劫和屠杀安条克人；安条克又遭逢饥荒。安条克人习惯性地将所有不幸归因于掌权者加卢斯。

可以说，加卢斯没有成功地解决这些困难。他虽然派遣远征军攻打伊苏利亚人，还小有战果，但并没有亲自上阵。而加卢斯应对饥荒的做法是：随意颁布法令、武断地制定粮食价格、暴力镇压抗议民众，以及处罚几名他认为应该为粮食供应不足负责的官员。同时，加卢斯举办最暴力、残忍的拳击比赛取乐，随意赦免罪犯，无端判处清白之人行贿之罪。他还鼓励各种告密行为，甚至让告密者在街上探听人们对政府的不满言论。

此时，君士坦提乌斯二世主要居住在高卢的阿尔勒。君士坦提乌斯二世从安排在安条克监视加卢斯的执政官萨拉西乌斯那里了解了安条克的情况。像一贯的做派一样，君士坦提乌斯二世先采取试探性的补救措施，逐步减少加卢斯麾下士兵的人数。不久，他又派遣高级官员图密善召回加卢斯，并从安条克撤军。图密善曾做过司库，现在是行省总督，一向行事草率，有勇无谋。加卢斯对图密善的粗鲁无礼十分愤慨，当即下令抓了他。当一名财务官试图在他们之间调解时，加卢斯却试图用武力解决问题。随后，图密善和这名财务官都在这场不光彩的骚乱中丧生。这时，加卢斯宣称有人要谋害自己，就使用酷刑迫使嫌犯供出同谋。许多无辜的人因此被捕，有几个人只经过模拟法庭的审判就被处决，还有两个人因碰巧与嫌犯同名而被误抓。

此时，尼西比斯总督乌尔西奇努斯登上了历史舞台。君士坦提乌斯二世命乌尔西奇努斯前往安条克调查此事，同行的还有历史学家阿米亚诺斯·马尔塞林努斯。阿米亚诺斯·马尔塞林努斯用文字记述了安条克发生的一切。乌尔西奇努斯对加卢斯的暴行十分震惊，写信向君士坦提乌斯二世汇报事态的发展。但君士坦提乌斯二世听信谗言，对乌尔西奇努斯起了疑心。加卢斯被正式传唤前，正直的乌尔西奇努斯便因莫须有的罪名被从安条克召回。加卢斯的妻子君士坦提娜先行离开安条克，去见自己的弟弟君士坦提乌斯二世，希望促成丈夫和弟弟之间的和解。然而，在穿越亚细亚前往意大利的途中，君士坦提娜染上热病不幸去世。失去妻子后，加卢斯行事越发愚蠢，而不是更加邪恶。如今，加卢斯似乎有谋反的打算。尽管如此，加卢斯还是被奸佞的谋士说服，前去觐见君士坦提乌斯二世。途中，加卢斯在君士坦丁堡稍做停留，还在这里举行了一场战车比赛。加卢斯表现出的愚蠢和自大激怒了君士坦提乌斯二世。加卢斯这种刚愎自用之人肯定会落入觊觎其财产的狡猾侍臣的圈套。像朱利安一样,加卢斯继承了小亚细亚的大量地产。继续前往意大利时,加卢斯发现自己落入陷阱,想要撤退但为时已晚。在诺里库姆的佩塔维奥,加卢斯被一个曾在自己手下任职的军官率领的一队士兵逮捕。加卢斯被带到伊斯特里亚的普拉塔。这里正是多年前君士坦丁大帝的长子克里斯普斯去世的地方。在普拉塔,加卢斯受到了指控。虽然加卢斯把责任推给妻子君士坦提娜,但此番举动并未让他逃脱罪责。加卢斯随即被斩首。

加卢斯被处死时年仅二十九岁,接任恺撒四年。他外表英俊,身材高大,四肢匀称,有一头柔软的黄发,留着短胡须。加卢斯的恶行与其说是由于品性恶劣,不如说是软弱和不受控制的个性导致的。与弟弟朱利安不同,加卢斯从不排斥从小接受的宗教教育。当然,这并不意味着加卢斯比朱利安更自然地偏向基督教,因为加卢斯完全没有接受文学教育。而文学教育使朱利安对希腊文化推崇备至。

在这里叙述加卢斯的生平,一方面是为了阐述与朱利安打交道的人的性格及当时的政治局势,另一方面是加卢斯失败的政治生涯和意外死亡在年轻的朱利安心中留下了深刻而悲痛的印象。但在担任恺撒期间,加卢斯并没有对朱利安的生活产生多大影响。兄弟二人偶尔通信,可能也见过一面。加卢斯担任恺撒的四年里,朱利安对政事毫不关心,全心钻研那些在他看来无比重要的学术。与现实世界相比,朱利安觉得知识世界更加真实。

关于朱利安的童年时代,最权威的史料来自朱利安的《致雅典人的信》及利巴尼乌斯为朱利安写的祭文。这篇祭文可与朱利安的《厌胡者》和君士坦丁堡的苏格拉底的《教会史》相提并论。阿米亚诺斯·马尔塞林努斯作为历史见证人,在他以拉丁文写成的《大事编年史》第14卷中,详细记载了加卢斯的生平。索西穆斯《新罗马史》第2

卷中的最后几章也详细记录了加卢斯的事迹。在现代权威史料中,除了前文已提过的文献,米克博士的《尤利安努斯》也可以作为参考。

第 3 章

朱利安接受的教育

(从公元350年到公元354年)

精彩看点

朱利安的学术品味和求学态度——朱利安与基督教——亚细亚的学术氛围——雅典的学术氛围——修辞至上——修辞学对文学、数学、医学、法学和哲学的影响——影响朱利安思想的代表人物——以弗所的马克西穆斯和帕加蒙——安条克的利巴尼乌斯——特米斯提乌斯——特米斯提乌斯的作品和宗教观——求学经历对朱利安的影响

"大人，您在读什么？"

"空话，空话，空话！"

——《哈姆雷特》

从加卢斯荣登恺撒宝座到他轰然倒台，是朱利安一生中非常重要的时期。加卢斯被擢升为恺撒后，朱利安发现自己在一定程度上摆脱了过去六年的束缚，能够更自由地追求向往的东西。但这并不是说他可以完全做自己。据说，有人指控朱利安为了去小亚细亚求学而离开了马塞鲁，还与心怀不轨的加卢斯交往甚密。然而，毫无疑问，无论是出于兄弟情谊还是出于一己私利，在看到自己年轻的堂弟朱利安一心追求学术发展时，君士坦提乌斯二世并没有感到遗憾。朱利安追求的目标不太可能使自己成为君士坦提乌斯二世的反对者和竞争者。但朱利安确实有可能与某位带有神秘主义色彩、宣扬神谕的人交往。这个人可能会利用年轻的朱利安的热情，向他灌输一种信念，让他相信自己肩负着特殊使命，有责任捍卫古老的神祇及其信徒。或许，多疑的君士坦提乌斯二世对朱利安是否受到这种影响产生了怀疑。如果真是这样，君士坦提乌斯二世应该让朱利安公开表明自己坚守基督教信仰，并且阻止朱利安与宣扬神谕的人交往。但他并没有用种种威逼的手段让朱利安放弃学术研究。

因此，至少在即位掌权前，朱利安要时时处处保持谨慎。他早就意识到，要想实现自己的政治抱负，就需要谨慎和伪装。正如利巴尼乌斯令人乏味的夸夸其谈中为数不多、让人眼前一亮的评论中指出的那样，朱利安颠倒了《伊索寓言》里的角色，变成披着驴皮的狮子。他的伪装是如此成功，不仅让君士坦提乌斯二世放松了警惕，还使古往今来一些杰出的学者充满疑问。朱利安早期的宗教信仰到底是什么？在朱利安坚决拥护古希腊文化时，他的宗教信仰是否发生了改变？尽管这些问题的答案存在很大争议，但我们认为，在致力于研究朱利安的生平和作品的大多数学者看来，朱利安从未热心拥护基督教。虽然朱利安在《致亚历山大人的信》中宣称，自己在二十岁之前一直"遵循"基督教教徒的道路，但这并不意味着他全心支持基督教。我们在朱利安后来的作品中也没有找到他早年笃信基督教的蛛丝马迹。朱利安十分熟悉《新约》。这似乎印证了一些早期基督教史学家的猜想：朱利安或许曾在基督教教会中做过诵经士。朱利安有可能和加卢斯一起建造卡帕多西亚的圣玛玛斯神殿。有一则故事提到，某种超自然力量导致朱利安负责的那部分神殿坍塌，加卢斯负责的那部分却十分稳固。这个故事很荒谬，完全没有体现出上天对圣贤的洞察力，至少加卢斯称不上圣贤。朱利安的作品向我们展示他早年的爱好和思想。一个爱做梦的男孩热爱希腊诗歌，有志于研究哲学。朱利安对希腊文学的热情自然地发展成对希腊宗教的热情。更确切地说，这种热情可能已经上升为信仰，并且是不带任何批判和抵触情绪的信仰。

不过，我们仍然不得不面对一个棘手的问题，即朱利安是否接受过洗礼。如果他接受过洗礼，那么想要洗刷从古至今一直依附在他名字上的耻辱绰号——"叛教者"，就不那么容易了。由于跟朱利安一同求学的格列高利·纳西昂、索佐门和其他基督教史学家掌握的信息不完善，加上他们对多神教的强烈敌意，所以他们对朱利安的评判不足为据。与基督教史学家的断言相反，朱利安可能不是基督教教徒。以君士坦丁大帝及其家族成员，尤其是君士坦提乌斯二世为例，他们直到临终前才接受洗礼。基督教教徒受洗后，如果违反教规，

格列高利·纳西昂

就要进行忏悔与赎罪。拖延受洗的风气由此产生。我们发现，这种风气在当时的上流社会十分盛行。但上文提到，朱利安或许曾经接受委任，做过诵经士，加入了在教堂里向人们宣读《圣经》的队伍。诵经士在教堂里并不少见，但把这个职位授予新入教的信徒并不符合常规。另外，朱利安如果正式担任诵经士一职，就很可能已经接受了洗礼。他即使没有受到危及生命的疾病的威胁，也至少在童年时代遭遇过一次死亡的威胁。①当然，受洗这件事在朱利安看来并不是什么大事。而他用神秘方法来抵消洗礼的圣水的功效的传言，倒是与他的思想和性格比较相符。

我们无法按时间顺序准确排列朱利安曾经求学的地方。朱利安可能在尼科美底亚度过了很长一段时间，在君士坦丁堡也有停留。求学阶段即将结束时，朱利安还在雅典学习哲学。可能在这之前，他就在雅典逗留过一段时间。朱利安曾游历以弗所、帕加蒙和小亚细亚。在这些地方的教育经历对他产生了深远的影响。那时，小亚细亚的大城市不乏博学多才、博文雄辩之人。他们利用公共开支来培养年轻人。据我们所知，当时的学校也不缺乏捐赠。在马库斯·奥勒留执政时期，雅典有四个哲学派系，分别是柏拉图主义学派、逍遥学派、斯多葛学派和伊壁鸠鲁学派。此外，还有政治学和修辞学。雅典在很长一段时间保持着其学术声望，但四个哲学派系齐头并进的盛况未能延续到朱利安的时代。同时，很多城市也设立了捐赠基金，资助那些渴望进入著名教授门下聆听讲学的学生。像中世纪大学里的游学者一样，这些学生从一个城市移居到另一个城市。

我们没有确切的史料确定朱利安早年接受教育的具体时间，但掌握了大量与他交往甚密的教师及同学的信息，弥补了这个空缺。如果不尝试完整叙述朱利安的求学生涯，我们可以根据这些信息推测当时的情况，并进行判断。因

---

① 即公元337年君士坦丁大帝驾崩后君士坦提乌斯二世实施的家族大屠杀。——译者注

此,在这里,我们将非常简要地叙述当时学术研究的特点和朱利安的一些主要教师的性格特点,以及他的朋友和同学的情况。①

在教育方面,公元4世纪的教育体系完全以文学为基础。语法、逻辑学和修辞学构成了延续至中世纪欧洲教育的基础。语法属于文学初探;逻辑学已经发展成一门精细的艺术,有了三个分支——绝对真理、偏见和谬误;修辞学已经渗透到所有艺术和科学门类中;物理和数学在普通教育中不是非常重要的学科;医学则是那些健康状况不佳的人的研究领域;算术很大程度上在研究数字的神秘特性;历史和政治,甚至像玄学和神学这样的高级研究领域都被雄辩术支配。如今,人们常常指责纯粹的文学教育,认为文学教育会使人高估语言表达的能力,而忽视了对深层真理和崇高理想的追求。在语言学和历史评论还不为人知的年代,文学研究缺少科学的方法。这样的指责非常切合当时的教育体系。像雅典人在马拉松战役征服对手一样,数学的学科奠基人研究数字的特性,柏拉图提出灵魂的不朽与崇高。这些成果为希腊的学子提供了演说和雄辩的素材。值得庆幸的是,这些夸张的言论没有多少能流传下来。当时年轻的"时代继承者"及其导师热切地想要颂扬历史上的重大事件,或者试图展示这些事件本可以有更好的结果。他们按照传统思路去漫无边际地类比,或用牵强的逻辑来论证重要的真理。诡辩家希迈里奥斯的作品中就有这种有悖常理的论证。朱利安在雅典时很可能师从希迈里奥斯。在希迈里奥斯的作品中,有一些对历史的论述充分显示了一种根深蒂固的倾向,即"历史不是一个需要付出辛勤劳动和刻苦钻研的领域,而是一个充满道德例证和类比想象的快乐狩猎场。"②比如,希迈里奥斯的作品中有一篇希佩里德斯为狄摩西尼做的颂词,还有一篇狄摩西尼为埃斯基涅斯做的颂词。这在当时是绝不可能发生

---

① 关于朱利安在雅典求学时的同学和教师的描述及当时整个大学教育体系的许多有趣的事件,均来自路易·珀蒂·朱勒维尔在《公元4世纪的雅典学校》中提供的信息。——原注
② 格列高利·纳西昂:《致巴西流的颂词》。——原注

的。^①再比如，还有一篇以赛米斯托克利斯的名义写的文章，其中建议雅典人拒绝波斯人提出的和平主张。然而，波斯帝国的薛西斯大帝绝对不可能也不会提出这些主张。

更确切地说，无处不在的修辞至上原则对严谨的科学产生的影响不亚于其对历史的影响。算术原本是用于精细地研究数字的特性。在朱利安的书信中，有这样一个例子[②]：一篇论文——可能是一个学生的习作——的主题是为数字十和大马士革的无花果做颂词，作者因此得到了一百个无花果作为奖励。甚至医学也受到修辞至上原则的影响。身体状况不佳的人学习普通的养生方法本是权宜之计，凯撒里亚的巴西流在雅典学医时接受的就是这样的教育理念。但如果学医是为了养生，仅凭观察和积累经验就足够了。而在著名医生中，有些人也被无所不能的雄辩吸引。据说，与曾经流行的伯里克利的故事如出一辙，安条克医生马格努斯同时精通修辞学和医学。例如，诡辩家伯里克利如果被人推倒，就可以说服人们，自己根本没有倒下。[③]同样，马格努斯坚称那些被其他医生治愈的病人仍然在生病。我们还可以推断，马格努斯凭借他的三寸不烂之舌，可以说服病人相信自己已经康复了。

更荒诞也更危险的是修辞在法庭上的应用。朱利安时代，两件发生在雅典的大学的轶事说明了这一点。第一件事是一场发生在雅典的司空见惯的辩论。具体来说，辩论发生在一群分别追随两位敌对教授的学生之中。当双方相持不下时，这件事被交给地方总督审判。两位教授都打算亲自为自己的学生辩护，都准备了长篇大论的辩词并希望能引起轰动。然而，总督为了缩短审判时间，坚持要求起诉者亲自陈述事由，然后由应诉方针对起诉者的陈述做出答

---

① 希佩里德斯（前390—前322），古希腊雅典演说家，是马其顿政治家狄摩西尼的政敌，写有《斥狄摩西尼》的演说辞。狄摩西尼与埃斯基涅斯也是政敌，两人曾在公开场合展开针锋相对的辩论。因此，希佩里德斯不可能为狄摩西尼做颂词，狄摩西尼亦不可能为埃斯基涅斯做颂词。——译者注

② 参见朱利安的第24封信。卡蒙认为这封信是论文作者写给查布利丘斯的。——原注

③ 尤纳皮乌斯：《诡辩者》。反对伯里克利的这句话是对阿希达穆斯说的，而不是像普鲁塔克说的那样，为了回答阿希达穆斯的问题，说给梅利西亚斯的儿子修昔底德的。——原注

凯撒里亚的巴西流

辩。起诉者是一个叫赛米斯托克利斯的年轻人。他脾气暴躁，不善言辞，在辩论中败下阵来，连带他的老师也遭到了嘲笑。有人讽刺地说，这位教授给他的弟子传授了毕达哥拉斯学派沉默的美德。接着，轮到应诉的普罗埃雷修斯答辩。他后来成了他就读的那所大学的一名优秀教授。普罗埃雷修斯起身向总督致意，恳请观众理解赛米斯托克利斯，并赞扬了赛米斯托克利斯的老师，也间接提到了赛米斯托克利斯的名字，然后开始答辩并将余下的时间投入到雄辩的演说中。普罗埃雷修斯的精彩表现使总督从审判席上跳了起来，激动地挥动着紫色衣袖。然后，在观众的掌声和教授欣慰的泪水中，应诉的普罗埃雷修斯被无罪释放，赛米斯托克利斯则被处以鞭刑。按照雅典法律规定，在这种情况下，败诉的一方要被处以鞭刑。

不久后，普罗埃雷修斯发表了一篇雄辩的演说辞，其中赞颂了君士坦提乌斯二世皇帝。一些岛屿因此恢复了向雅典城进贡的习俗。在另一场辩论中，普罗埃雷修斯的辩才受到了严峻的考验。在对手阴险手段的陷害下，普罗埃雷修斯遭到流放。然而，雅典的地方总督一换，新上任的总督就下令召回了普罗埃

雅典城

雷修斯，并命令他与竞争对手举行一场辩论。普罗埃雷修斯相信自己有能力击败对手，于是让对手挑选辩论主题。无论对手选择什么主题，普罗埃雷修斯都能舌灿莲花、机智应战，分别在正方和反方的立场辩论，连速记员也没能察觉他在语言上的变化。最终，普罗埃雷修斯获得了近乎神灵的地位，像凯旋的将军一样荣归雅典。

此外，在人类思想的最高领域，过度强调语言力量的现象虽不普遍但并不鲜见。一些敏锐的思想家意识到，生活、道德和宗教问题不能靠胡言乱语或夸大其词来解决。但在诡辩家眼中，辩论可以反驳整个推理系统。这种观点在雅典及小亚细亚格外盛行。比如，希迈里奥斯反对伊壁鸠鲁学说的论点就十分荒谬、不堪一击。我们没有办法追溯当时盛行的哲学流派的主要观点，所以必须回到朱利安本人的哲学观点来考虑这个问题。在这里，我们有必要先指出公元4世纪哲学的两个显著特征：一是折中主义，二是哲学与宗教信仰和超自然活动有着密切联系。我们如果试图找出那个时代有代表性的哲学思想领袖，就会发现这是一项不可能完成的任务，因为似乎每位哲学家都或多或少地持有各个流派的观点，唯独伊壁鸠鲁派除外。在当时和后来，伊壁鸠鲁派一直没有得到公正的对待。对过去哲学流派中存在的显著差异逐渐消失这一现象可以有不同的解释。一种是崇高的世界大同主义，即承认不同解读下真理的统一性；另一种是烦冗的文字掩盖和模糊了哲学流派的本质区别，这种解释更接近真实情况。而哲学与超自然活动的联系这个特征，在很大程度上可以追溯到亚历山大大帝统治时期，西方国家受到了来自东方文化的影响——人们对神秘的超自然能力的渴望无处不在。

在学术生涯中，朱利安能够保持诚挚的本性，不受当时盛行的文字游戏和诡辩风气影响。这一点可以从朱利安后来——可能是在高卢，写给两位同学的一封轻松愉快的信①中看出。信中，朱利安打趣地表示，自己嫉妒同学快乐

---

① 朱利安的第55封信。——原注

的职业，后悔误入极端残酷的危险境地。朱利安还向他们提出了一些学习上合理的建议："不要轻视通俗文学，也不要忽视修辞和诗歌，但要重视数学，还要全力以赴地学习柏拉图和亚里士多德的学说。让柏拉图和亚里士多德的学说成为你们学习的重心，因为这是修建知识大厦的顶梁柱。另外，在追求真理的过程中，你们可能会遇到一些意想不到的障碍。因此，你们应该比其他人更加勤奋。"

现在，让我们简略地认识一下朱利安在求学时期最欣赏的几个学者，了解他们的性格和学术生涯。由此，我们也许可以更具体地了解当时学术教学的特点，以及朱利安的思想和性格形成过程中最重要的影响因素。我们选出不同阶层的三个代表人物：以弗所的马克西穆斯，超自然哲学家和异教殉道者；利巴尼乌斯，多产演说家和著名青年导师；特米斯提乌斯，头脑清醒到略显冷酷的折中主义者。

与朱利安相识之初，以弗所的马克西穆斯还是在帕加蒙求学的学生。和当时许多学生一样，以弗所的马克西穆斯热切地追随著名诡辩家埃代西乌斯。从阿塔罗斯王朝时期开始，帕加蒙似乎一直是希腊各种思潮、艺术和社会活动的中心。这里可能还保留着曾经著名的图书馆的遗迹。当时，帕加蒙的学者团体似乎倾向于通神论和超自然的神秘主义。这在一些知名女性身上体现得尤其明显。联想到爱奥尼亚女性早期的地位和享有的自由，以及希腊女性在亚历山大大帝的继任者统治下享受的更加自由的生活，这一现象就不难理解了。以弗所的马克西穆斯的妻子就是这个学者团体的代表之一，还有一位更著名的人物是寡妇索西帕特拉。据说，索西帕特拉童年时代遭遇奇事，由两个老者照料了五年。后来，这两人被证明是神的化身。在这两个老者的训练下，索西帕特拉掌握了遥知远处事物和预知未来的本领。她接受的神谕，或者说她的处事立场，就像埃代西乌斯的演讲一样备受关注。埃代西乌斯与索西帕特拉关系融洽，还是她儿子的老师。

吸引朱利安来到帕加蒙的是埃代西乌斯的名气。有人认为，朱利安的这次访问让他下定决心放弃基督教。朱利安恰好在这时宣称自己"不再遵循以前的方式"。但如果尤纳皮乌斯的记述可信,朱利安一定对自己想要的东西有了一个清晰的概念,并且已经完全摆脱了早期教育对自己思想的束缚。此时,埃代西乌斯已经年迈,而以弗所的马克西穆斯还在故乡①。因此,与朱利安交往甚密的主要是埃代西乌斯的两个学生,即和蔼的克里斯桑修斯和理性的优西比乌。他们给朱利安讲述以弗所的马克西穆斯的传奇故事。当听到以弗所的马克西穆斯曾让女神赫卡忒的雕像大笑起来并且让她手中的火炬自动点燃的奇事,朱利安喊道:"他就是我要找的人。"便动身前去拜会以弗所的马克西穆

女神赫卡忒的雕像

---

① 这是阿米亚诺斯·马尔塞林努斯的说法;尤纳皮乌斯没有提到以弗所的马克西穆斯的出生地,但说过他出身名门。——原注

斯。从那天起，直到朱利安去世，他与以弗所的马克西穆斯始终保持着亲密的关系。朱利安认为他与以弗所的马克西穆斯惺惺相惜。当希望有人评判自己的作品时，朱利安就会想起以弗所的马克西穆斯。朱利安说，每当这时他就像凯尔特妇女在莱茵河边等待自己新生的婴儿接受检验①一样紧张。睡觉时，朱利安不忘将以弗所的马克西穆斯的信放在枕头下。无论再忙，他都会抽出时间给这位哲学家写信，详细阐述自己近期的所作所为。作为与以弗所的马克西穆斯交往产生的第一个结果，朱利安开始渴望了解伊洛西斯秘仪②。在这一点上，以弗所的马克西穆斯能够满足朱利安的要求。庄严的仪式、神秘的话语，对普通人来说毫无意义，对信徒而言却充满力量。在交往的过程中，以弗所的马克西穆斯鼓励朱利安追求纯粹和不朽的宗教理想的话语深深地打动了年轻的朱利安。现在，朱利安觉得，虽然还得伪装一段时间，但自己的信仰已经确定。

以弗所的马克西穆斯尽管对神谕和巫术仪式充满崇敬之心，但在寻求神的回应时会毫无顾忌地重复提问，直到得到满意的答案。这一点令人费解。另外，他的主要著作是对亚里士多德《逻辑学》的评论。这也让我们有些意外。可见，最理智和最疯狂的哲学思想似乎已经融入公元4世纪折中主义者的思维中。以弗所的马克西穆斯相貌出众、嗓音悦耳、目光炯炯有神。尤纳皮乌斯见到的以弗所的马克西穆斯蓄着白胡子，令人肃然起敬。以弗所的马克西穆斯的结局很悲惨。在官方禁止研究神秘学后，以弗所的马克西穆斯不顾禁令，继续从事这方面的活动，惹怒了罗马帝国皇帝瓦伦斯。当然，以弗所的马克西穆斯也做好了殉道的准备。

后来，安条克的雄辩家利巴尼乌斯成了朱利安的朋友，尽管在朱利安求学

---

① 生活在莱茵河流域的凯尔特人有一种特殊习俗：将新的婴儿放在父亲的盾牌上投入莱茵河中，如果婴儿幸存，这个孩子的合法性就得到了承认。参见美国历史学家亨利·C.利：《武力与迷信》论文集。——译者注
② 伊洛西斯秘仪，古希腊时期位于伊洛西斯的一个秘密教派每年举行的入会仪式，这个教派崇拜女神得墨忒耳和珀耳塞福涅。仪式的内容严格保密，他们认为，全体信徒都参加的入会仪式是一个与神直接沟通的重要渠道，可以获得神灵的佑护和来世的回报。——译者注

罗马帝国皇帝瓦伦斯

期间他们可能并不能经常见面——君士坦提乌斯二世明确表示，禁止朱利安参加利巴尼乌斯在尼科美底亚的讲学。①但利巴尼乌斯特别补充到，朱利安早已秘密接触到自己的作品，还在其基础上形成了新的风格。对这种说法，我们持保留意见。然而，朱利安对智者利巴尼乌斯的尊敬，从他们之间的通信及两人的关系中得到了充分的展示。

利巴尼乌斯大量现存的作品，包括一本简短的自传，可以帮助我们清楚地了解其生平和性格。以弗所的马克西穆斯没有流传下的作品供后人研究。然而，遗憾的是，即使在同时代的哲学家中，利巴尼乌斯也没有因对真理和事实的执着追求而声名显赫。利巴尼乌斯的作品给我们最深切的感受是他对修辞或"话语"的重视，以及他对自身天赋的欣赏。利巴尼乌斯童年时便失去父亲，在老师面前狂野不羁。到十五岁时，利巴尼乌斯对雄辩术产生了极大的热情。在他看来，与雄辩术及其辅助学科文学相比，其余一切研究都黯然失色。利巴尼乌斯漫长的一生大致可以划分为以下阶段：在雅典不幸的求学经历，为了免遭霸凌，利巴尼乌斯没能师从他仰慕的那位教授，而不得不选择另一位；在雅典大学四年不得志的执教生涯；在君士坦丁堡短暂的学术生涯；在尼科美底亚的五年快乐时光；在家乡安条克作为雄辩之王独领风骚的四十年。其间，他始终坚持雄辩。当然，他也要面对许多困难：自己孱弱的身体、学生的不服从、同行的奸诈阴谋和民众的派系斗争。然而，他经受住了全部考验，并且在漫长的职业生涯中一直保持着良好的声誉和快乐的本性。

在宗教信仰方面，利巴尼乌斯是多神教信徒。这也许更多来自品味和性情的契合，而不是信仰。利巴尼乌斯不是狂热的宗教信徒。他替受压迫的基督教教徒写的申诉信为自己赢得了极大的荣誉。善良的天性，以及在与自己无关的事情上保持理智，挽回了他言语轻浮的声誉。利巴尼乌斯也曾替一个被总督残酷压迫的穷人写过一封信。这种行为着实令人钦佩。同时，我们必须尊重在饥

---

① 这种说法可能会让人怀疑朱利安与利巴尼乌斯交往的可能性。但前文已经提到，朱利安在小亚细亚的一次求学经历确实给自己带来了麻烦。——原注

荒时期利巴尼乌斯对安条克的面包师们的支持和保护。当时,面包师们正准备奋起反抗。利巴尼乌斯对宗教和雄辩术的重要性的论述,在一封祝贺朋友当选为主教的信中也有体现。他在这封信中指出,主教职位为修辞艺术的运用提供了很好的机会。像利巴尼乌斯这样的人,对发生在身边的宗教变化的真正意义视而不见,这着实令人感到奇怪。

在评价利巴尼乌斯及其创立的学派的功绩时,我们不能忽视他们对文学的贡献。在利巴尼乌斯及其追随者看来,古籍与其说是一座蕴藏着崇高内在价值的宝藏,不如说是一座为辩论者提供原材料的采石场。无论他们有着怎样的想法和感受,都为后世保存了这份宝藏,让我们能享受他们的劳动果实。

特米斯提乌斯在帕夫拉戈尼亚出生,在君士坦丁堡、尼科美底亚等地生活和教学。与以弗所的马克西穆斯不同,他不是狂热的信徒。与利巴尼乌斯不同,他更公正地理解语言与思想的关系,认为语言应该服从思想。朱利安与特米斯提乌斯曾经互相通信,讨论罗马帝国皇帝应当承担的义务。这些信表明特米斯提乌斯是一个不平凡的人。在修辞至上的时代,特米斯提乌斯不可避免地经常被邀请上台演讲。流传到我们手中的经特米斯提乌斯修改的演讲稿显示,他将哲学置于修辞学之上。特米斯提乌斯尽管没有忽视对柏拉图主义的研究,但更愿意致力于阐述亚里士多德的观点。在信奉希腊正教、多神教或者无宗教信仰的各位皇帝的统治下,特米斯提乌斯接受不同任命。这表明,在宗教信仰方面,他可能是一个见风使舵、随遇而安的人。然而,这种断言有失公允。尽管特米斯提乌斯的观点很难纳入同时代的任何哲学派系或宗教派别,但他从未宣称自己不信教。[①]特米斯提乌斯认为各个宗教派别的基本原则都有其必要性和真理性,同时认为不同国家和地域的宗教仪式应该保持下去,让大众见证真理的延续和传承。后来,当罗马帝国皇帝瓦伦斯迫害那些拥护《尼西亚信

---

① 人们认为特米斯提乌斯是基督教教徒,并常将他与一个叫阿涅利的基督教领袖相混淆,阿涅利声称不知道耶稣是否是圣子。这种身份认同很吸引人,但站不住脚。(布鲁克·诺埃尔·穆尔:《思想的力量:哲学导论》)。——原注

经》的基督教教徒时，特米斯提乌斯以这是哲学问题为由反对瓦伦斯的做法。他说："皇帝陛下，您不应该对基督教教徒之间在宗教问题上存在的分歧感到惊讶。与不同宗教之间产生的大量尖锐矛盾相比，这种分歧微不足道。那些矛盾甚至多达三百种。事实上，争论是意见分歧导致的必然结果。但上帝的荣耀并不会因人们观点的多样性而减损，而皇帝陛下也会因分歧的存在而更加受人尊敬。这表明正确地了解上帝是多么不容易。"[1]特米斯提乌斯与基督教教父[2]格列高利·纳西昂关系很好，对格列高利·纳西昂的行为和言论都表现得很包容。

因此，我们必须充分考虑到一个事实：研究古希腊哲学的教授和基督教教徒之间的关系并不总是敌对的。在朱利安时代的雅典哲学家中，至少有一位宣称自己是基督教教徒，那就是格列高利·纳西昂，虽然他对基督教信仰不是很热衷。格列高利·纳西昂和他的朋友巴西流曾是朱利安在希腊求学时的同学。当时，教师无论是信仰基督教还是多神教，都要教授修辞学。在修辞学上，追求学术地位的人和渴望获得宗教身份的人要付出一样的努力。无论教会人士是出于获得教会的青睐，还是拯救灵魂、教化信徒的目的，雅典学派的修辞学训练都是必修课。至于这些教会人士是否能以一颗赤诚之心，接受古代文化的精华，则是另一个问题。这个问题的答案会在后面揭晓。

我们如果想要从公元4世纪中叶教师的角度了解当时学生的生活，那么借助格列高利·纳西昂和尤纳皮乌斯的作品就可以看到一幅生动的画面，尤其是雅典大学的生活画面。其中，让我们印象最深刻的是大学里极度缺乏纪律约束。对比早期《雅典男青年》提到的过去对学生的严格规定，这一点就更加明显了。大学里的教授更像是雇佣兵的首领，而不是教育机构的学术权威。与"首领"讲授的课程相比，学生们更拥护"首领"本人，并准备随时为"首领"

---

[1] 君士坦丁堡的苏格拉底：《教会史》（英译版），第4卷，第32章。——原注
[2] 此处指基督教初期的宗教作家。他们的著作被认为具有权威性，可以作为教会的教义指引。教父中有许多人还是著名的教会神学家和主教。——译者注

而战。学生们甚至用公平或不正当的手段扩大拥护"首领"的学生队伍。人们推测,教授们会把不缴学费的学生当作招募官,让他们招揽更多学生加入自己的阵营。他们的收入并不完全依赖于学生们的学费。就像中世纪的大学一样,雅典的大学通常按地域招收学生。来自不同行省或地区的学生都会拉拢一些优秀的同乡到自己教授门下,但这种现象并不普遍。我们知道,利巴尼乌斯一进入大学,就被一帮学生逼着投向一个他不想跟随的教授门下。当利巴尼乌斯作为"新生"到达他憧憬的学校时,这个还没从晕船中恢复过来、运气不佳的年轻人就遭受了不公正对待。利巴尼乌斯的第一次公共浴场之旅就是一个并不友好的开始。他尽管竭力控制自己的脾气,但还是免不了被教训一顿,受些皮肉之苦。根据不同的官方记录,有两名学生经过特别请求,免遭这番磨难。一名是体质虚弱的巴西流,他在友人格列高利·纳西昂的帮助下得以逃脱;另一名是尤纳皮乌斯,因为到大学时他正身患重病,所以普罗埃雷修斯特别叮嘱学生头目要善待尤纳皮乌斯。

正如前文提到的,学生之间的矛盾和斗殴有时会诉诸法庭的裁决。如果教授们愿意尽其所能,学生们也许可以维持更有序的组织。有些人——比如利巴尼乌斯,坚持棍棒教育。但当棍棒落在远离父母控制的年轻人的背上时,其结果就是教室里很快空无一人。而面对下文希迈里奥斯针对在假期结束后没能如期返校的懒散学生发出的呼吁,我们又该说些什么呢?

> 自以为是,目中无人,无视我的爱。我很想问问他们:对他们来说,有什么比我的声音更悦耳?有什么比我容光焕发的容颜更令人振奋?有什么鸟儿会发出如此甜美的歌声?有什么音乐能像我在讲坛上的声音一样可以触动他们的心灵?我的确看不惯某些"牧羊人"。他们不是用音乐和笛子带领羊群,而是以惩罚和鞭子相威胁。面对我的"羊群"——我的学生们,我见不得他们愁眉不展!我将用理性引导他们走向缪斯女神的草地和树林。献给他们的将是歌曲,而不

是打击。因此，我将始终用音乐和理性引导他们。愿我们彼此的爱长盛不衰。

这个典型的例子无疑是最有说服力的语言典范！遗憾的是，在实践中，这种劝诫并不足以让来自四面八方、从父母的管教下解放出来的青年群体遵守秩序。

尽管大学生活有种种弊端，但在公元4世纪，只要还有年轻人，只要知识的大门还敞开着，大学就必然具有现实的魅力，也孕育着未来的希望。曾在雅典学习过的人一直对母校怀有一种忠诚。这种忠诚与现代人对母校的依恋如出一辙。面对全新的独立生活的兴奋，第一次认识历史传承下来的璀璨遗产，老师对学生的热情激励，志趣相投的同学在身心上的相互影响，几个世纪以来备受推崇的圣地及不同思想、观点的相互碰撞，这些都是当时雅典大学生活的乐趣。一方面，君士坦提乌斯二世出于忌妒把朱利安排除在符合身份和地位的生活领域外；另一方面，朱利安或许会感谢诸神，庆幸自己没有留在压抑的宫廷，而是处于自由思想与文化的环境下。在雅典期间，朱利安积极投身学习，并且结交了几位终身挚友。

第 4 章

朱利安被擢升为恺撒

(公元355年)

精彩看点

加卢斯之死的影响——君士坦提乌斯二世和优西比娅——朱利安被传唤至梅蒂奥拉努——朱利安在雅典的生活——朱利安的外貌——罗马帝国东部——莱茵河前线的骚乱——君士坦提乌斯二世在高卢——莱提亚战役——西尔瓦努斯叛变——君士坦提乌斯二世的困境——朱利安内心的挣扎——朱利安被擢升为恺撒——朱利安前往高卢——科隆失守

奉劝跃跃欲试的年轻人
暂且将缪斯女神推到一边……
是时候尘封书籍，
用油脂擦去盔甲上的锈迹。

——A.马维尔

如果说与以弗所的马克西穆斯的初次交往，以及伊洛西斯秘仪的启蒙教育标志着朱利安人生中一次精神世界的信仰危机，那么很快，来自现实世界的危机也接踵而至。我们认为，这次信仰危机让朱利安做好准备应对下一次挑战。从朱利安的文学作品及其友人口中，我们可以了解到，当不得不面对一些困境和考验时，一直支撑朱利安的是他对自身神圣使命的坚定信念。

加卢斯的死和随之而来的混乱给充斥在君士坦提乌斯二世宫廷的卑鄙谄媚者提供了千载难逢的机会。当然，在这段黑暗时期，君士坦提乌斯二世需要为疯狂迫害和处死加卢斯负主要责任。但如果我们认为君士坦提乌斯二世是个十分恶毒的人，那就大错特错了。同时在某些方面，我们也不能将他看作一个软弱的人。到目前为止，君士坦提乌斯二世一直抵制东方宫廷做派中消极的一面，以维持自己清廉和节制的良好声誉。君士坦提乌斯二世惯常的自制力表现在他沉着的神色与行为方式上。这与他年轻的堂弟朱利安的急躁性格形成了鲜明对比。虽然君士坦提乌斯二世处理国家政务、民事纠纷、军队事务及教会事务时一贯本着良心，但疑心一旦被勾起，他决不心慈手软。然而，有一个人能消除谄媚者对君士坦提乌斯二世的影响，这个人就是才貌双全的优西比娅皇后。她也是朱利安在宫廷里的守护神。优西比娅说服君士坦提乌斯二世的方法与其说是唤起对方的良知，不如说是巧妙地迎合了其私利。此前，君士坦提乌斯二世失去了第一任妻子加拉，可能在击败马格嫩提乌斯后不久便迎娶了优西比娅。①优西比娅的父亲是马其顿的执政官。优西比娅自幼学习古希腊文学，言行举止十分谨慎。她利用自己对君士坦提乌斯二世的影响力帮助家人，让好几位家庭成员都得到了提拔。她对君士坦提乌斯二世的影响更多来自人格魅力，而非外在的吸引力。由于优西比娅行事温和，支持仁政，反对宦官贪污腐败，所以她这种提拔亲人的做法并未招致苛责。历史学家如果非要指控她②，可能拿不出确凿的证据。优西比娅在宫廷派系中的一贯态度，以及她对年轻的朱利安的欣赏，使她成为朱利安在宫廷中的守护神。多亏优西比娅，朱利安才能脱离险境，一步步走向巅峰。

　　加卢斯死后，许多人被当成其党羽沦为牺牲品。最初，奉命调查加卢斯的是受人尊敬的乌尔西奇努斯。前面已经提到他奉命前往叙利亚调查加卢斯。

---

① 君士坦提乌斯二世和优西比娅结婚的大致时间，见路易·塞巴斯蒂安·勒南·蒂耶蒙《君士坦提乌斯二世》，另见索西穆斯《罗马新史》，第3卷，第1章中引用的由朱利安作的《致优西比娅的颂词》。朱利安在《致雅典人的信》中也提到了优西比娅；阿米亚诺斯·马尔塞林努斯《大事编年史》中也提到了优西比娅。——原注

② 阿米亚诺斯·马尔塞林努斯给我们讲述了一个不幸的故事：优西比娅用毒药毒死了朱利安的妻儿。这种说法与我们了解的优西比娅的性格和行事风格完全不符。当然，忌妒心理可能会导致原本令人尊敬的女性做出不光彩的事情。但我们对阿米亚诺斯·马尔塞林努斯讲述的这个故事的真实性存疑。如果确有其事，朱利安迟早会知道。朱利安如果知道优西比娅策划了这个恶毒的阴谋，就不可能为优西比娅写颂词。同时我们得知，优西比娅也承受了巨大的痛苦，她因服用促进生育的药物而过早离世。正如赫里索斯托姆说的，子嗣应该是乞求上天赐予，而不是寻求药物的帮助。事实有可能是，优西比娅有服用巫医药物的习惯，所以她很可能把这些药物推荐给了海伦。而世人的恶意扭曲了这一轻率的善举，将其说成一场阴谋。——原注

历史学家阿米亚诺斯·马尔塞林努斯当时就在乌尔西奇努斯麾下。在调查加卢斯期间，乌尔西奇努斯因能力出众、德高望尊而受到奸臣的诬告，差一点被处以死刑。对宫廷中能力超群又身居高位的官员来说，最危险的敌人莫过于公元355年上任的执政官阿尔贝提奥。阿尔贝提奥打压对手如毒蛇般阴险，并且常常得逞。此外，还有些官员致力于调查真实或虚构的阴谋。其中，有两个人最臭名昭著，一个是波斯人保罗，另一个是达契亚人默库里乌斯。保罗因善于将所有可能对受害者不利的因素串联起来，而得到一个"锁链"的绰号。而默库里乌斯习惯从夜晚的梦境中预知有反叛意图的人，因而得名"梦之判官"。同时，担任首席执政官的鲁菲努斯也在积极打探一切与叛国者有关的消息。他制造的一场政治灾难差点将朱利安牵连进来。潘诺尼亚的地方长官在萨沃河畔的西尔米乌姆举办了一场晚宴。当晚，人们一边饮酒，一边畅所欲言。有些人抱怨政府采取的暴力措施，有些人谈论即将到来的变革，还有一些人轻描淡写地讲述着似乎很灵验的预言。一个密探就在人群之中，很快将宾客们轻率的谈话上报给鲁菲努斯。这个密探得到了奖赏，而有口无心的聊天者则被逮捕。除了一个人在押解途中自杀，其他人全被带到梅蒂奥拉努。幸运的是，这一次他们只遭到监禁和恐吓。①

此时，朱利安也被君士坦提乌斯二世传唤到梅蒂奥拉努。他受到的指控是与加卢斯交往过密，以及私自前往小亚细亚求学。这些我们前面已经提过。后来，朱利安声称，自己虽然与加卢斯偶尔通信，但在被问责的那段时间他根本没见过加卢斯。阿米亚诺斯·马尔塞林努斯则声称，加卢斯经过君士坦丁堡时，朱利安就在城里。这两种说法并不矛盾。在梅蒂奥拉努等待了很久以后，朱利安终于有机会见到君士坦提乌斯二世，成功洗脱了自己的罪名。在等待的日子里，朱利安觉得自己像个囚犯。朱利安虽然在梅蒂奥拉努等待了六个月，但始终没能见到君士坦提乌斯二世。两人过去仅在卡帕多西亚有过一面之缘。发

---

① 朱利安：《致雅典人的信》。米克在《朱利安的生平与著作》中推断朱利安本人也出席了西尔米乌姆的晚宴。——原注

生在西尔米乌姆的晚宴事件极有可能延长了朱利安被幽禁的时间。利巴尼乌斯说，朱利安表现得非常谨慎，既不靠谴责死去的哥哥加卢斯来表明立场，也不对大权在握的君士坦提乌斯二世俯首帖耳。最终，朱利安被安排在科莫生活了一段时间，但时间不长。不久，朱利安找到机会恳求优西比娅，希望借助她的影响力，让自己回到外祖母在小亚细亚的庄园。朱利安似乎将这个庄园视为自己的故乡。如果不是当时的政局令君士坦提乌斯二世急于削弱朱利安和小亚细亚的联系，抑或为了让朱利安离自己更近，君士坦提乌斯二世差点儿就同意了朱利安的请求。公元354年秋至公元355年春在梅蒂奥拉努期间，朱利安的内心笼罩在与世隔绝的焦虑之下。但这段时间也让他有机会学习实用技能。利巴尼乌斯告诉我们，朱利安学会了拉丁语。最终，朱利安被送往雅典求学。

如果朱利安后来表示，自己最大的愿望就是在"雅典娜之城"里生老病死，①那么我们自然无须怀疑他对雅典的这份热爱。对一个勤奋好学、性情和善、痴迷历史的年轻人来说，前往希腊文化的中心求学令他如鱼得水。与短暂的宫廷生活经历相比，朱利安更向往赴雅典求学。

君士坦提乌斯二世虽然是家族中的成功者，但在利欲熏心的奸臣包围下，他被无尽的忧虑束缚，过得并不快乐。在君士坦提乌斯一世众多男性后裔中，只有君士坦提乌斯二世和朱利安幸存下来，其他人全部死于非命。此时，在雅典，像普罗埃雷修斯和希迈里奥斯这样的诡辩家仍然十分活跃。因此，出于妒忌而产生的麻烦可以通过辩论轻松化解。来自不同民族、有着不同信仰的学生中弥漫着行动自由与思想自由的氛围。而在梅蒂奥拉努度过一段被迫装聋作哑、谨慎行事的生活后，朱利安一定十分乐于融入这样的氛围。可见，被野心驱使的君士坦提乌斯二世并没有过上更积极的生活。我们看到，卓越的诡辩家在那个时代非常受尊敬。朱利安当时尽管年纪尚轻，但已经开始在学生间赢得赞誉。利巴尼乌斯说，朱利安的聪明才干和广博学识在同龄人中引起了巨大轰

---

① 利巴尼乌斯为朱利安写的《墓志铭》；朱利安：《致雅典人的信》。——原注

动。尽管这种说法有些夸张,但我们相信,朱利安身边很快就聚集了一群挚友和崇拜者。

我们无法追溯这个阶段朱利安书信的确切日期。但毫无疑问,对他来说,这是一段思想活跃期。圣额我略·纳齐安曾充满恶意地绘制了一幅朱利安这一时期的肖像。虽然这是一幅粗糙的讽刺漫画,但如果将它与阿米亚诺斯·马尔塞林努斯对朱利安的描述相比,我们能发现其中的共同之处。朱利安步履急切,演说时激情四射,举止毫不讲究,有时突然放声大笑。正是这些举动让圣额我略·纳齐安觉得,朱利安不像是个头脑清醒的贵族。阿米亚诺斯·马尔塞林努斯肯定非常熟悉朱利安。他这样描述朱利安的外貌:"朱利安中等身材,头发柔软细密,蓄着浓密的胡子,明亮的双眼闪烁着光芒,总是一副探究的表情;他眉毛精致,鼻梁挺直,下唇丰满,脖颈粗壮厚实,双肩宽阔,体格紧实。由此可见,他身强体壮,行动敏捷。"然而,与自己的外貌相比,朱利安更关注自己的前途。这也是我们必须深究的。

我们了解到,当不得不开始对付罗马帝国西部的对手时,君士坦提乌斯二世既没能击退罗马帝国东部边界上的波斯人,也没有建立坚固的壁垒防御波斯人的入侵。安条克人穆索尼亚努斯有口才、有文化,被指派为罗马帝国东部的总督。他因向君士坦提乌斯二世清晰阐释了摩尼教等宗教的教义,而赢得了君士坦提乌斯二世的青睐。从某些方面来看,穆索尼亚努斯配得上其地位,但贪婪的本性使他走上了损害罗马帝国东部乃至整个罗马帝国利益的道路。此时,尽管罗马人占领了波斯的部分领土,但波斯人仍然入侵了罗马边境的亚美尼亚和美索不达米亚。很可能在不久后,君士坦提乌斯二世就不得不率军前往小亚细亚应战。同时,罗马帝国西部也危在旦夕。

日耳曼部落的动乱可能是马格嫩提乌斯叛乱的余波。当时,有人指控君士坦提乌斯二世在危急关头背信弃义,试图煽动蛮族部落侵略邻近的行省。[①]如

---

① 这种指责来自利巴尼乌斯和索西穆斯。——原注

果君士坦提乌斯二世确实这么做了，那么这种行为与罗马人对付蛮族和叛乱分子的政策并不相悖。公元354年春，君士坦提乌斯二世率军出征，竭尽所能弥补之前的过失。他率军攻打的目标是阿勒曼尼部落同盟。自卡拉卡拉时代或更早的时期开始，罗马帝国屡屡遭受阿勒曼尼部落同盟的侵扰。奥勒利安及后来的君士坦提乌斯一世曾重创过阿勒曼尼部落。过去，阿勒曼尼人或多或少地受到了戴克里先及其同僚在莱茵河沿岸修建的防御工事的牵制，现在，他们已经冲破这些障碍，在后来被称为阿尔萨斯-洛林的地方建立了自己的地盘。

君士坦提乌斯二世率军从罗讷河河口附近的阿尔勒出发，一路向北朝罗讷河和伊泽尔河交汇处的瓦朗斯前进，期望与来自阿基坦的援军会合。但援军因雨涝迟迟未到。集结在索恩河畔沙隆附近的罗马军队开始军心动摇，甚至发生了暴乱。最终，军饷和粮草的到位才稳定了军心。可见军粮比近卫军统帅鲁菲努斯的任何说辞都管用。经历了重重困难后，公元355年年初，君士坦提乌斯二世率领军队抵达离巴塞尔不远的莱茵河畔。他们试图用船架一座浮桥，但因阿勒曼尼人的阻挠失败而归。在罗马帝国军队中任职的阿勒曼尼斥候早已向阿勒曼尼人报了信。然而，阿勒曼尼人并不急于利用优势攻打罗马人。出于我们无法知晓的原因，阿勒曼尼共同掌权的两兄弟贡多马德和瓦多玛尔派遣特使抵达罗马军营，请求缔结和平协定。君士坦提乌斯二世向士兵宣布同意该请求。双方举行了庄严的仪式，签订和平协定。之后，君士坦提乌斯二世率军返回梅蒂奥拉努。正如我们前面提到的，朱利安在梅蒂奥拉努度过了公元355年的冬季。

公元356年，阿勒曼尼的一个部落入侵了康斯坦茨湖[①]附近的罗马帝国领土。君士坦提乌斯二世再次率军出征。但这次他并没有亲自冲锋陷阵，而是留在莱提亚指挥。同时，阿尔贝提奥以骑兵统领身份率领罗马军队深入蛮族人的领土腹地。由于对地形一无所知，罗马军队被打得措手不及、溃不成军。然而，

---

① 康斯坦茨湖也称博登湖，位于今瑞士联邦、奥地利共和国和德国三国交界处。——译者注

凭借三个依附罗马帝国的阿勒曼尼部落，罗马军队最终扭转战局，转危为安。拯救罗马军队的蛮族人粗鄙的名字提醒我们，罗马帝国的统治者已经逐渐依赖那些遭他鄙视但不可忽视的人。这场战役让君士坦提乌斯二世认为自己有能力继续战斗，直至胜利。

阿尔贝提奥并没有担任将军，对才能在自己之上的人心怀忌妒。他策划陷害法兰克将军西尔瓦努斯的阴谋使罗马帝国西部各行省陷入重大危机。英勇的西尔瓦努斯曾在关键时刻背弃马格嫩提乌斯，帮助君士坦提乌斯二世在穆尔萨取得胜利。现在，西尔瓦努斯以步兵统领①的身份被派去抗击入侵者。西尔瓦努斯的手下狄纳米乌斯与阿尔贝提奥密谋，企图扳倒西尔瓦努斯。他们找了一个似是而非的借口，从西尔瓦努斯那得到了几封推荐信，抹去了原本的内容，用叛国的内容取而代之。这些被篡改的信还附有西尔瓦努斯的签名，被当作罪证呈给君士坦提乌斯二世。然而，西尔瓦努斯在宫廷中并不是没有朋友。他的朋友决定派遣一名大臣劝他返回梅蒂奥拉努，以便在合适的机会让西尔瓦努斯自证清白。不幸的是，这项任务被委托给了一名底层官员。这个人认为西尔瓦努斯的罪名已是板上钉钉的事情，并且劝说西尔瓦努斯只会使高卢的问题愈发糟糕，所以他没有劝西尔瓦努斯返回梅蒂奥拉努。西尔瓦努斯觉得自己如同一只丧家之犬。他本可以逃到自己的族人法兰克人身边，但担心他们为了博得君士坦提乌斯二世的好感而出卖他。绝望之下，西尔瓦努斯举兵叛变，在科隆宣布自己为罗马帝国皇帝。

不久，诬陷西尔瓦努斯的诡计败露。而主谋阿尔贝提奥得到了晋升。君士坦提乌斯二世处理此事的方式简直不可思议。君士坦提乌斯二世命令乌尔西奇努斯前去逮捕西尔瓦努斯。乌尔西奇努斯的才能和忠诚在处理这次危机中起着不可或缺的作用，也堵住了忌妒者的口舌。与乌尔西奇努斯同行的还有十

---

① 西尔瓦努斯也可能是骑兵和步兵统领，见赫尔曼·席勒《罗马帝国史》，第3卷，第3章，第25节。西尔瓦努斯的反叛，参见阿米亚诺斯·马尔塞林努斯《大事编年史》，第15卷，第5章。——原注

名保民官，其中包括历史学家阿米亚诺斯·马尔塞林努斯。他们向西尔瓦努斯承诺，如果西尔瓦努斯即刻回到君士坦提乌斯二世的宫廷，他们就确保西尔瓦努斯的人身安全并恢复他的尊严和地位，并由乌尔西奇努斯接替他管理高卢。乌尔西奇努斯和阿米亚诺斯·马尔塞林努斯这么可敬的人竟去欺骗叛将，真让人扼腕。乌尔西奇努斯和阿米亚诺斯·马尔塞林努斯等人受到了西尔瓦努斯的热情款待。在交谈中，西尔瓦努斯宣泄了自己遭受不公待遇的愤懑之情，言语中带着蛮族士兵的轻浮。听了西尔瓦努斯的申辩，乌尔西奇努斯认为以背叛对付背叛不失为一计良策。于是，乌尔西奇努斯安排人贿赂西尔瓦努斯麾下的一些士兵。一场暴乱随之而来。西尔瓦努斯的护卫死在乱剑下，而他自己则从藏身的教堂被拖出，惨遭杀害。

诸如此类的行动虽然能暂时化解迫在眉睫的危机，但无法长久阻止日耳曼人的侵袭或者激励驻守边境抵御蛮族入侵的将军。当罗马帝国东部与西部边境笼罩着战争的阴云时，罗马帝国内部也绝非晴空万里。在罗马城，为人严厉的总督莱昂提乌斯无法平息因葡萄酒短缺而引发的骚乱。同时，主教利贝里乌斯因拥护尼西亚派而失宠。面对这种种困境，仍旧膝下无子的君士坦提乌斯二世意识到，自己需要采取行动来巩固统治，让军队和人民更加拥护皇帝。

君士坦提乌斯二世采取的行动是将朱利安提拔到加卢斯曾经的职位上，借此考察朱利安的军事能力。如果朱利安才能出众，他就可以在必要时让其为罗马帝国效力。人们认为君士坦提乌斯二世此举动机不纯。他可能想过，如果朱利安不能胜任，就会有机会将其革职查办。在其他场合，君士坦提乌斯二世的行为也证实了人们的猜测。像朱利安这种从未接受过军事训练、涉世不深的年轻人，似乎绝不可能胜任一个只有稀世奇才才能胜任的职位。然而，我们不急于断定君士坦提乌斯二世的动机，尤其是这一举措是由朱利安的老朋友优西比娅皇后促成的，并且此次晋升的初衷并不是重用朱利安。

当从雅典被传唤到梅蒂奥拉努时，朱利安虽然十分不情愿，但还是顺从了。朱利安悲观地预感到，自己也许将永远离开挚爱的学术生活和可敬的朋

雅典卫城

友,所以携带了大量书籍。对他来说,刚刚度过的岁月有多么光明,未来就有多么黑暗。后来,朱利安回忆道,自己犹如一个被召唤去驱赶四匹骏马的车夫,却还没学会驾车的技巧。[1]朱利安朝着雅典卫城举起双手,希望雅典娜不要抛弃自己。随后,朱利安前往梅蒂奥拉努,在郊区暂时居住下来。朱利安后来幽默

---

[1] 朱利安:《演说稿》,第3篇。——原注

地描述了自己从学生到军人和皇帝的蜕变过程。朱利安不仅剃了胡子[①]，而且脱下了学者的长袍，换上了戎装。他不得不改变学生时期的散漫步态，忍受周遭廷臣趾高气扬的态度，而他一直将这些人视为杀害家人的刽子手[②]和自己的死对头。军事演习虽然十分必要，一开始却让朱利安十分厌烦。当朱利安试图跟上一场精心策划的军事演练的节奏时，人们听到他在喃喃自语："哦，柏拉图啊！"然而，毅力弥补了朱利安在体能方面的欠缺。后来，人们讲述了一个与朱利安有关的故事，说他参加军队演习时，手中的盾牌断裂，他非但没有因此而惊慌失措，反倒在旁观者面前举起盾牌的把手，大声说道："我手里的东西还在。"

同时，优西比娅皇后通过书信及私人会面亲切地向朱利安保证："你已经从我们这里得到了一些帮助。上帝保佑，你只要对我们忠诚，就会得到更多帮助。"她的善意进一步体现在她将一个备受赞誉的图书馆作为礼物送给朱利安。这座图书馆为朱利安带来了极大的便利，消除了他因从雅典带来的书籍不足的烦恼。

朱利安自然想从优西比娅皇后那里寻求一种规避责任和危险的方法，以应对新职位带来的挑战。在《致雅典人的信》中，朱利安描述了自己在这场危机中的做法及想法。下面详细引用这篇文章。它阐明了朱利安当时的心境，以及他为了做出选择而采用的不寻常的手段，还有他从苏格拉底及马库斯·奥勒留的教诲中汲取的斯多葛学派的责任感。

> 优西比娅皇后多次向我发出友好的信号，让我随时写信将我的愿望告诉她。因此，我给她写了封信，或者更确切地说是一份请愿书。其中，包含了这样的愿望："愿您有子嗣继承您的事业，愿您收到

---

① 后来朱利安的胡子一定又长长了，正如他的钱币和勋章上显示的那样。——原注
② 朱利安：《致雅典人的信》。这似乎表明，朱利安认为杀害自己亲人的刽子手来自宫廷，而不是军队。——原注

上帝赐予的一切美好的礼物，愿您能尽快送我回家。"但我怀疑将一封写给皇帝妻子的信送到宫廷是否安全。因此，我祈祷诸神在夜晚托梦告诉我该不该将这封信送给皇后。但诸神警告我，要是送了信，我将不得善终。我将诸神的这个神谕写下来，请诸神来见证，并告诫自己不要送出这封信。那天晚上，我萌生了一个想法，于是对自己说："我不能冒险去反抗诸神的旨意，之前，我竟然以为自己能想出更好的方案来保全自己。"

通常，人们只专注于眼前的事物，只能规避短期内的风险。因此，没有人考虑三十年后将会发生的事，也没人去想已经过去的事情。至于未来，人们很难深思熟虑，因为没有必要为其耗费精力。人类只能对近在咫尺的事物，或者根据他已经看到的潜在或正在萌芽的事物做出决策。但神的理性延伸得更远，所以它能指引人们走向正确的道路。诸神是万物之本，是万物之源。因此，诸神一定了解我眼下的情况。当我这样想时，我觉得我应该接受诸神的指引，不送出这封信。我想到："如果你的家畜不好好干活，比如你让一匹马、一只羊或者一头牛来干活，它却逃走了，你难道不会生气吗？"既然你认为自己不是家畜而是人，甚至还不是等闲之辈，而是属于上级阶层的人物，你会不听从诸神的召唤吗？你不准备完成诸神赋予你的使命吗？你如果违背诸神的意志，不仅会陷入愚蠢的泥潭，而且会忽视自己对诸神应尽的职责，这实在令人遗憾。你的勇气去哪了？其实你完全可以把所有忧虑抛诸脑后，按诸神的意志行事，如同苏格拉底做的一样。你应该竭尽所能地履行自己的职责，把结果都交给诸神。不要追求个人利益，不要夺取任何东西留以自用，这样你便可以万无一失地收获诸神对你的馈赠。在我看来，对一个理智的人来说，这种做法不仅是安全的，而且是明智的，尤其是诸神已经指明了道路。为了规避未来可能遭遇的风险而盲目地奔向当前的危险，在我看来是极不明智的。于是,我顺从了。不久,我便被授予了恺撒的头衔,穿戴上了恺撒的装束。

公元355年11月6日,在梅蒂奥拉努的一个大型军事集会上,新恺撒的加冕典礼举行了。士兵们为君士坦提乌斯二世的演讲鼓掌欢呼。见到举止谦和、朝气蓬勃的年轻恺撒后,他们十分高兴。但当士兵右手持剑敲击左手的盾牌,表示拥戴朱利安时,对未来并不抱太大希望的朱利安对自己复述了一行荷马的诗:"贵族身份给他带来死亡及残酷的命运。"[①]

几天后,朱利安奉命娶君士坦提乌斯二世的妹妹海伦为妻。我们对这位女士几乎一无所知,更不知她的品行善恶与否。海伦可能不再年轻,但如果她出生时父亲已经年老,那么她的年龄可能不会比朱利安大。据说,朱利安被擢升为恺撒时二十五岁。[②]朱利安在一些信中偶有提及他的妻子,但我们无法从这些信中判断这段婚姻是否幸福。海伦可能没有对朱利安产生任何影响。无论如何,她在丈夫事业的最关键时期去世,无法激励或阻碍朱利安。他们曾育有一子,但孩子一出生便夭折了。[③]

公元355年12月1日,朱利安离开梅蒂奥拉努前往高卢。君士坦提乌斯二世陪朱利安到帕维亚后,朱利安向西前往都灵,并不得不将随从人员缩减到四人。这四名随从人员中,除了两个侍从,另外两人一个负责掌管朱利安的书籍,他也是唯一与朱利安有宗教共鸣的人;另一个是医生奥芮培锡阿斯,他是前文提到的修辞学家马格努斯的学生。目前,我们很难判断朱利安缩减随从人员的必要性。朱利安正因自身权力受到了限制而十分苦恼。这完全可以理解。作为新任恺撒,朱利安缺乏战斗经验,其能力也有待检验。

此时,在都灵,有个坏消息正等着朱利安:科隆已落入蛮族手中。西尔瓦

[①] 阿米亚诺斯·马尔塞林努斯:《大事编年史》,第15卷,第8章。——原注
[②] 参见路易·塞巴斯蒂安·勒南·蒂耶蒙的注解。这是推测的岁数,也许没有足够的依据。——原注
[③] 参见本章前文优西比娅皇后的注释。——原注

钱币上的朱利安

努斯曾在科隆自立为皇帝。由于在春季到来之前无法采取任何军事行动,朱利安一行前往维埃纳的冬季营地。在这里,他受到当地人的热烈欢迎。一位老盲妇宣称朱利安注定要重建诸神的神殿。在一些人看来,罗马帝国后来的衰落与人民背弃了传统的宗教信仰息息相关。

阿米亚诺斯·马尔塞林努斯在描写这一时期的朱利安时,把他与马库斯·奥勒留相提并论。他们都全心全意地献身于正义的事业。朱利安一边为攻打法兰克人和阿勒曼尼人做准备,一边热切地继续文学写作。这令我们联想起哲学家皇帝马库斯·奥勒留。在与夸地人作战的间隙,马库斯·奥勒留记录下自己对宇宙和道德法则的思考。虽然朱利安无法实现自己的学术理想,但在把精力从学术研究方面转向军事行动方面,他比马库斯·奥勒留更加成功。朱利安既是一位优秀的军事家,又是一位理想主义者。除了伊巴密浓达①,几乎没人能与他相提并论。我们将在下一章介绍他的军事成就。

---

① 伊巴密浓达(前418—前362),古希腊城邦底比斯的将军与政治家。他领导底比斯脱离斯巴达的控制,使底比斯成为当时希腊城邦中的领导者。——译者注

第 5 章

恺撒朱利安在高卢

（从公元356年到公元359年）

精彩看点

朱利安的权力范围——收复科隆——罗马人撤军——蛮族再度侵犯——召回马塞勒斯——朱利安的生活方式——巴尔巴提奥的阻挠——拉蒂部落袭击里昂——修复莱茵河流域的堡垒——阿勒曼尼人大举入侵——斯特拉斯堡战役——朱利安的财政改革——朱利安进军莱茵河下游——萨利安法兰克人和查玛维人——重建水上交通——萨卢斯特——朱利安建设军事要塞并远征日耳曼——朱利安成就的非凡意义

罗马人，短矛是你的，

罗马人，长剑是你的，

还有整齐的战壕，隆起的土丘，

有序的军阵；

你的胜利之轮，

引领着凯旋的队列

在喧闹的街道上徐徐向前，

去往朱庇特永恒的神殿。

——古罗马叙事诗

公元356年年初，朱利安正式就任恺撒。这是一项艰巨的新任务，但没有任何清晰的制度明确规定恺撒权力的性质和范围。正如我们看到的那样，戴克里先制订的与奥古斯都、恺撒及其下属的文武官员的职责范围有关的规定，在他退位后几乎都没有保留下来。君士坦丁大帝将恺撒头衔授予儿子们并划分罗马帝国势力范围，以及君士坦提乌斯二世任命加卢斯为恺撒的案例，都不能被视为安全可行的先例。恺撒的职权既不完全涵盖执政官的民事权力，也不完全包括骑兵统领和步兵统领的军事指挥权。担任高卢执政官的就是前面提到过的鲁菲努斯。①他是朱利安父亲的第一任妻子加拉的弟弟,是加卢斯的舅舅。照理说,鲁菲努斯应该会喜欢新任恺撒朱利安。但我们了解到,朱利安与这位在公元357年受命的执政官相处得并不融洽。而在军事方面,朱利安应该和骑兵统领马塞勒斯和萨卢斯特联合行动。萨卢斯特具体担任什么职务,我们不得而知。②这两个人中,萨卢斯特刚正不阿、智勇双全,而马塞勒斯要么无能,要么背信弃义——很可能两者兼而有之。很明显,君士坦提乌斯二世之所以没有立即把恺撒的全部权力交给朱利安,是因为朱利安完全没有作战经验。按照君士坦提乌斯二世的行事风格,他不断派出斥候监视朱利安。这种监视令朱利安饱受困扰、十分厌烦,也影响了朱利安平定边境战乱的效率。正如朱利安后来说的,君士坦提乌斯二世派朱利安来高卢并不是为了让他统治这里,而是让他代表罗马帝国统治者的形象,或者说,让他作为罗马帝国皇帝的傀儡。然而,如果阿米亚诺斯·马尔塞林努斯以修昔底德式③的笔触描述的君士坦提乌斯二世在士兵面前发表的讲话可以被看作是表明了恺撒应承担的责任,那么朱利安就不仅仅是一个傀儡。君士坦提乌斯二世说道:"你要来分担我的辛劳和危险,承担起对高卢人的责任,这样你就可以通过善举减轻人们的痛苦。你如果被派去与敌人作战,就应站在旗手身旁,看准时机采取适宜的行动,谨慎地指挥,激发士气并且随时准备稳定摇摆不定的人。你还应刚柔并济,赏罚分明。"

当朱利安接管"高卢"时,高卢尚且没有一个非常明确的疆域范围。高卢的辖区与朱利安的祖父君士坦提乌斯一世作为恺撒管辖的范围几乎重合,不仅包括现代的法国和比利时王国,还包括不列颠群岛,以及西班牙王国、德国

---

① 路易·塞巴斯蒂安·勒南·蒂耶蒙:《君士坦提乌斯二世》,第35卷,第39卷。——原注
② 萨卢斯特后来担任高卢总督,但协助朱利安最后一战的是另一个叫萨卢斯特的人。——原注
③ 修昔底德是古希腊历史学家、文学家、雅典十将军之一,以其著作《伯罗奔尼撒战争史》而在西方史学史上享有重要地位。他因严格、规范的证据收集工作,以及对因果关系的客观分析而被称为"科学历史"之父。在著作中阐明了国家之间的政治行为及其产生的后果建立在人的恐惧和对自身利益的追求的基础之上,他因此被称为"政治现实主义学派"之父。——译者注

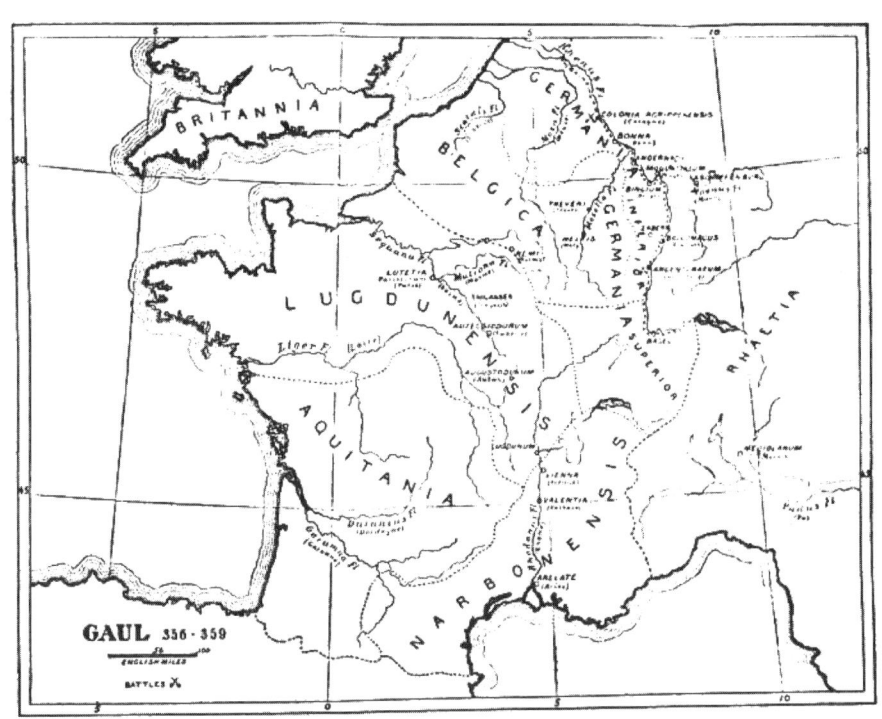

公元 356 年到公元 359 年朱利安管理下的高卢。Britannia= 不列颠尼亚；Germania= 日耳曼尼亚；Belgica= 贝尔吉卡；Lugdunensis= 卢格敦高卢；Rhaetia= 雷蒂亚；Aquitania= 阿基塔尼亚；Narbonensis= 纳博讷高卢；Rhine= 莱茵河；Seine= 塞纳河；Rhone= 罗讷河；Danube= 多瑙河；Loire= 卢瓦尔河；Black Forest= 黑森林；Pyrenees= 比利牛斯山脉；Paris= 巴黎；Sens= 桑斯；Vienne= 维埃纳；Cologne= 科隆；Strasburg= 斯特拉斯堡；Bonn= 波恩；Coblentz= 科布伦茨；Aquileia= 阿奎莱亚

部分地区和荷兰共和国部分地区。① 虽然高卢教区不包括阿基坦和曾经的纳博讷，但朱利安可以在阿基坦和纳博讷行使权力。朱利安似乎并不关心西班牙和不列颠，除非不列颠成了狭义上的高卢的粮仓。一般而言，高卢是指比利牛斯山脉、阿尔卑斯山脉、从莱茵河到大西洋之间的区域，也包括了许多处于不同文明阶段的行省。

高卢的东南部是罗马帝国在阿尔卑斯山脉以北建立的第一个行省——纳博讷高卢，有时被称为维埃内西斯。这个行省像意大利一样，被彻底罗马化了。纳博讷高卢包含了阿尔勒、瓦朗斯和维埃纳这些物产丰富的城市。粗略地看，阿基塔尼亚呈方形，四边分别是比利牛斯山脉、大西洋、卢瓦尔河和罗讷河。高卢的北面是卢格敦高卢，呈一个不规则的三角形，顶点靠近大城市卢格杜努姆，底边是从塞纳河河口延伸到卢瓦尔河河口的一条直线。往北是贝尔吉卡，再往北是雇佣兵的故乡日耳曼尼亚。这些来自北方的雇佣兵蔑视罗马帝国任何形式的统治，虽然他们也经常为了金钱加入罗马军队，并通过服役换取罗马边境上的土地。

然而，此时高卢的边防系统已经彻底崩溃。强悍的日耳曼人摧毁了从科隆到斯特拉斯堡边境的防御工事和四十五座有围墙的城市，并在原先的边界以南建立了据点，给当地人造成巨大的损失和痛苦。连一些出身高贵、官阶显赫的人及其妻儿，也被日耳曼人带上了囚车。这种局面的唯一转机也许就是日耳曼人憎恨在围墙下生活。这种憎恨使他们不愿占据和修复罗马人的防御工事，也让罗马军队收复失地有望。

来自三个行省的部落或部落联盟对高卢造成了巨大的破坏。他们分别是阿勒曼尼人、法兰克人和撒克逊人。前文已经谈过阿勒曼尼部落对莱茵河上游和多瑙河沿岸居民区的入侵。法兰克也是一个部落，或者说早期的法兰克也是一个部落。法兰克人很早就居住在莱茵河东岸阿勒曼尼以北、从曼恩河

---

① 路易·塞巴斯蒂安·勒南·蒂耶蒙：《戴克里先》，第12卷。——原注

日耳曼人

一直到临近北海的地区。然而，法兰克人派出的先遣队越过了大片罗马帝国疆域。我们发现，公元3世纪中叶，一支法兰克人的队伍穿过高卢，占领了西班牙的塔拉戈纳，甚至航行到迦太基。精力旺盛的罗马帝国皇帝，如克劳狄乌斯、奥勒利安、普罗布斯和君士坦提乌斯一世，都曾打败过法兰克人，也一度阻挡法兰克人前进的步伐或迫使他们撤退，但并没有消灭法兰克人的有生力量。同时，罗马帝国的皇帝们利用蛮族士兵骁勇和忠诚的特点，积极招揽他们为罗马军队效力。我们前面提到的西尔瓦努斯就是一个例子。

朱利安并不太在意同属日耳曼民族的撒克逊人，除非撒克逊人入侵罗马帝国并迫使其他部落过上迁徙的生活。撒克逊人生活在莱茵河河口和易北河河口之间，对不列颠群岛虎视眈眈。罗马帝国在此专门设立了撒克逊海岸军事指挥部，驻守不列颠群岛，抵御蛮族。这常常使高卢各地很难获得他们赖以生存的不列颠小麦及其他农产品。

公元355年冬，朱利安到达维埃纳。我们了解到，公元356年春，朱利安致力于处理蛮族骚乱事件，又被相互矛盾的谣言分散注意力时，有消息称，蛮族——可能是阿勒曼尼人——大举入侵奥古斯托杜姆。所幸，在一群退役的罗马士兵的及时支援下，奥古斯托杜姆没有被攻陷。这个消息使朱利安决心尽快采取积极的应对措施。做好必要的准备后，朱利安率领军队从维埃纳出发，于公元356年6月24日抵达奥古斯托杜姆。朱利安计划率领军队和马塞勒斯的军队在兰斯会合，然后直捣敌人老巢。在奥古斯托杜姆，朱利安召开了一次作战会议，商讨最安全的进攻路线。听说通往欧塞尔和特鲁瓦的路线距离最短时，他立即决定选择这条最近的路线。尽管必须时刻警惕蛮族斥候的骚扰，朱利安等人最终还是安全抵达兰斯。在兰斯，朱利安的军队与马塞勒斯和乌尔西奇努斯的人马会合，开始远征。经过精心部署，军队继续向莱茵河进发。在行军途中，朱利安的军队遇到了阿勒曼尼人的追击，形势一度十分危急。阿米亚诺斯·马尔塞林努斯告诉我们，从那时起朱利安行事变得更加谨慎。根据阿米亚诺斯·马尔塞林努斯的叙述，在后来的行军中，罗马军队遭遇了各种危险，还多次撤退。阿米亚诺斯·马尔塞林努斯在字里行间透露着，高卢统帅朱利安的作战经验就是以经历这些险情为代价换来的。

在这次战役中，罗马军队的主要任务是收复莱茵河沿岸的城镇和夺回其财产，或者在不能夺回财物时，至少要收复失地。布吕马特是朱利安在与阿勒曼尼人交锋后征服的第一个地方。在这场战斗中，朱利安按新月形排兵布阵，将敌人包围在两翼之间，取得了战斗胜利。但他最大的功劳是从法兰克人手中夺回科隆，并迫使法兰克人签署了一项有利于罗马帝国的条约。与周边城镇相

朱利安与法兰克酋长谈判

比，科隆较少遭遇蛮族的入侵或占领。这可能得益于其防御工事。除了雷马根及科布伦茨的部分地区①，莱茵河沿岸的很多要塞都成为一片废墟。

　　罗马军队现在已经从特里尔撤退，开始在桑斯扎营过冬。显然，除非通过在坚固的"哨所"安置驻军来巩固胜利果实，否则罗马人的征服或收复行动都是暂时的。罗马需要一支庞大的军队。这支军队的战斗力不应该因朱利安离开科隆、布吕马特和雷马根等地或者前往繁荣的城镇而遭到削弱。这会影响其战斗力。很快，一群蛮族迅速占领了朱利安刚刚收复的地区，甚至敢于冒险围攻罗马军队在桑斯的营地。所幸，三十天后蛮族撤军。朱利安的这次脱险与其说是由于日耳曼人缺乏围城战的经验，不如说是得益于朱利安的谨慎态度——他新近学到的作战经验，或者说是得益于外界的援助。当时，马塞勒斯虽然就在附近，但从未试图伸出援手。马塞勒斯已经了解了公元356年夏那场战役中朱利安的遭遇，却并不急于将朱利安从危难中解救出来。值得一提的是，君士坦提乌斯二世一听说马塞勒斯的失职行为，就立即将他召回，并派战功卓著、有勇有谋的塞维鲁代替马塞勒斯。很可能是在同一时期，经过优西比娅从中斡旋，朱利安得到了很大的权力，获准招募志愿军抗击蛮族。根据索西穆斯的说法，朱利安认为自己的三百六十名卫兵除了祈祷别无用处。对朱利安来说，这种批评很反常。我们了解到，朱利安经常责备基督教教徒不够虔诚而不是过度奉献。马塞勒斯被召回宫廷时，朱利安派出忠实的宦官优特瑞乌斯随行。优特瑞乌斯是亚美尼亚人，其身上丝毫没有其他宦官普遍存在的缺点。他让朱利安成功躲过了许多可能遭受的责难。随后，马塞勒斯被命令禁止离开自己的家乡撒尔底迦。

　　公元356年冬，驻扎在桑斯的几个月里，朱利安有充分的时间为下一次远征做准备。他调查高卢各行省的事务，还通过军事训练强健体魄，用文学研究

---

① 阿米亚诺斯·马尔塞林努斯似乎混淆了雷马根和科布伦茨。他的这段文字表述不太清楚。米克博士认为阿米亚诺斯·马尔塞林努斯曾多次提到的三个重要防御工事是指阿尔萨斯的扎伯恩、贝格察本和莱茵察本的防线。——原注

来滋养心灵。朱利安体贴地为士兵提供福利,也因此深受爱戴。在军旅生活中,朱利安以马库斯·奥勒留为榜样,坚持禁欲主义。他拒绝了专门为自己提供的包括野鸡和各种美味佳肴在内的丰盛饮食,与普通士兵吃的一样。严格的节制,或者更确切地说是禁欲,代表了朱利安当时乃至一生的行为规范。① 尽管如我们所见,朱利安并没有取代执政官处理民众事务,但经常被请愿者包围,替他们主持公道。在司法问题上,朱利安犯的错往往是过于仁慈,而不是过于严厉。在对请愿做出裁决前,他要求行省总督先全面调查。他很重视财政事务,决心通过逐步取消剥削穷人造福富人的免税政策,减轻平民的负担。

朱利安几乎没有时间学习,除非牺牲睡眠时间,在黎明前起床。他习惯以一张地毯为床,在短暂的休息后,起身祈求赫尔墨斯的庇佑,然后开始处理公务或从事文学写作。也正是在这种时候,朱利安撰写了颂扬君士坦提乌斯二世

赫尔墨斯的雕像

---

① 我们没有足够的史料来证实朱利安的早年生活。但在圣额我略·纳齐安等人眼中,哪怕是最轻微的放纵倾向都必然会成为他们抨击的对象。——原注

和优西比娅的三篇演说稿。①它们作为朱利安个人及其家族的史料流传至今。我们要特别提到他为优西比娅写的一篇演说稿。朱利安对优西比娅的赞美与他在信中表达的观点完全一致,而朱利安的信往往是更加直接地抒发自己的感情。为颂扬君士坦提乌斯二世做的两篇演说稿却并非如此。崇敬朱利安高尚品质的人一定会为他能够写出这种阿谀奉承的演说稿而感到遗憾。我们要知道,当时颂扬他人的演说稿非常流行,并且创作这种文章被视为一个年轻修辞学家梦寐以求的工作的重要部分。没有人会把这种奉承当真,或者把夸张的比喻当成是作者的真实想法和冷静思考的结果。然而,这门艺术难免存在一种道德败坏的倾向。在自由创作时,修辞学家既可以把自己的写作对象描述为优于《荷马史诗》中任何一名英雄、集所有美德和才能于一身的正面人物,也可以把同一个对象谴责为集傲慢、残忍和不公于一身的反面人物。同时,这些态度截然相反的演说稿中都充斥着大量文学和历史的实例。然而,这种演说稿为作者提供了很大的发挥余地,为作者带入自己的情感提供了空间。因此,朱利安借助颂扬君士坦提乌斯二世的演说稿,勾勒出一个理想的君主。他希望君士坦提乌斯二世的性格与这个理想的君主相匹配。我们发现,在演说稿中,朱利安既重视皇帝的尊严,也强调皇帝的责任。他重视皇帝的个人品德,比如仁爱和廉洁。在赞美优西比娅的演说稿中,朱利安提到,正是这位皇后使自己获得了在雅典学习的机会。在他的心目中,就像尼罗河滋养了埃及干旱的土地一样,雅典为全世界储存并传播知识。优西比娅赠送给朱利安的书籍暗示了她和朱利安有着相似的、偏离大众的文学价值观。然而,更有趣的是,这篇演说稿提供了证据,表明朱利安对女性的尊重,以及他对女性美德的钦佩。这种对女性的尊重也体现在流传至今的他写给不同女性的信中。我们还可以补充一点,由于所有这类作品都是以古希腊文创作的,所以朱利安可以自由地表达自己的观

---

① 米克博士在《朱利安的生平与著作》中指出,朱利安第一篇颂扬君士坦提乌斯二世的演说稿于公元355年年末写于米兰;第二篇演说稿是他在高卢创作的;而朱利安颂扬优西比娅的演说稿是公元357年春或公元356年春,优西比娅抵达罗马城后创作的。——原注

点,即对诸神虔诚的义务、人与神和恶魔之间的关系,而不必借用基督教的措辞或概念。如果说朱利安的这些演说稿中包含了过度的掩饰,那么它们至少不包含伪善的宗教因素。

君士坦提乌斯二世命令塞维鲁取代马塞勒斯来协助朱利安,让朱利安获益良多。但在公元357年的战役中,一个新问题出现了,那就是朱利安不得不与巴尔巴提奥合作。巴尔巴提奥管辖的地区在朱利安辖区东面。因此,他可以独立于朱利安的指挥之外,但不愿意协助朱利安取得胜利。根据一些历史学家的说法,公元356年,与阿勒曼尼人交战时,君士坦提乌斯二世从雷蒂亚出发,沿莱茵河上游行军。①但君士坦提乌斯二世并没有取得多大战果,就返回到梅蒂奥拉努,然后再到罗马。他和优西比娅在罗马受到了隆重的欢迎。当时,多瑙河流域的夸地部落和其他部落掀起了武装暴动,要求君士坦提乌斯二世奔赴伊利里亚。同时,君士坦提乌斯二世派遣步兵统领巴尔巴提奥率领一支由两万五千人组成的军队从意大利出发,前往巴塞尔增援朱利安。巴尔巴提奥的年纪比朱利安大得多,他对加卢斯的倒台负很大责任。巴尔巴提奥直接听命于君士坦提乌斯二世,无意接受年轻恺撒朱利安的命令或建议。这个联合作战计划原本想要通过两支罗马军队分别从东面和北面进攻,阻断阿勒曼尼人的入侵和破坏。然而,阿勒曼尼的拉蒂部落行军太快了。因此,罗马人的计划落空了。拉蒂部落在两支罗马军队之间推进,一直到达里昂附近。然而,由于里昂有罗马人的防御工事,拉蒂部落的军队无法继续前进。朱利安立刻下令严守拉蒂部落的军队可能撤退的三个关口。这个计划大体上取得了成功。在其中一个关口,拉蒂部落受到了阻击,不得不交出一些战利品。但在巴尔巴提奥负责把守的关口,巴尔巴提奥故意不派军队设防,导致朱利安安排驻守在此的两名保民官瓦伦提尼安和贝诺巴德斯受到诬告,被君士坦提乌斯二世撤职。

巴尔巴提奥不断阻挠朱利安的计划。与其让朱利安得到在莱茵河上建桥

---

① 路易·塞巴斯蒂安·勒南·蒂耶蒙对《君士坦提乌斯二世》的注释的第38条、第39条等。我们很难一一列举君士坦提乌斯二世在这个时期的所有军事行动。——原注

所需的船，他宁愿放火焚烧它们。拦截了一支运送军粮补给的车队后，巴尔巴提奥烧掉了所有自己不需要的东西。而这支车队原本的目的地是朱利安的驻地。为了补给军粮，朱利安不得不命令军队进攻莱茵河上一个涉水可以到达的小岛。获得木筏和战利品后，朱利安的军队展开了一场血腥屠杀。当地的日耳曼居民不得不带着家人和财产从邻近的小岛逃走。另外，损失了补给车队，朱利安必须派人收集日耳曼人储存的粮食补充给士兵。与此同时，莱茵河周边的防御工事，尤其是扎伯恩即萨韦尔讷的防御工事的修复工作也在积极进行。此时，阿勒曼尼人惊慌失措，决定集体攻击罗马军队。巴尔巴提奥被打得溃不成军，失去了大部分补给，被迫撤退到巴塞尔。由于无法进行休整或反击，这位无能的将军把士兵送到了冬季营地，自己则返回宫廷。①

　　向朱利安驻地进发的蛮族军队由三万五千人组成，受奇诺多马尔及其侄子阿赫纳里克②指挥。塞拉皮奥这个希腊式名字表明他的父亲在信奉某种希腊神秘仪式。紧随其后的还有另外五个小国的国王和他们的特遣队，以及其他部落的首领。在向罗马人发起进攻前，奇诺多马尔从俘虏的一名罗马逃兵口中得知朱利安军队的人数相对较少，于是写信向朱利安发出挑战，要求朱利安归还属于日耳曼人的领土。③朱利安将信使留在身边，直到扎伯恩的防御工事竣工。然后在骑兵和轻装步兵的保护下，朱利安率领军队小心翼翼地向斯特拉斯堡方向行进。经过大约19.3英里④的行军，朱利安到达敌人的营地附近。他本想休整一夜，让士兵稍做休息、恢复精神。但考虑到军队的士气和执政官弗洛伦提乌斯的建议，朱利安决定一鼓作气，立即行动。对士兵发表慷慨激昂的演讲后，朱利安下令开战。战斗异常激烈，其结果一直令人怀疑。交战过程中，朱

---

① 这一段的叙述参照了阿米亚诺斯·马尔塞林努斯的记载。但阿米亚诺斯·马尔塞林努斯本人并没有亲自参与这些行动，因为那时他已经奉命跟随乌尔西奇努斯奔赴罗马帝国东部。——原注
② 又名塞拉皮奥。——原注
③ 利巴尼乌斯为朱利安写的《墓志铭》和君士坦丁堡的苏格拉底《教会史》，第3章，第1节都认为是蛮族首领写信向朱利安发出挑衅。这些信的具体内容不得而知。据推测，奇诺多马尔的信可能写得非常随意。——原注
④ 英里，英制单位，1英里约合1.6千米。19.3英里约合31千米。——译者注

利安部署在右翼的骑兵开始后退。朱利安用尽一切办法阻止右翼骑兵临阵脱逃。战役结束后，朱利安惩罚了这些懦弱的骑兵，让他们在营地里穿着女装。骑兵陷入恐慌的一部分原因是，日耳曼步兵混入其中，刺伤了战马。其余罗马步兵，特别是镇守中路的近卫军，始终立场坚定。最后，凭借严明的纪律和优良的武器、朱利安及时调兵遣将、塞维鲁卓越的军事才能及高卢盟友的忠诚和勇气，罗马军队击败了人数占优势、英勇彪悍的蛮族军队。在这场战役中，六千名日耳曼士兵丧生，两百四十七名罗马士兵阵亡。还有许多蛮族士兵慌不择路，冲进了莱茵河。于是，朱利安下达命令，不再追击敌人。奇诺多马尔被困在战场附近的一片树林里，勇气尽失，恳求朱利安饶过自己。这让朱利安十分厌恶。最终，奇诺多马尔被囚禁在宫廷。这是朱利安交给君士坦提乌斯二世的可以证明战绩的确凿证据。

朱利安克服艰难处境与重重困难后赢得的胜利产生了巨大的影响。①士兵高呼着应该授予朱利安"奥古斯都"头衔，被朱利安严厉制止了。对朱利安来说，更加谨慎的做法是将这次胜利归功于君士坦提乌斯二世。这并不违背罗马帝国的惯例。然而，君士坦提乌斯二世当时正在距离数百英里的地方指挥另一场战斗。这让我们想起了新闻报道中说的，乔治四世声称自己亲自参加过滑铁卢战役。②

斯特拉斯堡大捷后，朱利安返回扎伯恩。他把俘虏和战利品留在梅斯附近，然后率军越过莱茵河，向阿勒曼尼腹地推进。像所有远征一样，这次行军具有破坏性和毁灭性。当地人的房屋被烧毁，财物被洗劫一空。罗马军队继续

---

① 在《阿尔萨斯洛林对国家和人民的贡献》一书中，M.维甘德先生详细研究了斯特拉斯堡战役的经过和地形。他认为利巴尼乌斯和阿米亚诺斯·马尔塞林努斯对这一战役的记载可能来自朱利安自己的描述，但M.维甘德的研究更加精确，与地形也更加吻合。M.维甘德认为真正的战场可能在更偏西南的地方，而不是一般人们认为的地点。——原注
② 乔治四世（1762—1830），大不列颠及爱尔兰联合王国国王及汉诺威王国国王。他热衷奢华生活，执政期间热衷享乐，甚少过问国事。1815年6月18日，威灵顿公爵阿瑟·韦尔斯利率领反法联军在比利时小镇滑铁卢取得了决定性胜利。这次战役结束了拿破仑战争。乔治四世声称自己曾亲自参加过滑铁卢战役是在自欺欺人。——译者注

推进，来到了一片很可能位于阿沙芬堡附近的茂密树林。此时已经开始降雪。因此，在一个危机四伏的地方继续行军显然是鲁莽的。阿勒曼尼人最后终于同意撤退。朱利安准许他们休战十个月，并接受了和自己在斯特拉斯堡交战的三位国王的投降。回到冬季营地前，朱利安必须先驱逐一支由六百个法兰克人组成的部队。这支部队占领了默兹河边的两座堡垒，阻挡了塞维鲁向兰斯进军的路线。天气寒冷，被长时间围困之后，法兰克人不得不向朱利安投降。

公元357年和公元358年交替之际，朱利安的军队进入冬季营地修整。长久以来，这个冬季营地不被人们注意。然而，朱利安不得不承认，自己已经意识到这个地方的特殊优势，预感它未来会发挥重大作用。"鲁特西亚被高卢人称为巴黎的小城镇"，是塞纳河上的小岛。现在，这里坐落着巴黎圣母院及一些临近的建筑。朱利安曾居住的塞纳河以南的宫殿现在仍然以他的名字命名。①巴黎位于几条军事要道的交汇处。正如一位法国历史学家说的，"这个城镇正在成为今天的巴黎，成为罗马人抵抗日耳曼人的中心"。后来，在遥远的东方，朱利安写道，巴黎有宜人的环境、纯净的水、潺潺的河。由于气候温和，所以如

朱利安温泉宫

---

① 这里是指克鲁尼宫附近的朱利安温泉宫。——原注

果冬天用稻草覆盖葡萄树和无花果树的根,那么来年就可以培育葡萄和无花果。朱利安还提到了自己的一个故事:在巴黎宜人的气候下,他坚决拒绝在自己的房间用火炉取暖。直到寒意渐深时,朱利安才派人去拿火盆。在柴火的烘烤下,潮湿的墙壁散发出来的蒸汽险些让他窒息。

在巴黎期间,朱利安全身心投入到财政改革中,但遭到执政官弗洛伦提乌斯的阻挠。在讲述斯特拉斯堡战役时,我们提到过弗洛伦提乌斯。弗洛伦提乌斯提出,在巴黎强制额外征一些税。这个建议虽然合理,但违背了朱利安的初衷,并且缺乏周密的计划。朱利安否定并且拒绝采纳这一提议。于是,弗洛伦提乌斯向君士坦提乌斯二世提出上诉。君士坦提乌斯二世写信给朱利安,让朱利安信任这位执政官。朱利安回信说,由于巴黎已经荒废,所以自己不可能在这里筹集到比常规税收更多的钱。朱利安的坚持达到了预期效果。同时,他的另一项提案也获得授权——在贝尔吉卡调整征税政策。此举大大减轻了当地人的负担。

公元358年春,在一名才能出众的骑兵军官的协助下,巴尔巴提奥前往莱提亚攻打那些没有签署停战协定的阿勒曼尼朱图吉部落。同时,朱利安从阿基坦征集了足以进行一次远征的补给,其中包括当时十分新奇的饼干,然后率领军队向莱茵河河口进发。行军路上,朱利安遇到了萨利安法兰克人的军队。当时,萨利安法兰克人定居在西兰岛,或者更南边的地区。他们希望与朱利安和谈。朱利安先用礼物打发了前来求和的使者,然后突袭了萨利安法兰克人的主力军队,迫使他们签订更屈辱的和平条约。[①]查玛维部落是下一个见识朱利安和塞维鲁强硬手段的对象。这个部落不得不以撤退换取和平。随后,朱利安开始加固默兹河沿岸的防御工事。同时,朱利安恢复了不列颠群岛和莱茵河沿岸地区之间一度中断的水上交通。为此,他还组建了一支新的船队,尽管弗洛伦提乌斯认为这样做会面临无法克服的重重困难。事实上,由于对朱利安十

---

① 米克博士对这件事的描述推翻了朱利安背信弃义的说法。——原注

分不满，弗洛伦提乌斯用阴谋骗走了一些士兵的酬劳。这些士兵被煽动、利用，表现出不服从命令的危险迹象。连塞维鲁也开始动摇。此时，朱利安的得力干将萨卢斯特因受到怀疑而被君士坦提乌斯二世召回。正如朱利安在一篇精心准备的告别演说中表达的一样，这对朱利安来说是一个沉重的打击。尽管如此，这场战役的结果对驻守莱茵河上游与下游的罗马军队都是有利的。苏马尔是当时阿勒曼尼部落的首领，统治着美因河和莱茵河之间的疆域。得知朱利安率领大军已经越过莱茵河防线时，他不得不向罗马人投降求和。蛮族人沙里埃托被说服加入罗马军队，后来成为一位勇猛的将军。阿勒曼尼部落首领霍尔塔被迫交出在一次突袭中俘虏的罗马人，包括一些他试图隐瞒的罗马俘虏。朱利安怀疑他另有图谋，迅速剿灭了霍尔塔的部落。

朱利安又利用冬季的几个月调查民政事务和司法程序。他高度重视规范司法程序，坚持公开的原则、公正执法，并规定在没有充分证据的情况下应该宣布嫌疑人无罪。公元359年，朱利安建立了粮仓，在莱茵河畔的波恩、安德纳赫和宾根等地设置军事要塞，再次跨过莱茵河远征。这一次，他的军队比以前推进得更深，到达了勃艮第人和阿勒曼尼人的势力范围。值得注意的是，在穿过那些一年前已经与罗马帝国达成和平协定的部落领地时，朱利安专门下令禁止一切掠夺或骚扰行为。此举让更偏远的几个部落首领顺利臣服。

文明人与半野蛮人之间的战争故事一般因残忍行径和背叛行为而为人熟知。朱利安在高卢的征战也不例外，但他的成功有可取之处。在第四次战役结束时，朱利安已经圆满完成了任务。蛮族人得到了惨痛的教训。高卢各行省近期不太可能再次受到侵扰。守护边境的要塞再次建立起来，罗马人的粮食有了保障，人们要缴纳的税金也大大减少，高卢实现了和平与安宁。当远方的日耳曼人再次提到罗马这个名字时，他们会肃然起敬。如果朱利安没有得到堂兄君士坦提乌斯二世的赞赏，倒也在他的意料之中。然而，对罗马帝国来说，朱利安的成就非常重要。哪怕是在今天，我们也对他钦佩不已。考虑到朱利安的性格和他接受的教育，我们可以说，朱利安的成就几乎是独一无二的。历史上不乏年轻的军事天才，如亚历山大大帝或瑞典国王卡尔十二世。他们在没有作战经验的情况下取得了辉煌的胜利。然而，朱利安的热情显然不在军事上——他是从讲堂被召到军营的。历史上也不乏年长的军事人才，如伊巴密浓达、提莫莱昂和奥利弗·克伦威尔。他们在其他领域的学习中形成自己的思想后，才开始了军事生涯。朱利安既是一名优秀的将军，又对自己被迫搁置的学术研究充满热情。朱利安的性格和能力具有一种奇妙的多样性。可以说，这种多样性把他的多重身份融为一体。成为将军、政治家和掌权者后，朱利安没有停下作为学生、苦行者和宗教理想主义者的脚步。如果朱利安在写给朋友的信中哀叹逝去的研究文学的悠闲岁月，坚定地认为学术研究比带兵打仗更有价值，苏格拉底的功绩比亚历山大大帝的功绩高得多，那么他既不会将这种想法公之于众，也不会逃避在营地或议事厅处理令人厌烦的公务。在职业生涯的这个阶段，朱利安如果从睡眠时间中抽取几个小时虔诚地冥想、积极地思索和精心地写作，其日常生活就不会显得枯燥乏味。朱利安在全新而陌生的领域取得的成功，得益于其思维的多样性。然而，作为能用一晚上的时间写成一篇致诸神之母的颂词的人，朱利安能在陌生领域取得成功，除了聪慧的头脑和卓越的文采，还有更深层的原因，那就是钢铁般的意志、恪尽职守的责任感和坚信正义终将战胜邪恶的信念。

  这一章的参考文献有：阿米亚诺斯·马尔塞林努斯《大事编年史》第16卷、第17卷和第18卷；索西穆斯《罗马新史》第3卷，其中的叙述显然不太可信；朱利安《致雅典人的信》；利巴尼乌斯为朱利安写的祭文等。在近代的文献中，我充分参考了米克博士的《朱利安的战争》。这是一项细致而有价值的研究，尽管该书对君士坦提乌斯二世的评论有失公允。此外，我还参考了赫尔曼·席勒《罗马帝国史》第3卷第3章。朱利安的故事在很大程度上是以朱利安自己的叙述为基础。对此，研究者有不同的看法。赫克先生认为失传的朱利安的《高卢战记》是阿米亚诺斯·马尔塞林努斯、索西穆斯和利巴尼乌斯等人的历史记录的来源。然而,即使《高卢战记》像赫克先生设想的那样,是以完整的形式存在,冷静而公正的阿米亚诺斯·马尔塞林努斯也不可能不加甄别地盲目采信。

第 6 章

罗马东部和西部的军事行动及朱利安登基为帝

（从公元359年到公元360年）

精彩看点

罗马东部和西部事件的紧密联系——君士坦提乌斯二世和朱利安之间的分歧——君士坦提乌斯二世造访罗马城——对罗马城颁布的新规章——在罗马城树立方尖碑——多瑙河沿岸行省拉响战争警报——公元358年君士坦提乌斯二世征服夸地人和萨尔马提亚人——屠杀利米甘特斯人——冲突再起——与沙普尔二世谈判——罗马与波斯必有一战——安敦尼反叛及乌尔西奇努斯远征美索不达米亚——痛失阿米达——君士坦提乌斯二世向高卢借兵——朱利安的困境——士兵的反抗——巴黎的饯别晚宴——兵变之夜——朱利安被士兵推举为奥古斯都——士兵担心朱利安的人身安全——朱利安尝试做出妥协——朱利安向士兵们发表讲话并向君士坦提乌斯二世写信解释——朱利安写给君士坦提乌斯二世的第二封信——君士坦提乌斯二世的回信——朱利安的军队拒绝接受君士坦提乌斯二世提出的条件——谈判再次失败——对朱利安篡位的不同看法

不信诸神者，将为神所灭。

——普鲁登修斯

在回顾罗马军队的命运，探究正直的恺撒朱利安在庞大的罗马帝国一隅实施的改革时，我们很容易忘记，发生在千里之外的事件可能对罗马帝国皇帝及整个罗马帝国造成影响。事实上，罗马帝国位于亚细亚腹地的边防要塞与政治中心之间，似乎从未与二者有过如此密切的联系。无论是古代还是现代，文明世界中没有一个地方可以完全不受遥远地区发生的政治动乱或军事行动的影响。尽管没有用古老的绳索，但无论好坏，所有国家的命运再次被捆绑在一起。

因此，要想了解朱利安在重新征服和管理高卢时面临的危机，我们得先把注意力转向多瑙河和底格里斯河流域。针对朱利安和其堂兄君士坦提乌斯二世之间的分歧，有些人指责君士坦提乌斯二世在提出不合理要求时，过分强调自己的权威。还有一些人则认为朱利安是个忘恩负义的属下，为了野心和抱负不顾提拔自己的君士坦提乌斯二世的安危和整个罗马帝国的利益。其实，这些肤浅的论断都没有抓住问题的实质。只要调查一下当时的情况，我们就能得出结论：抛开无法预见、影响深远的结果，虽然朱利安有充分的理由反对君士坦提乌斯二世的决定，但在形势紧迫的情况下，君士坦提乌斯二世提出不切实际的要求也情有可原。

我们在第5章提到过，要列举在朱利安平定高卢期间君士坦提乌斯二世的所有军事行动并不容易。就公元356年君士坦提乌斯二世是否出征攻打阿勒曼尼人这个问题，我们先放在一边。①此时，萦绕在君士坦提乌斯二世心头的事情有：访问罗马城、远征多瑙河以北的部落，以及与波斯和谈失败后，罗马军队要积极备战。

有人诋毁君士坦提乌斯二世，声称他访问罗马城的目的——打败马格嫩提乌斯后举行一次凯旋仪式彰显自身权威——十分幼稚。当时，罗马帝国有些行省大战将至，有些行省正在打仗。耗费重金举办毫无意义的庆典显得不合时宜。人们的抱怨不无道理。此时君士坦提乌斯二世坚持访问罗马城，很可能是出于某种政治目的，也可能是受好奇心的驱使，想要目睹这座永恒之城的壮丽

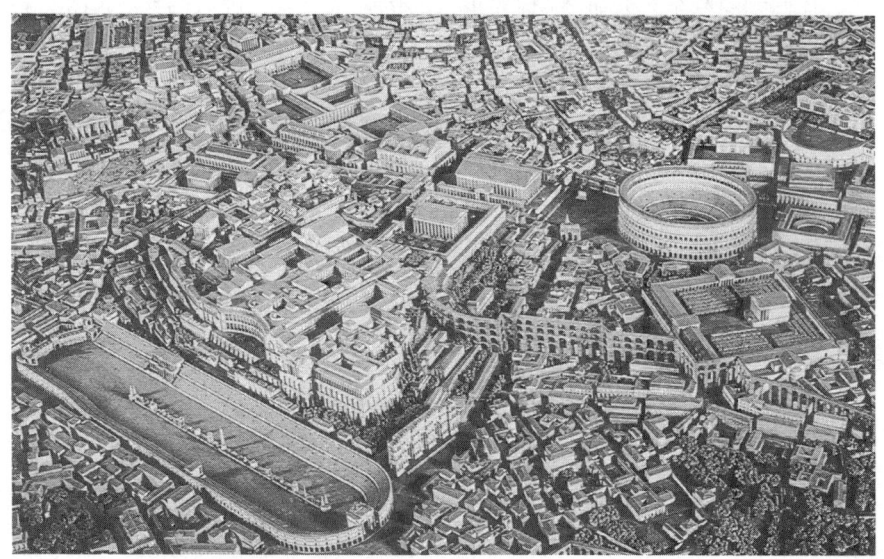

罗马城复原图

---

① 路易·塞巴斯蒂安·勒南·蒂耶蒙：《君士坦提乌斯二世》，第38条注释。——原注

罗马帝国时期罗马公民的装束

景色。从政治角度考虑，君士坦提乌斯二世决定以东方帝王的排场向喜欢看热闹的人们及富有而浅薄的官员展现自己，让这些人认为自己是最优秀的罗马公民，并且能够延续罗马元老院的荣耀。通过此举，君士坦提乌斯二世也许能受到拥戴。这样，举行仪式的巨额开支就物有所值。即使罗马城的居民不认为君士坦提乌斯二世的访问有重大意义，罗马这个响亮的名字也仍然是帝国的力量之源，并且在几个世纪后将再次成为皇权的力量之源。君士坦提乌斯二世在该时期颁布的两条法律表明了他对旧都罗马城的态度：一是，撤销了罗马城行政长官对意大利和西西里上诉案件的审判权；二是，所有元老院成员都被要求住在罗马城或附近。[①]可见，在意大利，罗马城不再具有政治中心的地位，而罗马城的市政官员不再徒有虚名，要负责具体的民事和财政事务。

在妻子优西比娅及妹妹海伦的陪同下，君士坦提乌斯二世参加了庆典。由

---

① 《狄奥多西法典》，第11卷，第30条、第27条；第6卷，第4条、第11条。——原注

于在庆典之前和之后海伦都生活在高卢，所以她很可能是从高卢出发前往罗马城的。君士坦提乌斯二世进城的场面非常壮观：他独自端坐在金色战车中，高举旗帜的士兵在车前引路，身着华丽盔甲的卫队在两侧护卫。君士坦提乌斯二世始终保持着庄重的神情。偶尔有一两次，他被人群中巨大的欢呼声和面前新奇的景象吓了一跳。君士坦提乌斯二世居高临下，允许罗马人举办马术比赛进行狂欢。他在罗马广场发表演讲，在元老院向权贵发表演讲。他还抽时间参观了罗马的主要建筑——浴场、剧院和神殿。虽然君士坦提乌斯二世很想清除罗马城里的多神教元素，并且为了达到这个目的，已经命人将胜利女神的圣坛从罗马元老院撤出，但他和随行人员还是对宏伟的神殿表达了由衷的赞叹。尽管法律规定这些神殿不再作为宗教场所使用，但其中必定还有很多宗教的象征物与艺术品。为了纪念自己的这次访问，君士坦提乌斯二世决定在罗马城树立一座方尖碑。这座方尖碑与太阳崇拜有关，上面刻有纪念太阳神和一位埃及法老的铭文。显然，这也是一个带有明显异教风格的建筑。君士坦丁大帝曾下令将底比斯的一座方尖碑搬到罗马。奥古斯都也曾经想过把这座方尖碑搬走。但为了不伤害当地人的感情，他放弃了这一想法。然而，君士坦丁大帝没有这样的顾虑，正如阿米亚诺斯·马尔塞林努斯说的，在他看来，"把一个宗教物品从一个神殿中拿走，献给罗马城里的世界级的神殿，对宗教毫发无损"。因君士坦丁大帝驾崩而搁置的方尖碑迁移计划再度启动。君士坦提乌斯二世完成了这个计划。他动用大量劳力，将方尖碑运到罗马城并竖立起来。这座方尖碑一度被人推倒。后来，教皇西克斯图斯五世重新将它竖立起来。直到今天，它仍然矗立在拉特兰圣乔瓦尼大教堂前。

君士坦提乌斯二世最初的想法是效仿图拉真广场上屹立的图拉真骑马像，为自己也雕刻一尊雕像。陪同在他身边的波斯流亡贵族霍尔米斯达斯建议，在雕刻雕像之前，应该建造一座广场与之配套。但君士坦提乌斯二世并不打算再建一座广场。霍尔米斯达斯建议如果是雕像也应该塑造成图拉真骑马像的风格，就肯定会得到君士坦提乌斯二世的认可。当被问及对罗马的观感

图拉真广场

时，霍尔米斯达斯回答道："很高兴得知罗马人和其他地方的人一样会生老病死。"霍尔米斯达斯这番话是出于对东方宿命论的信奉还是对这座过于拥挤的城市的厌恶，我们不得而知。

尽管罗马城之行非常愉快，但从多瑙河沿岸传来的令人担忧的消息让君士坦提乌斯二世不得不缩短旅程，匆忙前往北方。

当时，罗马帝国南部和西部的广阔平原还有四处游荡的流浪骑手。这片平原是后来人们熟知的俄罗斯在欧洲的一部分领土。这些被称作萨尔马提亚人的流浪骑手性情残暴、掠夺成性，给罗马帝国皇帝制造了很多麻烦。戴克里先和后来的君士坦丁大帝曾打败过萨尔马提亚人，但难以驯服萨尔马提亚人，改变他们的生活习惯。很久以前，波斯皇帝大流士一世就领教过这一点。对待蛮族，罗马人一贯的政策是锄强扶弱。色雷斯的克森尼索部落曾协助罗马军队攻打萨尔马提亚人，并因此获得罗马当权者的奖励。随后，当色雷斯的哥特人变得强大时，罗马人向萨尔马提亚人提供了援助，帮助他们对抗更危险的哥特人。然而，发现罗马人要么不情愿，要么没有能力给自己提供太多的援助时，萨尔马提亚人采取了一种轻率的做法——把武器交到附属于自己的利米甘特斯部落手中。利米甘特斯部落不仅击败了哥特人，还成功地摆脱了萨尔马提亚人的统治，获得了属于自己领地。当萨尔马提亚人的力量被削弱时，罗马人给予他们鼓励，并允许他们在潘诺尼亚和邻近边境的行省定居。然而，一些萨尔马提亚人更倾向于与其他蛮族结盟，尤其是夸地人。尽管身在罗马城，也得知了夸地人联合萨尔马提亚人及苏维汇人入侵多瑙河流域的消息，但在平复叛乱方面，君士坦提乌斯二世没有取得太大的成绩。他选择在萨瓦河边的小镇西尔米乌姆过冬，为来年春季的军事行动做准备。

公元358年年初，有消息称夸地人和萨尔马提亚人已经联手在罗马帝国的领土上为非作歹。受到侵扰的地区包括多瑙河以西、多瑙河向南的大拐弯处和多瑙河下游南部地区，即潘诺尼亚和上梅西亚。与此同时，日耳曼军队入侵了距此不远的莱提亚行省。巴尔巴提奥不得不率军抵抗日耳曼人。公元358年3月月末，君士坦提乌斯二世率军横渡多瑙河，击溃了夸地人和萨尔马提亚人，迫使他们逃向深山。蛮族人眼看家园被焚毁——可见他们并不完全是游牧民族，不得不出来求和。君士坦提乌斯二世谨慎地谋划，分别和蛮族人进行谈判。经过一番交涉，罗马人与萨尔马提亚人达成了和平协议。双方归还人质，释放俘虏，然后撤军。蛮族青年齐扎伊在此次谈判中起到了积极作用，受到了君士坦提乌斯二世的赏识，被封为萨尔马提亚王。最终，彪悍的萨尔马提亚民族不得不承认罗马帝国的权威地位。另外，利米甘特斯人没有步萨尔马提亚人的后尘，借机入侵罗马帝国，也没像其他部落一样，向罗马帝国投降并达成和平协议。君士坦提乌斯二世坚持让利米甘特斯人集体从现有领地迁出，同时同意先和利米甘特斯人进行谈判。为此，君士坦提乌斯二世邀请利米甘特斯人越过蒂萨河，来到自己的营地。当利米甘特斯人成群结队地到达时，他们令人生畏的气势，加上难辨真假的企图——袭击神圣的君士坦提乌斯二世，让罗马帝国的将军们找到了理由，对利米甘特斯人展开了一场不分年龄性别的大屠杀。幸存的利米甘特斯人屈辱地退到了罗马帝国分配给他们的偏远地区。而罗马人则沿着蒂萨河前进，进入仍然由萨尔马提亚人及其联盟部落把守的地区，并将其纳入了罗马的管辖。君士坦提乌斯二世的军队再次回到西尔米乌姆过冬。君士坦提乌斯二世因此获得了"萨尔马提亚人的战胜者"的称号，却仍然大业未成。公元359年，听说利米甘特斯人正在离开指定给他们的居住地，君士坦提乌斯二世便率军向潘诺尼亚东北部推进。在那里，罗马人和利米甘特斯人又进行了一次谈判。在这次谈判中，背信弃义的是这些蛮族人。当发现罗马人还没做好进攻准备时，利米甘特斯人高呼口号，突然向罗马军队发动进攻。君士坦提乌斯二世只得迅速撤退。在随后的战斗中，利米甘特斯人被打得溃不成军，罗马人也损兵折将。罗马军队取得了胜利，确保了西部边境的安宁。于是，君士坦提乌斯二世启程返回西尔米乌姆，继而前往君士坦丁堡，去应对罗马帝国面临的更严峻的威胁——来自东方的波斯人。

  与此同时，人称"锁链"的保罗根据梦境和神谕的启示诬告一些人叛国。

他的这种行为对君士坦提乌斯二世的名誉和权威造成的损害可能比任何蛮族首领都要严重。后来，君士坦提乌斯二世采取了一些措施禁止占卜和各种异教活动。这值得赞扬。然而，要弄清楚君士坦提乌斯二世制定这些措施的初衷有多大程度上源自对基督教的偏袒，有多大程度上源自他的疑心，并不容易。

  同时，君士坦提乌斯二世正在和波斯帝国皇帝沙普尔二世进行谈判。双方都希望借谈判争取时间，而非达成永久的和解。据说，最初这些谈判是在没有罗马帝国直接授权的情况下，由罗马行省总督穆索尼亚努斯和美索不达米亚行省军事指挥官卡西亚努斯发起的。此时，沙普尔二世已经前去镇压入侵波斯东部边境的敌人。过了很长一段时间，沙普尔二世才收到波斯将军塔姆萨波尔的来信。沙普尔二世赞同信中提到的罗马人的提议。公元358年，沙普尔二世与一直与波斯对抗的部落首领达成和解。其中一些部落，特别是匈尼特人，在随后的战争中充当了波斯人非常难得的盟友。现在，沙普尔二世认为自己可以将注意力转向波斯帝国西部了。于是，他派遣了一位叫纳尔西斯的使者给君士坦提乌斯二世送去了一封信和一些礼物。公元358年3月，纳尔西斯抵达西尔米乌姆。根据阿米亚诺斯·马尔塞林努斯的记载，沙普尔二世这封信在风格和内容上都具有东方君主高高在上的特征。在信的开头，沙普尔二世这样称道："天之星宿、日月之手足、众王之王沙普尔二世，致我的兄弟君士坦提乌斯皇帝。"在信中，沙普尔二世先是称赞君士坦提乌斯二世具有"非己之利，纤毫勿占"的智慧，然后指出身居高位的人具有畅所欲言的特权，接着就断然要求君士坦提乌斯二世放弃亚美尼亚和美索不达米亚。在沙普尔二世看来，波斯帝国和罗马帝国自古以来就以斯特赖蒙河为界，所以亚美尼亚和美索不达米亚理应属于波斯。沙普尔二世还得意地炫耀自己的功绩，宣称从年轻时起就没有做过任何后悔的事情。沙普尔二世建议君士坦提乌斯二世，为了罗马帝国的福祉应该学习壁虎断尾的精神。最后，沙普尔二世声称，如果波斯使者没有带回令人满意的答案，自己将会在来年春天率领波斯军队出征。作为回应，君士坦提乌斯二世驳斥了美索不达米亚是一个"要被切除的病肢"这种暗讽的说法，拒绝了沙普尔二世提出的带有侮辱性的条款，并表示自己对罗马军队最终取胜充满信心。尽管如此，君士坦提乌斯二世还是派了三名使者向沙普尔二世回赠礼物。其中一位使者是来自小亚细亚的修辞哲学家优斯塔修斯，他在教育和公共外交方面很有影响力。尽管优斯塔修斯的雄辩给沙普尔二世带来很大乐趣，但罗马帝国和波斯帝国之间的巨大隔阂绝不是仅靠长篇大论就能解决的。君士坦提乌斯二世提出的维持现状的建议遭到拒绝。使者只好从沙普尔二世接见自己的泰西封失望而归。后来，君士坦提乌斯二世又派了一位使者，仍然收效甚微。

显然，一场大战即将爆发。所幸，罗马人已经征服了萨尔马提亚人，朱利安也基本平定了高卢。这时，朱利安派遣了一支由步兵和骑兵组成的军队支援君士坦提乌斯二世。这支军队由在莱茵河流域身经百战、经验丰富的士兵组成。现在，两个严重的不利因素使罗马帝国东部的形势变得岌岌可危。其一，罗马抛弃了安敦尼。此人曾是罗马帝国东部行省的一个财务官员，他的全部财产在一场法律诉讼中因不公正的判决而被查封。在尝试拿回财产无果后，安敦尼带着他掌握的罗马帝国机密和家人一起投奔了波斯军队，受到波斯人的热烈欢迎。其二，罗马帝国有能力应付这场大战的人——乌尔西奇努斯，被剥夺了军事指挥权。乌尔西奇努斯曾在叙利亚行省最东北的科马基尼担任指挥官，却因宫廷里政敌的密谋陷害而被君士坦提乌斯二世召回。战争爆发时，乌尔西奇努斯又被派到美索不达米亚，接替巴尔巴提奥担任步兵统领。巴尔巴提奥在担任步兵统领期间，和妻子愚蠢地篡改占卜师的预言，从而取代一些能人的位置。现在，他也落得被人取代的下场。乌尔西奇努斯尽管拥有一定的军权，但还是被安排在富有而迟钝的老人萨宾尼亚努斯的手下。萨宾尼亚努斯完全不会指挥军队，但有能力阻碍才能出众的手下采取行动。

除了短暂的分离，历史学家阿米亚诺斯·马尔塞林努斯一直跟随乌尔西奇努斯四处征战。他一直是乌尔西奇努斯的挚友和忠实支持者。多亏阿米亚诺斯·马尔塞林努斯这位亲历者的记载，我们才能够了解这场战争。阿米亚诺斯·马尔塞林努斯用文字记录了战争中的浪漫事件和壮观场面。这让我们联想到许多世纪以后在这片土地上发生的战争。虽然交战双方分别信奉基督教和拜火教，但沙普尔二世与君士坦提乌斯二世之间的战争很难称得上是一场宗教战争。然而，宗教因素即使在这场战争中并不突出，也是造成东方与西方无休止战争的原因之一。战争中的浪漫事件包括沙普尔二世本人的经历。沙普尔二世生性风流，对女士们表现出骑士风度。这些女士中既有自愿献身的少女，也有落入他手中的罗马官员的家眷。乌尔西奇努斯也是一个有趣的人。据记载，他曾竭尽全力去拯救一个流浪儿。他和叛徒安敦尼的一次会面也充满了九死一生、英勇无畏的戏剧性场景。此外，乌尔西奇努斯还要面对诸如匈尼特部落首领格伦贝茨这样的亚细亚蛮族头目。具体细节不再赘述。后来，乌尔西奇努斯和阿米亚诺斯·马尔塞林努斯离开了萨宾尼亚努斯，任由萨宾尼亚努斯继续享乐、毫无作为。两人率军匆匆赶往美索不达米亚，并命令尼西比斯城进入防御状态。为了阻止波斯人及其盟友从尼尼微进入底格里斯河，他们还放弃了卡雷，烧毁了周边的土地。阿米达位于亚美尼亚、卡帕多西亚及美索不达米亚的交界处，是底格里斯河上的战略要地之一，被波斯人围攻七十三天后沦陷。在这场大战中，波斯人和罗马人都展现出非凡的勇气和高超的工程技术。乌尔西奇努斯努力解救阿米达但还是因萨宾尼亚努斯的谨小慎微而毁于一旦。阿米达失守，乌尔西奇努斯受到了降级军衔的惩罚。一再受到奸臣的诋毁和陷害，乌尔西奇努斯对君士坦提乌斯二世的偏听偏信愤然提出抗议，并建议君士坦提乌斯二世亲自迎战波斯人。其实，可能早在萨尔马提亚战役结束后不久，君士坦提乌斯二世就打算这么做了。此时，沙普尔二世率军带着战利品撤出阿米达，进入了冬季营地。

　　上述简要叙述可以帮助我们了解罗马帝国东部的形势，形成对后续事件的判断。罗马帝国东部确实需要兵力增援，并且需要一名能力出众的指挥官。如今，罗马帝国最精锐的兵力在高卢。战役初期，朱利安派遣的一支来自伊利里亚的增援部队已经被打得七零八落，而此时高卢还有一批精兵猛将。"那只山羊"——君士坦提乌斯二世这样称呼蓄须的朱利安——如果再次大获全胜,肯定会抽拨出一些士兵增援在用人上早已捉襟见肘的君士坦提乌斯二世。正如我们所知,出于个人原因,执政官弗洛伦提乌斯并不喜欢朱利安,提出了君士坦提乌斯二世十分乐于接受的建议:要求朱利安立即派遣高卢蛮族军队里最精良的四支分队——赫鲁利人、巴达维人、佩特朗斯人和凯尔特人,以及从其余军队中选拔精锐组成的一支分队,由卢皮奇努斯指挥,支援罗马帝国东部战场。也许,正如朱利安后来断言的那样,君士坦提乌斯二世的最终目的可能是剥夺自己作为恺撒的一切军权。

虽然利巴尼乌斯不断抹黑君士坦提乌斯二世,但这种做法对朱利安毫无益处。利巴尼乌斯宣称,罗马帝国东部的战事并不急需援军,君士坦提乌斯二世也不是真的打算发动战争。这种说辞荒谬至极。君士坦提乌斯二世打算以借兵为名考验朱利安的忠诚,但可能完全没有意识到让朱利安服从命令的难度。对君士坦提乌斯二世来说,将这一纸谕令委托给对朱利安充满敌意的官员,特别是保民官德森提乌斯执行,简直再合适不过了。如果君士坦提乌斯二世隐晦地表达自己的要求,并且不指定援军的组成或指挥官,那么作为罗马帝国的恺撒或罗马帝国皇帝的继任者,朱利安在权衡罗马帝国东部战局和西部战局的需要时,应该会表现出自己的考虑。这才是正确、合理的方式。朱利安了解执行这些命令的难度,而君士坦提乌斯二世对此一无所知。首先,高卢的战局还远未达到可以抽调数量如此庞大的军队的程度。而此时皮克特人和苏格兰人越过不列颠各行省边界,发动了大规模的袭击,罗马帝国急需一位将军率领罗马军队迅速进行干涉。如果朱利安认为,在这个节骨眼上让将军离开高卢是明智之举,那么他后来可能就要在伦敦而不是巴黎宣布称帝。在这种情况下,朱利安认为更明智的做法是让能力出众、经验丰富的卢皮奇努斯率领一支精锐部队平定不列颠。这样一来,执行君士坦提乌斯二世的命令变得更加困难。一方面,君士坦提乌斯二世已经指定卢皮奇努斯指挥援军;另一方面,在不列颠,卢皮奇努斯麾下的一些士兵明确提出,拒绝远征亚细亚。这些士兵中有不少巴达维人。巴达维人被视为是英勇顽强的荷兰民族的祖先。他们的先辈曾给罗马人制造了不少麻烦。而一些日耳曼援军由雇佣兵组成。这些雇佣兵不愿意背井离乡，前往阿尔卑斯山脉以南的地方作战。朱利安可能会抱怨，自己如果不能信守对蛮族盟友的诺言，将有可能永远招募不到新兵。许多士兵都有妻有子。如果现在离开，那么他们与家人再见的希望将非常渺茫。

事实上，君士坦提乌斯二世虽然是罗马帝国的军事首脑，但似乎没有意识到在一个庞大帝国内行使至高无上权利的前提条件。有些士兵清醒地认识到，自己肩负统治者的权力中最有效的部分，但不可能像棋子一样在罗马帝国的棋盘上继续任人摆布，为更高贵的棋子或棋局操纵者牺牲自己。有三种动机可以迅速激发士兵的战斗力——爱国主义、对荣誉和利益的渴望及对领袖的忠诚。现在，这三种动机要么不存在，要么与君士坦提乌斯二世的命令背道而驰。首先，朱利安军队中胸怀爱国主义的是高卢人，而非罗马人。这些高卢人毫不关心美索不达米亚，但强烈地意识到不能再让高卢沦为北方蛮族部落的猎物。其次，高卢人对远征亚细亚可能获得的好处十分模糊。最近，在美索不达米亚，罗马军队并没有在战斗中获胜。朱利安的军队对亚细亚一无所知，因而增援军队面临着重重风险。此外，在军事上，君士坦提乌斯二世没有足够的声望让士兵信任他，并为其效力。朱利安一直与士兵同甘共苦，带领他们取得了辉煌的胜利。因此，士兵中的大多数人已经准备好一直追随朱利安。这些士兵或者他们的长官，从君士坦提乌斯二世的安排中看出了端倪——自己敬爱的领袖朱利安将被剥夺一切荣誉和权力，也许用不了多久就会遭遇和他不幸的哥哥加卢斯同样的命运。

朱利安的处境十分困难。他尽管并不想违背君士坦提乌斯二世的命令，但在士兵们的抗议下，还是同意做出反抗。朱利安恳请行政长官德森提乌斯稍做等待，让自己召集还在维埃纳的弗洛伦提乌斯和卢皮奇努斯来巴黎商讨对策。但两人都没有现身。弗洛伦提乌斯宁愿让朱利安独自面对窘境。卢皮奇努斯对朱利安的忠诚也令人怀疑，他借口说自己无暇分身、不能赴约。与此同时，一边是德森提乌斯催促朱利安尽快行动，另一边是保民官辛图拉无视朱利安的警告和抗议，提高向人们征税的金额。绝望之下，朱利安提出要辞去恺撒的职务，但似乎没有人认真对待这个提议。

这时，一场危机爆发了。根据索西穆斯的说法，这场危机的始作俑者是朱利安军队中的一些军官。这些军官匿名起草了一份很有煽动性的公告，在要去支援罗马帝国东部战事的"佩特朗斯人"中传阅。公告写道："我们像囚犯一样被放逐到世界尽头。亲爱的同胞啊，我们用剑将你们从囚笼中解救，可你们将再次落到阿勒曼尼人手中。"自然，士兵们很快就掀起一场骚乱。当消息传到朱利安那里时，他还在位于巴黎的冬季营地。为了避免产生严重后果，也为了公正地处理士兵的申诉，朱利安让士兵的妻儿陪同他们行军。与此同时，朱利安建议德森提乌斯不要让军队经过巴黎。这个建议和朱利安之前提出的建议一样，都不被理睬。

军队还未到达巴黎，朱利安就前去迎接。为了安抚士兵的情绪，朱利安愉快地向士兵描述他们在东部可能赢得的巨大回报，并邀请军官参加饯别晚宴。在晚宴上，朱利安鼓励众人提出任何临别要求。当然，朱利安的敌人事后会说这是一场阴谋：朱利安本人是士兵抗议的幕后主使，而匿名公告就是在他的唆使下起草的，至于饯别晚宴，只是给兵变提供了绝佳机会。另外，无论是在写给朋友以弗所的马克西穆斯的信中还是在对广大民众做的郑重声明中，朱利安都表示，士兵们的行动未经许可，甚至违背了自己的意愿。综合当时的情况，朱利安的说法似乎更加可信。然而，我们永远无法得知，或许朱利安自己也不知道，个人的野心、宗教信仰的特殊使命感和对君士坦提乌斯二世的极度不信任，这三者在多大程度上促使朱利安最终接受了这场他无力阻止的兵变。

晚上，士兵们的情绪十分高涨。朱利安回到他和妻子在宫殿里的房间后不久，军营里的喧闹和震耳欲聋的"朱利安奥古斯都"的呼声吵醒了他。起先，朱利安试图努力安抚这些人，向他们保证会请求君士坦提乌斯二世撤销东征的命令。可惜一切都是徒劳的。于是，朱利安锁紧房门，透过窗户仰望天上的繁星，祈求得到上天的指示。一些迹象立刻出现了——很可能是一颗流星。然而，由于大多数人在寻求神谕、观察星象时，都有不同的解读，所以朱利安没有立刻接受这个神谕。过了一会儿，朱利安的房门被撞开。士兵们挤进来，把他举起来放在盾牌上。这时，有人提议给朱利安戴上皇冠。由于手边没有这种东西，有人建议从海伦的珠宝中拿出一条项链或一个花冠来替代。朱利安拒绝了这种预示着自己的统治软弱无能的东西。最后，一个来自佩特朗斯部落的旗手

士兵们把朱利安举起来放在盾牌上

解下自己军服上的衣领，戴在了朱利安的头上。于是，这场粗野的加冕仪式就算完成了。有人说，朱利安接受皇冠是出于对生命安全的考虑，或者像朱利安后来对君士坦提乌斯二世说的，他不希望罗马帝国的荣誉落到外人手中，才屈从于这场风暴。无论如何，木已成舟，现在朱利安成了罗马帝国皇帝。

然而，君士坦提乌斯二世在高卢的党羽试图力挽狂澜。他们贿赂兵变的头目，故意在军官之间制造分歧，将矛头指向朱利安。海伦的一名亲信官员发现了这些人的阴谋。士兵们得知此事，再次涌向朱利安的宫殿，大声呼喊："士兵们、市民们、陌生人，我们永不抛弃朱利安！"发现朱利安安然无恙地在议事厅时，士兵们欣喜若狂。接下来，士兵们准备惩罚君士坦提乌斯二世的党羽，但被朱利安制止。行政长官德森提乌斯获准离开高卢，立刻回到了君士坦提乌斯二世的身边。在维埃纳，执政官弗洛伦提乌斯得知巴黎发生的一切后，如人们所料，也回到了君士坦提乌斯二世的宫廷。朱利安依然尽心保护了弗洛伦提乌斯的家人和财产。卢皮奇努斯从不列颠回到巴黎后被临时拘禁起来。

经过这场突如其来的兵变，朱利安的首要任务是调整高卢军队的部署，然后设法得到君士坦提乌斯二世的谅解。其中，调整军队的部署比取得君士坦提乌斯二世的谅解容易得多。辛图拉率领的增援罗马帝国东部的军队已经开始返回。而新帝朱利安自接受皇冠起，便向士兵们许诺会经常给他们发放奖金。朱利安发表了长篇大论的演说，表达了自己的谢意，声称是同病相怜的命运将他们连接在一起。朱利安还宣布，在进行军事任命时，自己只会考虑候选人的功勋，而不会听取他人的推荐意见。他立刻将这项原则付诸实践：虽然佩特朗斯人和凯尔特人都希望看到自己的同胞在军需部担任重要职位，但朱利安回绝了他们的推荐。然而，朱利安的这一做法并没有引起下属的不快。

接下来，朱利安要给君士坦提乌斯二世写一封行文谨慎的信。朱利安认为，君士坦提乌斯二世已经从德森提乌斯和其他人那里了解了高卢的兵变。朱利安坚称自己对君士坦提乌斯二世忠心耿耿。自被提拔为恺撒以来，为这一职务付出的努力和参与的战争都证实了他的忠心。朱利安对高卢士兵的所作所为表达了极大的愤怒。他还表示自己是在暴力的胁迫下接受了皇帝的称号,并非自愿。朱利安主张,在当前的形势下有必要规避统治者之间的不和。他还希望君士坦提乌斯二世能原谅自己,接受事实并听取自己的几项提议。这既是权宜之计,也是明智之举。朱利安的提议是:首先,朱利安承诺每年向君士坦提乌斯二世呈送诸如西班牙骏马之类的礼物,并挑选一定数量的蛮族士兵补充罗马帝国东部的军队;其次,高卢执政官由君士坦提乌斯二世指派人选担任,而高卢的民事和军事官员由朱利安任命。朱利安亲自挑选自己的近卫军。朱利安再次提醒君士坦提乌斯二世,不要将高卢军队的精锐迁往亚细亚。最后,朱利安表示自己并不钟情于皇位,他更愿意借鉴过去的经验,考虑未来的发展,用和平的方法解决争端。

尽管自称并不是简单复述,阿米亚诺斯·马尔塞林努斯提供给我们的这封信与朱利安的说法大体一致。但现在有一个十分令人费解的问题。阿米亚诺斯·马尔塞林努斯称,与这封通情达理又言辞恳切的信一同送出的还有另一封信。那封信风格迥异,措辞充满了尖刻的指责。阿米亚诺斯·马尔塞林努斯拒绝公开另一封信。我们知道,在叙述历史事件时,阿米亚诺斯·马尔塞林努斯一般会秉持诚实的态度、公正的立场。他不会为了自己的利益去指责君士坦提乌斯二世;一旦认为朱利安有不公正或不体面的一面时,他也不会试图掩盖。是什么阻止了阿米亚诺斯·马尔塞林努斯公布如此重要的一封信呢?我们很难相信,朱利安会送出一封带着孩子气的怨恨情绪的信,去破坏另一封行文谨慎的信可能带来的成效。根据朱利安自己的描述和兵变事件可能带来的后果来看,他最大的愿望是尽量维持与君士坦提乌斯二世的关系,避免两人决裂。既然如此,朱利安为什么要无缘无故地写一封信挑衅君士坦提乌斯二世呢?如果阿米亚诺斯·马尔塞林努斯的描述准确无误,朱利安另一封信的存在便不容置疑。这里有三种推测:一、我们将朱利安派遣信使送去的第一封信与朱利安的提议被君士坦提乌斯二世拒绝后送出的第二封信混为一谈;二、两封信是一起送出的,如果君士坦提乌斯二世欣然接受第一封信,那么第二封信便无须呈上；三、第二封信本就是朱利安原始信的一部分，其中包含了让阿米亚诺斯·马尔塞林努斯保持沉默的内容。在这里，我大胆猜测：它是否与宗教有关？是否提出了额外要求，即朱利安要求给予自己及与自己一样信奉多神教或希望成为多神教教徒的人举行宗教仪式的自由？阿米亚诺斯·马尔塞林努斯在宗教事务上一直是头脑冷静的中立派，很难对朱利安的宗教热情产生共鸣，并且很可能认为朱利安是在无理取闹。此外，阿米亚诺斯·马尔塞林努斯期望自己的作品能被不同宗教派别的人品读，于是有意避开引发激烈争议的内容。也许，阿米亚诺斯·马尔塞林努斯会对朱利安曾经写过这样一封信而感到遗憾，所以即使写了，他也希望尽量避免提到它。这样做也符合他对真理和公正的热爱。无论如何，朱利安写信的主要目的是希望与君士坦提乌斯二世和解，这一点毫无疑问。

按照军事权力隶属于行政权力的观念，身为罗马帝国皇帝，君士坦提乌斯二世不可能承认巴黎兵变是合法的。然而，几个世纪的经验迫使罗马帝国的统治者将士兵的偏好视为任命或废黜君主和王朝更迭时不可忽略的因素。历史证明，无视士兵选择的统治者后来都受到了制裁，例如君士坦提乌斯二世的父亲君士坦丁大帝。然而，无论是君士坦提乌斯二世，还是他身边的亲信，都对朱利安表达强烈不满。他们无法心平气和地接受朱利安称帝的事实。

这时，朱利安的挚友优西比娅已经去世。宫廷里可能没有支持朱利安的人了。当朱利安的信使抵达时，君士坦提乌斯二世已经到达卡帕多西亚的恺撒利亚。收到朱利安的信后，君士坦提乌斯二世勃然大怒，不肯听信使的解释。这让信使十分不安。所幸，信使后来获得准许，得以安全返回。与此同时，君士坦提乌斯二世派遣财务官莱奥纳斯给朱利安送信。信中要求朱利安宣布退位，继续行使恺撒的职权，并且朱利安的人事任命权将仅限于高卢。另外，君士坦提乌斯二世还任命内布里迪乌斯接替弗洛伦提乌斯担任高卢执政官。

莱奥纳斯到达巴黎时，受到朱利安的热情接待。朱利安当着所有士兵的面宣读了君士坦提乌斯二世的回信。士兵们拒绝接受信中的要求，尤其是"让朱利安退位"这一条款。莱奥纳斯被遣返,将高卢军队的不满反馈给君士坦提乌斯二世。而在君士坦提乌斯二世新任命的官员中,只有内布拉迪乌斯得到了朱利安的认可。

双方都不愿发动内战,所以他们的谈判仍在进行。至于谈判的细节,我们无从了解。主教爱比克泰德奉君士坦提乌斯二世之命劝说朱利安:如果答应君士坦提乌斯二世的要求,朱利安至少能保全自己的性命。然而,撇开雄心勃勃的动机不谈,朱利安还必须考虑自己对士兵和平民的责任。这些人将生命托付给了他。于是,朱利安当即表明了自己的政治意图和宗教信仰,宣称更愿意将生命托付给诸神,而不是交给君士坦提乌斯二世的承诺。

朱利安自信地认为,自己被推上皇位是上天的安排。人们则对促成这件事的原因有不同解释。据朱利安自己的说法,他在关键时刻祈求上天,很快就得到了神谕。一些人则提到了朱利安的梦,或者他对各种神秘学的探究。现代读者无法为一场无人进行最终裁决的篡位正名,也不能从喧嚣的起义军中分辨出神的声音。然而,如果说朱利安登基在某种意义上违反了合法程序,那么我们也应该知道,在继承皇位的案例中,完全合法是多么鲜见;要在一场危机中有条不紊地推举并加冕一位新帝,是多么的不切实际。而佩特朗斯人和凯尔特人快刀斩乱麻,做出了大胆的抉择。在他们看来,只有能率领军队驱逐蛮族敌人的人,才有资格在被他拯救的土地上拥有至高无上的权力。

对朱利安宣布称帝的叙述,我主要参考了朱利安《致雅典人的信》,以及阿米亚诺斯·马尔塞林努斯《大事编年史》第20卷。利巴尼乌斯为朱利安写的《墓志铭》和索西穆斯对这件事的描述显然是基于朱利安自己的叙述。我们没有掌握推翻这种说法的史料。阿米亚诺斯·马尔塞林努斯对波斯战争的记录也非常精彩。我参考了他关于罗马人与萨尔马提亚人的战斗记录。

第 7 章

君士坦提乌斯二世之死及朱利安统治罗马

（从公元360年到公元361年）

精彩看点

君士坦提乌斯二世和朱利安推迟内战的原因——君士坦提乌斯二世对波斯的战争——波斯人攻陷新加拉城和菲涅斯城——君士坦提乌斯二世攻打波斯人——君士坦提乌斯二世在东方寻求盟友——沙普尔二世撤军——君士坦提乌斯二世将目标转向罗马帝国西部——公元360年朱利安的高卢战役——征服法兰克族的阿图尔人——朱利安再次横渡莱茵河——朱利安获得帝国徽章——庆祝主显节——海伦之死——朱利安写给雅典等城市的信——公元361年的战役——朱利安讨伐阿勒曼尼族首领瓦多玛尔——朱利安第五次横渡莱茵河——朱利安进军罗马帝国东部——朱利安占领西尔米乌姆——西尔米乌姆的叛军集结——君士坦提乌斯二世意外死亡——君士坦提乌斯二世的遗体被送往君士坦丁堡——朱利安进驻君士坦丁堡并为先帝举行葬礼——西尔米乌姆兵变结束——朱利安的三项紧急任务——授权惩罚违法者——公正的惩罚和不公正的惩罚——朱利安对哲学家的偏爱

> 根据我的预见,
> 一颗福星正靠近我命运之巅,
> 要是现在放过这个机会,
> 以后我的一生
> 将再无出头的希望。

——《暴风雨》

上一章讲到发生在巴黎的兵变：在未获授权的情况下，一位战功赫赫的主帅被士兵推举登上罗马帝国最高权力宝座。他的地位是士兵赋予的，这如同天意。接下来，我们准备讲一个悲惨的内战故事。公元360年春，如果朱利安向东进军或君士坦提乌斯二世向西进军，那么在双方都拥有一支经验丰富、忠诚勇敢的军队的情况下，两军对峙必然会对罗马帝国造成毁灭性的打击，引发不堪设想的后果。也许是因为朱利安和君士坦提乌斯二世都有顾虑，或者是因为时局不稳，两军对垒的局面并未出现。这并不是因为两位皇帝出于善意为对方考虑，也不是因为他们想要达成和解。他们都不希望看到已经开始的和谈取得成功。朱利安和君士坦提乌斯二世都有带领罗马帝国成为军事霸主的信念。这让他们既不愿意放弃手中的权力，又不愿意因个人的权力之争，拿罗马帝国的安全和军事资源冒险。两人深知其中的利害关系,都想争取时间。此时,朱利安在罗马帝国西部的战事还在继续,君士坦提乌斯二世则专注于开拓罗马帝国东部的事业。因此,从朱利安在巴黎称帝到一场不可避免的内战爆发,在此期间,在高卢和亚细亚,两人还要各自面对两场战役或两场战役中的一部分,即罗马人与外敌之间的战争。

公元360年年初,在君士坦提乌斯二世到达战场之前,沙普尔二世率领波斯军队已经越过底格里斯河,包围了新加拉。在这次围攻战中,波斯人以高超的工程技术和强大的投石机为基础,并下定决心打一场持久战。新加拉被沙普尔二世的军队攻陷后,遭到了一场大屠杀。由两个步兵连和一个骑兵连组成的

早期的投石机

罗马卫戍部队被歼灭，幸存者被俘虏。他们双手被缚，被发配到波斯帝国的偏远地区。此时，罗马军队的主力驻扎在距尼西比斯不远的地方。然而，沙普尔二世并没有打算攻占尼西比斯，而是继续向北推进，包围了重要的边境港口城市——菲涅斯。菲涅斯也称贝扎布达，位于底格里斯河河畔，靠近美索不达米亚和亚美尼亚边界。由三个连队组成的罗马卫戍部队用暴风骤雨般的箭矢迎接波斯侵略者。为了防御，波斯人把在新加拉城俘虏的罗马人当作人肉盾牌，挡在自己前面。经过激烈的战斗和罗马主教徒劳无果的调解后，随着一座饱受摧残的塔楼的倒塌，波斯人攻陷了菲涅斯。随后发生的屠杀和掠夺比新加拉有过之而无不及。接着，波斯军队加固了菲涅斯的防御工事，并派士兵严加守卫，防止罗马军队再次占领。坚固的维尔塔要塞是亚历山大大帝建立的，也是沙普尔二世下一个攻击的目标。然而，可能由于波斯军队的力量在此前的战斗中消耗过多，沙普尔二世认为先撤退为妙。

与此同时，君士坦提乌斯二世正试图拉拢盟友加入自己的军事行动。在卡帕多西亚，君士坦提乌斯二世将曾与他的弟弟君士坦斯一世订婚的一位罗马贵妇献给亚美尼亚国王阿萨息斯，以求巩固两国的友谊。公元360年夏末或秋初，君士坦提乌斯二世率军出发，越过边境进入亚美尼亚，向南到达埃德萨。公元360年9月，君士坦提乌斯二世率领军队向北推进到已沦为一片废墟的阿米达，并决定夺回菲涅斯。然而，要攻下菲涅斯这个重要的军事要塞，罗马军队面临的困难不比波斯军队少。尽管罗马人使用了巨大的攻城槌——波斯人留在卡雷的攻城武器，但所有试图攻破城墙的尝试都以失败告终。波斯士兵发起了猛烈的反击，放火烧毁了攻城槌。君士坦提乌斯二世决定放弃攻城，采取围困的策略。但随着雨季的到来，罗马士兵纷纷感到不适，也许还要加上因迷信而对天空经常出现的彩虹的恐惧，君士坦提乌斯二世不得不暂时放弃了围困计划，撤退到安条克过冬。在安条克，君士坦提乌斯二世迎娶了第三任妻子福斯蒂娜。在下一次战役打响之前，君士坦提乌斯二世分别给亚美尼亚和伊比利亚的国王送去了丰厚的礼物。他认为，与这两个国家结盟非常重要。此外，君士坦提乌斯二世还有一项重要的行动,那就是派一个值得信赖的人去监视朱利安,以防朱利安在阿非利加海岸做出任何不轨的行为。被选中执行这项任务的人是高登提乌斯。过去,他曾被君士坦提乌斯二世安排在高卢监视朱利安,对朱利安充满敌意。接到命令后,高登提乌斯快速而有效地开始部署,迅速召集了一支毛里塔尼亚的骑兵部队监视阿非利加海岸,防止朱利安从高卢东部或西西里发动入侵。公元361年5月月初,君士坦提乌斯二世离开安条克,向埃德萨进军。他得到消息,沙普尔二世的军队打算再次横渡底格里斯河。此时,君士坦提乌斯二世又听说朱利安离开高卢,穿过伊利里亚,正向君士坦丁堡进军。在君士坦提乌斯二世看来,在这个节骨眼上迎战沙普尔二世的波斯军队是非常冒险的,可能会削弱自己军队的实力。我们发现,君士坦提乌斯二世在和自己人内斗时似乎总能得到上天的眷顾,而与外敌对抗时似乎就遭到命运之神的厌弃。此时,如果沙普尔二世趁君士坦提乌斯二世身陷进退两难的困境时发动进攻,那么君士坦提乌斯二世很难撤开眼前的劲敌去迎击朱利安。沙普尔二世究竟为什么没有这样做,我们不得而知。美索不达米亚的战斗只持续了很短的时间。罗马军官也得到特别的指示——不要冒不必要的风险。或许是通过占卜发现了不祥的预兆,又或许是其他地方也急需他到场,沙普尔二世最终选择了撤军。这正合君士坦提乌斯二世之意。君士坦提乌斯二世退到埃德萨和安条克之间的耶拉波利斯。在耶拉波利斯,君士坦提乌斯二世召开了一次大型军事会议,控诉了朱利安忘恩负义的行为和滔天罪行,表达了想要迅速镇压叛军的愿望。军队表示愿意西征,讨伐僭主朱利安。于是,一队轻装步兵被派去占领朱利安率军前往君士坦丁堡的必经之地——苏奇关隘。

在此期间,朱利安一直在罗马帝国西部活动。正如前文提到的那样,朱利安认为在对抗君士坦提乌斯二世之前必须完全平定高卢。公元360年夏,朱利安主要针对法兰克族的阿图尔部落。这个部落占领了克莱沃附近的土地,并越过了高卢边界。朱利安再次发动了横跨莱茵河的远征,大获全胜。朱利安的军队抓走了许多俘虏,强迫败军接受了和平条件,然后沿着边境线继续行军,以确保所有重要关口都有人驻守。朱利安的军队途经贝桑蒂奥①，到达维埃纳过冬。在冬季的几个月里，朱利安有必要完善自己对未来的规划。很快，他就下定决心，不再推辞象征罗马帝国尊严和荣耀的罗马皇帝之位。在士兵眼里，这是他们赋予朱利安的无上荣誉，而这也是君士坦提乌斯二世不愿意承认的。于是，朱利安戴上华丽的皇冠，庄严宣布自己卸任恺撒一职，荣膺奥古斯都的头衔。在宗教问题上，朱利安似乎取得了初步进展。公元361年，朱利安在一封信②中表达了自己的喜悦之情：人们正在举行公祭，军队虔诚地参加古老的祭祀活动。然而，阿米亚诺斯·马尔塞林努斯明确地告诉我们，在维埃纳时，朱利安曾公开去教堂参加主显节的庆祝活动。在朱利安时代，主显节并不是专门纪念"三博士来朝"③的，通常与基督的洗礼联系在一起。在一些教堂里，主显节与圣诞节没有区别。主显节即使不是耶稣诞生节的全部，也应被视为其中一部分。这种因界定不清而产生的混乱不会在高卢的教会中出现，但可能会存在于朱利安在东方接触到的教会中。稍后我们将看到，在圣诞节期间，朱利安非常希望另一个节日也得到应有的重视，那就是"无敌的太阳神的生日"。他可能认为，应该留出一天用于纪念"大地创造力和生命力的化身"。此后，朱利安还将密特拉教的特征赋予了这个节日，同时不会对基督教教徒庆祝主显节的活动造成任何影响。

也就是在这个时候，朱利安失去了妻子海伦。关于海伦的死因，学界还没有定论。她可能死于难产。然而，正如我们已经提到的那样，无论是对罗马帝国和还是对朱利安，她都没有产生重大的影响。海伦的离世丝毫没有改变朱利安的计划和前途。她的遗体被送回罗马城，安葬在她姐姐君士坦提娜的墓旁。

朱利安急于知道自己应该走的道路，于是求助于各种占卜。最终的结果似

---

① 也称贝桑松，朱利安曾在信中生动描述过这个地方。从遗迹判断，这里应该是罗马帝国统治下的一个重要城镇。——原注
② 朱利安的第38封信。——原注
③ 据《圣经》记载，耶稣出生时，三位博士在东方看见伯利恒方向的夜空中有一颗大而亮的星星，便跟着它来到耶稣的出生地朝拜。他们还带来了黄金、乳香和没药。——译者注

乎都对他有利。历史学家找到了一个简陋的历史遗迹,并以此推断朱利安据此得到了一些预言,其中包括了君士坦提乌斯二世的突然离世。①

与此同时,朱利安需要争取更多拥护者,为罗马世界即将发生的变化做好准备。对朱利安而言,没有什么比罗马人对自己和君士坦提乌斯二世的看法更值得关注。如果有反对自己的舆论,朱利安绝不会坐以待毙。他强烈地希望得到那些在他看来代表了罗马世界集体智慧的人的支持。他不仅向罗马元老院发表宣言,而且向雅典、斯巴达和科林斯的"元老院和公民"发表宣言。这正是朱利安的一个典型特点。直到公元361年夏,朱利安才将这些宣言发出,但似乎在前一年冬天就准备好了。我们将发现,朱利安向罗马元老院发表的宣言收效甚微。朱利安与希腊人、东方哲学家及高卢士兵打交道的一贯方式,并不适用于那些自诩为政治家的罗马人。他希望赢得那些古老的希腊城市的支持。这种想法表明朱利安始终无法理解现在和过去的差距。事实上,公元4世纪,斯巴达人对朱利安的看法和举动并不是很重要;而科林斯人的意见——如果他们有意见,也不会对罗马帝国产生重大影响。除了朱利安写给科林斯人的那封信还有部分残片②,另外两封致罗马人和斯巴达人的信早已不知所踪。我们只能凭借仅存的一封致雅典人的信来猜测其大致内容。我们已经看到,朱利安过分尊崇雅典。雅典过去的辉煌常常使热情的仰慕者对其后来的衰落视而不见。对朱利安来说,雅典不仅是一座有着辉煌过去的城市,还是智者和学者的大本营。为了向"公正的阿里斯提得斯"③的同胞证明自己,朱利安给雅典人写了一封信,其中包含了他的自传。事实上,这封信成了朱利安发泄内心压抑情感的渠道。其中运用的修辞并没有完全掩盖字里行间燃烧的激情。我们已经多次引用过这封致雅典人的信。它是朱利安早年生活和高卢战争最重要的史料来源之一。朱利安写这封信并不是为了完成一部完整的自传,而是为了赢得人们

---

① 阿米亚诺斯·马尔塞林努斯对这个问题的描述与索西穆斯的说法基本一致。——原注
② 赫特莱茵:《片段》。——原注
③ 阿里斯提得斯(前530—前468),雅典著名的政治家、军事家。——译者注

的理解和同情。这封信更像是辞藻华丽的辩白，而不是冷静的历史陈述。为了替自己篡夺皇权的行为进行辩护，朱利安列举了包括君士坦提乌斯二世对自己不公正的对待、士兵们的胁迫和诸神的指引等多种原因。朱利安甚至表示，愿意向君士坦提乌斯二世妥协。但和平解决争端的希望非常渺茫，因此，他认为自己没有理由对所谓的"恩人"君士坦提乌斯二世缄默不语。

朱利安在高卢需要对付的最后一个敌人是阿勒曼尼首领瓦多玛尔。此人时而与君士坦提乌斯二世勾结，时而试图利用朱利安牵制君士坦提乌斯二世达到自己的目的。前文已经提到，公元354年，君士坦提乌斯二世和居住在莱提亚边界同时为王的两兄弟——贡多马德和瓦多玛尔——达成和平协议。此时，贡多马德已经去世，而以狡猾著称的瓦多玛尔给朱利安写了一封非常谦卑的信。信中不仅尊称朱利安为皇帝，而且将他奉为神明。然而，当瓦多玛尔派出的另一个信使被抓，他写给君士坦提乌斯二世的一份急件落入朱利安手中。在信中，瓦多玛尔提醒君士坦提乌斯二世："您的恺撒正在违抗您的命令。"这件事应该发生在巴黎兵变前夕。但公元361年朱利安在维埃纳时便得到消息，阿勒曼尼人正在莱提亚行省大肆劫掠。因此，朱利安派利比尼奥担任指挥官，率领勇敢的佩特朗斯人和凯尔特人攻打阿勒曼尼人，并恢复当地的秩序。然而，在桑蒂奥①附近，利比尼奥的军队在毫无防备的情况下遭到突袭，利比尼奥在战斗中被杀，士兵落荒而逃。朱利安决心收服狡猾的瓦多玛尔。为此，他派遣心腹大臣菲拉格里乌斯作为使者觐见瓦多玛尔。临行前，朱利安给菲拉格里乌斯一封密信，要求在瓦多玛尔渡过莱茵河之前，不得打开这封信。当瓦多玛尔渡过莱茵河后，菲拉格里乌斯打开密信，发现朱利安在信中指示自己将瓦多玛尔囚禁起来。一次聚餐结束时，菲拉格里乌斯轻而易举地完成了这项任务。当瓦多玛尔被押到朱利安面前时，朱利安命令他撤退到西班牙。②朱利安对待瓦多玛尔似乎出人预料的仁慈和宽容。我们发现，瓦多玛尔后来被派往腓尼基担任

---

① 可能在阿尔高州的塞金根。——原注
② 阿米亚诺斯·马尔塞林努斯和利巴尼乌斯对此事的记述存在差异。——原注

总督。除去心腹之患瓦多玛尔之后,朱利安再度越过了莱茵河——他统治高卢期间第五次横跨莱茵河,发动了一场速战速决的战役。这场战役以阿勒曼尼人投降告终。

现在,朱利安有时间将注意力转向罗马帝国东部的战事。在出发之前,他向士兵发表了慷慨激昂的演讲。在演讲中,朱利安回顾了罗马军队将士同心在罗马帝国西部完成的收复疆土和殖民开拓的壮举,并向士兵描述了自己未来的军事部署——先趁伊利里亚兵力不足占领该地,再向达契亚边境进军,在那里静观事态的发展。朱利安恳求士兵忠诚和拥护,并且宣誓将朱利安的事业看作是自身的事业。朱利安进一步强调,士兵在行军中不得侵犯当地人的财产和权利,要维护沿途行省的安全。朱利安的演讲得到了热烈响应。士兵们满怀激情地宣誓效忠于朱利安。但君士坦提乌斯二世任命的高卢执政官内布里迪乌斯公开表示忠于君士坦提乌斯二世,冒着生命危险拒绝宣誓。朱利安不得不在内布里迪乌斯和愤怒的士兵之间进行调解。当内布里迪乌斯表示反对罗马帝国东部战事时,朱利安允许他退居到托斯卡纳。

至此,那些曾强烈抗议、拒绝从高卢前往罗马帝国东部支援君士坦提乌斯二世的士兵,已经准备好跟随朱利安四处征战。然而,朱利安认为有必要留下一支强大的军队驻守高卢。于是他任命自己的得力干将萨卢斯特[①]担任高卢总督。这一举措也体现了朱利安维持高卢各行省稳定局面的决心。朱利安还提拔了一些人管理高卢的军事和民政事务,代替那些不被信任的人。法兰克人内维塔晋升为骑兵统领,而达加拉伊夫则负责统领近卫军。可见,朱利安虽然指责君士坦提乌斯二世提拔蛮族军人,却免不了采取相同的举措。

朱利安东征的军队总共约两万三千人。朱利安既担心因人数过少而受到轻视,又担心在途中会遭遇意外。于是,他兵分三路:由约维斯和约维努斯率领一支部队穿过意大利北部;由内维塔指挥一支部队穿过瑞士直抵雷蒂亚;朱

---

① 萨卢斯特的事迹,参见路易·塞巴斯蒂安·勒南·蒂耶蒙:《朱利安皇帝史》,第5章。——原注

黑森林

利安自己率领一支精锐部队穿越黑森林，向北渗透到多瑙河源头。一旦抵达河流的通航段，他们就可以登上等候在多瑙河的船。朱利安向各路统帅强调采取充分的预防措施的必要性。三支部队将在西尔米乌姆附近会合。① 正如我们看到的那样，西尔米乌姆临近萨瓦河与多瑙河的交汇处。这个重要的交通枢纽一直由卢西利亚诺斯驻守。而意大利北部和伊利里亚则分别由托鲁斯和弗洛伦蒂乌斯掌管。他们都是公元361年君士坦提乌斯二世委任的执政官。当朱利安率领大军压境，这两名执政官都吓得逃走了。达加拉伊夫率领军队突袭西尔米

---

① 这是对阿米亚诺斯·马尔塞林努斯的记载的理解，但他的原文并不十分详细。——原注

乌姆时，驻守在这里的卢西利亚诺斯毫无防备，被抓时还在床上睡觉。被押到朱利安面前时，卢西利亚诺斯吓得魂不附体。直到被允许亲吻朱利安的紫色长袍时，他才恢复了一点神志和信心。于是，卢西利亚诺斯主动向这位出兵神速、敢于勇闯未知境地的领袖谏言献策。朱利安笑着回答道："把你明智的建议留给君士坦提乌斯二世吧。我向你示好不是为了得到你的建议，而是为了消除你的恐惧。"卢西利亚诺斯被撤职后，朱利安率领军队进入西尔米乌姆，受到了当地人的热烈欢迎。为了回报人们的善意，第二天，朱利安举办了一场战车比赛取悦他们。紧接着，朱利安占领了位于罗多彼山脉和哈伊莫司山脉之间的苏奇关隘。把苏奇关隘交给内维塔镇守后，朱利安暂时撤退到上达尔达尼亚的纳苏斯。

朱利安率领军队一路高歌猛进，所向披靡。但现在，两个不同的地方出现了意想不到的危机。我们已经提到朱利安写给罗马元老院的一封信。尽管它没有被保存下来，但我们推测其内容应该与《致雅典人的信》相似，包含了朱利安为自己的辩护和对君士坦提乌斯二世的谴责。我们可以想象，这封信充满了奉承和夸张的语言。如同另一封信唤起雅典人对公平的热爱一样，它唤起了罗马人对僭主的仇恨。但罗马元老院比雅典人的"五百人议事会和公民大会"的立场更坚定。近期，君士坦提乌斯二世访问罗马城提高了自己的声望，也增加了财政开支。阿米亚诺斯·马尔塞林努斯指责皇帝花钱无度，但君士坦提乌斯二世的这一举动也取得了一些成果。当总督泰尔图卢斯向元老院成员宣读了朱利安的信后，他们异口同声地给出了那句愤懑而干脆的答复："我们要求你尊重你的上级。"元老院的两位成员，辛马库和以弗所的马克西穆斯，被派往君士坦提乌斯二世的宫廷。但在纳苏斯，他们被朱利安拦截[①]，受到了热情的接待。朱利安还让以弗所的马克西穆斯取代了泰尔图卢斯担任罗马总督。遗憾的是，朱利安没有让勇敢的泰尔图卢斯继续掌权。任命以弗所的马克西穆斯虽然

---

① 也许两人是在返回途中经过伊利里亚时被截获。——原注

是出于朱利安的私人动机，但从一定程度上说，也有合理的一面。在应对一场威胁罗马城的大饥荒时，以弗所的马克西穆斯做得很成功。

然而，更大的危机出现在朱利安占领西尔米乌姆后。原来驻扎在西尔米乌姆的两支部队阵前倒戈。或许是因为对自己的权威过分自信，朱利安从未想到，兵变会再度上演。就朱利安的权威对士兵产生的影响而言，西尔米乌姆的士兵自然不能和与朱利安同甘共苦的高卢士兵相提并论。当朱利安命令西尔米乌姆的军队向西朝高卢进军时，对这些生活在罗马帝国东部的士兵而言，对日耳曼人和寒冷的未知地域的恐惧，就像佩特朗斯人和凯尔特人惧怕干旱的沙漠和亚细亚艰苦的攻城战一样，让人望而却步。为了扭转局面，美索不达米亚人尼格里努斯策划了一场军事政变。然而，直到朱利安军队到达亚得里亚海海滨的阿奎莱亚，尼格里努斯的计划一直处于保密的状态。罗马军队突袭了阿奎莱亚。因为阿奎莱亚人对君士坦提乌斯二世很有好感，所以尼格里努斯召集当地反对朱利安的人组成了自己的队伍。听说有人在色雷斯建立了反对自己的军事力量时，朱利安认为自己的地位受到了挑战。约维努斯奉朱利安之命，前往阿奎莱亚镇压叛军。如果有可能，约维努斯希望在不诉诸武力的情况下说服叛军投降。然而，谈判以失败告终。于是，约维努斯指挥军队发起进攻。由于投石机很难靠近城墙，罗马军队将河里的三艘船牢牢固定在一起，在船上建起塔楼，为投石机提供有利的位置。然而，阿奎莱亚的守军成功地摧毁了塔楼，重创了攻城的军队。如果不是这时从罗马帝国东部传来了令人震惊的消息，战事将如何发展还未可知。

这个惊人的消息就是君士坦提乌斯二世突然驾崩。此前，君士坦提乌斯二世已经决定与朱利安正面交锋。公元361年秋，君士坦提乌斯二世离开安条克，率军穿越奇里乞亚。但连日来的焦虑和疲劳似乎拖垮了君士坦提乌斯二世的身体。在塔尔苏斯，君士坦提乌斯二世开始发烧。曾经，亚历山大大帝也差点命丧于此。起初，君士坦提乌斯二世希望通过锻炼，或者更确切地说，通过离开塔尔苏斯这个不祥之地摆脱疾病的困扰。但当继续前行，到达塔尔苏斯北部不远的莫普苏克雷时,他不得不做最后的停留。君士坦提乌斯二世觉得自己大限将至,于是求助于临终洗礼,就像他的父亲君士坦丁大帝一样。洗礼仪式由安条克的阿里乌派主教优佐乌斯主持。临终前,君士坦提乌斯二世签署了一份文件,承认朱利安是自己的继任者。君士坦提乌斯二世驾崩不久,他的第三任妻子福斯蒂娜生下了一个女儿。此女后来嫁给了罗马帝国皇帝格拉提安。

尽管君士坦提乌斯二世的死,无论是对其堂弟朱利安,还是对他自己的名誉来说,都恰得其时,但作为君士坦丁大帝的最后一个儿子,在这种悲惨而痛苦的环境中死去,不禁让人感到一丝惋惜。君士坦提乌斯二世称不上是一个伟人,也不是一个非常值得尊敬的人,但他在处理罗马帝国的军事和民政事务时,甚至在制订不成功的宗教政策时,都体现出一种责任感。君士坦提乌斯二世冷静而克制。虽然意大利人和罗马帝国东部的士兵们非常拥戴他,但他并没有激起人们很大的热情。君士坦提乌斯二世的好意往往因缺乏独立思想而被误解。这些思想需要人们用自己的眼睛看事情,而不仅仅是遵照那些专横或势利的人的意见。忌妒和猜疑抵消了他天生的正义和宽容。君士坦提乌斯二世的整个执政时期,罗马帝国充斥着内忧外患,战争不断。失败和疲惫形成了君士坦提乌斯二世人生的暗黑基调。他为缓解罗马帝国的财政压力付出的努力,使手工业者和自身技艺更紧密地联系在一起,使农民和土地更紧密地联系在一起。正如我们看到的那样,君士坦提乌斯二世试图让教会再度团结,但其结果如同他对波斯人的远征一样以失败告终。朱利安后来写道:"他本就是这样的人,愿他在地下安息。"

为了自保,一些在君士坦提乌斯二世统治期间侵吞了大量国家财产的人,特别是臭名昭著的宫廷总管优西比乌斯,计划拥立一位新皇帝来对付朱利安。然而,这个计划落空了。蛮族人西奥莱夫和阿利古尔德,被派去通知朱利安罗马帝国东部发生的一切,并宣布朱利安作为罗马帝国皇帝的地位得到了认可。与此同时,近卫军首领朱维安负责护送君士坦提乌斯二世的灵柩前往君士坦丁堡。朱维安身材魁梧,在沿途经过的城镇举行祭奠活动,接受人们赠送的

罗马帝国皇帝格拉提安

礼物。后来,人们认为这是一种预兆,预示着朱维安注定要获得至高无上的威严,并在短期内保持这种威严。

当信使到达时,朱利安还在达契亚。正如朱利安期待的那样,某些预兆暗示了他与君士坦提乌斯二世之间的冲突会迅速得到解决。这样的例子有许多,比如当时的记录中有这样一件事,表明朱利安作为头脑清醒的领袖在处理小事时也会给出鼓舞人心的解释。有一天,当朱利安上马时,在一旁协助他的士兵摔倒了。对此,朱利安说道:"帮助我站起来的人自己却摔倒了。"不管是否早有预料,君士坦提乌斯二世离世的消息令朱利安倍感欣慰。朱利安因此摆脱了战争的流血与牺牲。然而,朱利安没有表现出任何不得体的欢欣鼓舞,而是迅速经过苏奇关隘和菲利普波利斯,最后到达君士坦丁堡。朱利安所向披靡的行军势头让他的异教徒朋友不禁想到了希腊神话中的英雄特里普托勒摩斯[①]前进的步伐。公元361年12月11日,朱利安进入君士坦丁堡,受到元老院和民众的热烈欢迎。当君士坦提乌斯二世的灵柩到达时,朱利安心怀敬意地迎接,并亲自担任了葬礼主祭。这似乎是朱利安最后一次出席基督教仪式。

正如人们所料,当朱利安和平接管君士坦丁堡的消息传来,阿奎莱亚的叛军立即宣布投降。起先,被围困的叛军还在怀疑消息的真实性,但一发现传闻属实,就立即放弃了继续抵抗的念头。罪魁祸首尼格里努斯被处以极刑,而大多数参与叛乱的士兵就地解散。

在继续推进罗马帝国东部的战事之前,朱利安要完成三项重要的任务,也是罗马帝国最紧迫的事务。首先,惩罚已故皇帝君士坦提乌斯二世身边的弄臣。其次,清除宫廷和政府里那些卑鄙的阿谀奉承之徒。这些人像寄生虫一样吸食着罗马人的鲜血。最后,实现朱利安长期以来构想的宗教变革。我们暂时不讨论朱利安的宗教变革,除非我们能够弄清楚朱利安的宗教理念和宗教理想。朱利安的第一项措施执行得似乎过于仓促。这并不可取,也没有必要。一

---

① 特里普托勒摩斯,希腊神话中的一位神,经常乘坐带翼的马车,在得墨忒耳和珀尔塞福涅的保护下到希腊世界的各个角落传播农耕知识。——译者注

个六人特别委员会在博斯普鲁斯海峡邻近亚细亚一侧的卡尔西登举行审判，听取对君士坦提乌斯二世手下几个臭名昭著的弄臣的指控并做出判决。这个委员会的负责人是新上任的、德高望重的高卢总督塞古都斯·萨卢斯蒂乌斯。毫无疑问，有些大臣的罪恶行径应该承受应有的惩罚。"锁链"保罗和马屁精阿普德摩斯被活活烧死，这在当时是一种罕见的酷刑。宫廷总管优西比乌斯也被判处死刑，许多人被流放。两名临阵脱逃的执政官，其中一个是掌管意大利北部的托鲁斯，被判处流放；另一个是掌管伊利里亚的弗洛伦提乌斯，他躲了起来，并且在朱利安执政期间再没有出现。最严苛的判决是针对财政大臣乌苏卢斯的。据说，朱利安本该对乌苏卢斯心存感激，因为是他确保了朱利安在高卢执政期间的物资供应。但乌苏卢斯对阿米达的失陷发表了一些尖刻的评论，引起了军官们的不满。有几位军官也参加了在卡尔西登的审判。当听说乌苏卢斯被处死时，朱利安声称，这项判决是出于军事要求而做出的，自己并不知情。最蹊跷的是特别委员会的成员中竟然有卑鄙的阿尔贝提奥。阿尔贝提奥与君士坦提乌斯二世当政时期许多令人不齿的事件有着千丝万缕的联系。阿尔贝提奥之所以能加入特别委员会，最有可能是因为他代表着与其他法官不同的派系和利益。公平起见，朱利安允许他加入特别委员会。朱利安相信受人尊敬的塞古都斯·萨卢斯蒂乌斯会维持审判的秩序和正义，但年事已高的塞古都斯·萨卢斯蒂乌斯并不是阿尔贝提奥的对手。在此期间，朱利安写过一封信①，坚决否认了对被指控的人处罚过于严苛的说法。他写道：害群之马必须受到严惩。凡是受到指控的人，必然会派法官去审理。与君士坦提乌斯二世的处事方式不同，当有人想向朱利安告发弗洛伦提乌斯的藏身之地时，他愤然拒绝召见对方。总的来说，最终判处死刑的案件很少，并且几乎所有被处死的人都是罪有应得。②

朱利安对宫廷进行的裁员和改革显示了他对特权阶级和公众舆论的漠不

---

① 朱利安的第23封信。——原注
② 当时法律规定，被放逐者的财产受到严格保护。《狄奥多西法典》，第9卷，第42条。——原注

关心。他辞退了由公共开支直接或间接供养的冗员。无论是出于正义还是权宜之计，这样做都会给一些无辜的人造成损失，还会令朱利安受到压迫公民和滥用权力的指控。毫无疑问，许多阴谋家和游手好闲之徒借助宗教敛财，再加上朱利安对政府建立的情报部门的反感，决定了他对特权阶级势力的无情打压。长期以来，朱利安习惯于过着简朴的生活，加上自身坚持的哲学观念与军事思想对奢侈的排斥，他几乎无法容忍宫廷里奢华的生活用度。有一天，朱利安派人去请一个理发师。当一个身着盛装的人傲慢地走进房间时，朱利安故作惊讶地喊道："我请的是理发师，不是财政大臣。"这位"艺术家"理发师并没有因夸口索要每天二十份口粮的补贴、二十匹马、一份年薪和各种额外酬劳而让朱利安另眼相看。朱利安厌恶一切浮华和女性化的审美，这在某种程度上也对他推行的强硬的经济政策产生了影响。

朱利安希望通过精简侍从及降低其酬劳的方式减少开支，但对待哲学家朋友则异常慷慨。朱利安急切地邀请自己的几位老师和同学，并允许他们免费乘坐公共交通工具。这其中就包括朱利安尊敬的大师——以弗所的马克西穆斯。① 以弗所的马克西穆斯到达时，朱利安正在主持元老院的会议。朱利安不顾一切地冲出去迎接这位老者，并将他带进显赫的议事厅。在一些批评人士看来，朱利安似乎忘记了自己的皇帝身份。与以弗所的马克西穆斯一同被传召的还有诡辩家克里斯桑修斯，但他发现了此行的不祥之兆，拒绝了邀请。然而，没有任何预兆可以阻止以弗所的马克西穆斯来到宫廷。他仍然坚持不断地向诸神提问，直到得到满意的答案为止。来自希腊的学者还有普里斯库斯。大约在一年后，希迈里奥斯也得到了朱利安的召见。在那些被提拔的人中，我们发现有几个人是依靠自身的文学修养和宗教信仰得到朱利安赏识的。其中，修辞学家马梅尔蒂努斯就是朱利安在公元362年任命的执政官之一。

在君士坦丁堡期间，朱利安做了很多事情来提升这座城市的地位和美感。

---

① 根据尤纳皮乌斯的说法，在高卢，以弗所的马克西穆斯已经拜访过朱利安，而朱利安似乎更希望在君士坦丁堡接见他。参见朱利安的第38封信。——原注

他把君士坦丁堡视为自己的故乡。朱利安放宽了元老院的权力,扩大了港口,并建造了一座图书馆。同时,色雷斯的防御工事和军队重组也在朱利安的计划中。朱利安举行了新任罗马帝国执政官的就职典礼,并履行了一项属于执政官的新职责,那就是承认自己犯的错误,并缴纳罚款。朱利安还接见了来自亚美尼亚、毛里塔尼亚和遥远印度等地的许多使者。然而,在朱利安本人和他的智者朋友看来,没有什么工作比复兴古老的多神教和改革宗教体系更重要。下一章我们将对此做一个简要的论述。

本章主要参考阿米亚诺斯·马尔塞林努斯《大事编年史》第21卷、第22卷。索西穆斯《新历史》第3卷虽然提供了一些细节,但很简略;利巴尼乌斯为朱利安写的《墓志铭》中的相关描述也与其他史料基本一致。但如他一贯的风格一样,利巴尼乌斯的文字是夸张而含糊的。

第 8 章

朱利安的宗教和哲学思想

精彩看点

朱利安的宗教思想——对朱利安"叛教"的辩解——阿里乌派对朱利安的影响——不健全的宗教教育——朱利安对希腊文化的狂热——早期基督教教父对异教文化的态度——朱利安宗教思想中的东方元素——密特拉教——密特拉教的起源、发展和影响——罗马宗教的世界性特征——密特拉教发展的原因——朱利安对赫利俄斯的热爱——赫利俄斯与朱利安神学的联系——新柏拉图主义理论——宗教的等级制度和宗教机构——密特拉教的道德缺失——朱利安试图使古希腊神话和古罗马神话合理化和道德化当我们看到它时,必须给予它最诚挚的爱。

——阿尔弗雷德·丁尼生

现在我们可以提到大约公元361年,朱利安写给哲学家以弗所的马克西穆斯的一封信。信中,朱利安表达了他对诸神的感激。正是因为诸神的庇佑,朱利安才可以在不经历流血牺牲的情况下,登上他并不钟情的宝座,公开举办百姓祭,向诸神献祭,并且在军队的拥护下开展宗教变革。朱利安在信中解释了自己毅然投身于这场充满期待的宗教变革的原因,并坚信一定能取得理想的成果。朱利安的宗教观不仅体现在这封信中,而且贯穿于他的众多作品中。然而,朱利安的宗教思想并不容易理解,吸引了学者们不断探究这位信奉古老多神教的罗马帝国皇帝的执政生涯。朱利安的思想观念和执政方针之间存在许多悖论,引起了不同时代历史学家的兴趣。历史学家希望能找到这些悖论产生的原因。他们常常产生疑问:一个道德标准高于常人的人,怎么会不尊重登山宝训①中规定的言行准则呢?一个虔诚信奉唯心论神学和宇宙学的人,怎么会在宗教祭祀活动中不延用基督教集会的祈祷和赞美,而是用屠杀牛群的方式

---

① 登山宝训,或山上宝训,是《圣经·马太福音》第5章到第7章,耶稣在山上所说的话。这段话被认为是基督教教徒言行和生活的准则。——译者注

献祭呢？要知道连新毕达哥拉斯主义者都觉得这种做法残忍而无法接受。①一个改革者，痛苦地意识到他所处时代的宗教和道德的沦丧，怎么会对建立一个更健康的社会依靠的唯一动力的本质视而不见呢？我们可以撇开反基督教作家对朱利安"叛教"的辩护，尤其是18世纪一些所谓的"哲学家"的辩护，因为他们的说辞可能比朱利安的敌人的谩骂更有损朱利安的声誉。这些"哲学家"不同程度地歪曲了朱利安的宗教思想和朱利安对宗教人物和事件的爱与憎。如果说，反对迷信的人出于仇恨基督教的立场，声称朱利安是理性主义的拥护者，这种说法简直可笑至极。研究朱利安的现代学者可能会犯一个错误，即尽可能地淡化朱利安对基督教的憎恶。不可否认，这也是朱利安一生的努力方向之一。但有人认为，朱利安对基督教最早的认识来自他的堂兄君士坦提乌斯二世以宗教之名，迫害朱利安最亲近、挚爱的人，并杀害了他们。另外，还有人认为，基督教总是以一种无趣而令人反感的方式呈现在朱利安的面前。

正如我们所见，有些人把朱利安"叛教"的责任推给了阿里乌派主教优西比乌。这些说法都不无道理，但没有一个能触及问题的本质。我们已经知道，朱利安从小就非常喜欢读荷马的诗。这些作品是由马尔多尼乌斯以一种无趣的形式呈现给他的，就像严肃的清教徒给自己的孩子讲述圣经故事一样。处理那些与自己信仰相同的人的不法行为时，朱利安会迅速做出反应，将宗教信仰的逻辑结果与实际结果区分开来。在反对基督教的论战中，朱利安大胆地抨击了基督教的《圣经》。他的分析没有任何漏洞或误导性。朱利安非常熟悉基督教的经文。和同时代的大多数人一样，他能够对所有理论体系去芜存菁，只有基督教除外。如果朱利安只是一个空想家，对人类和社会没有任何具体了解，那么他热衷于建立一个过时的宗教体系可能就不会那么令人惊讶。然而，正如我们看到的，朱利安早年生活中经历的危机、变迁和承担的职责使他成为一个思想强大、执行力强的人。在某些方面，朱利安的人生观和责任感似乎更符合基

---

① 参见卢修斯·F.菲洛斯特拉图斯在《泰安那的阿波罗尼奥斯》中描述的东方神秘主义者的奇妙生活。——原注

督教的教义，而不是遵循希腊繁荣时期崇尚快乐、热爱生命的多神教教义。在谴责基督教时，朱利安尖锐批评的基督教教义往往被人们视为基督教特有的美德。

  事实上，当我们研究朱利安时，只有舍弃对他的批判或维护，分别从积极、消极两方面入手，才有可能理解朱利安的信仰。问题的关键不在于朱利安为什么不是基督教教徒，而在于他如何成了一个热情的希腊人。正是由于希腊的神话和哲学占据了朱利安的思想，才使他完全不能接受甚至无法理解基督教的理想。在学生时代，朱利安年轻而热情的头脑就浸淫在希腊文化中。他生活在希腊诗人充满想象的世界里，他的思想被希腊哲学家的思辨照亮。当朱利安看到自己热爱的文化和世界在基督教浪潮的冲击下逐渐失色，而基督教的教义又与自己的人生观格格不入时，他对基督教产生了一种强烈的蔑视和愤恨。对朱利安而言，无论新教义对罗马人缺乏热情的灵魂或波澜不惊的心灵产生什么影响，希腊文化都不能向基督教做出一丝妥协。有趣的是，我们可以发现，在不同时期，基督教的教父们对记载异教徒智慧的古籍及古希腊哲学家和诗人的评价是前后矛盾的。格列高利·纳西昂曾指责古代最杰出的哲学家如同举止粗鲁的泼妇。然而，他常常不得不引用这些哲学家的作品阐明自己的观点，并解释说为了熟悉哲学家的思维和讲话方式，牺牲自己进行一次代价高昂的训练是值得的。而像希腊神学家奥利金这样高贵、温和的人对古希腊哲学家心怀敬意，会从巴勒斯坦的哲学家们那里汲取一部分智慧。即便如此，奥利金也对悲剧作家嗤之以鼻，并把奥林波斯山的诸神视为实际存在的恶魔。神学家希波的奥古斯丁虽然蔑视世俗的学问，但表达了一种希望，那就是古代哲学家可能是"被囚禁的灵魂"，是福音传道的对象。鉴于此，人们不得不放弃尝试探寻早期教会对古希腊哲学与文化的立场和态度，转而做出一种假设：在一个修辞至上的时代，交替出现的谩骂和赞美与其说代表了不同人群的观点、个人思想的不同阶段和不同情绪的表达，不如说是根据演讲主题的需要采取的不同演讲方式和与之相应的态度。作为一个生活在公元4世纪的希腊人，朱利安也是一名修辞学家，但对古代哲学家和传承下来的哲学理念与生活方式充满了赤诚之心。与朱利安同时代的基督教教徒认为，异教徒的作品既是危险品又是必需品，要和大量解毒剂一起服用。对朱利安而言，这些作品是生命支柱和心灵良药。他无法背叛自己的忠诚。尽管局限于时代，但朱利安察觉到了他那个时代的大多数人没能发现的一些东西。在基督教的胜利中，他预见了黑暗时代①的来临。我们相信他没有预见到后来的文艺复兴。

除了对基督教的态度，关于朱利安当时的信仰还有一个悖论。朱利安信仰希腊主义，渴望成为纯粹的希腊人。然而，无论是在他的宗教哲学中，还是在他最喜欢的宗教仪式中，都混合了强烈的东方元素。朱利安最敬重的哲学家伊安布利霍斯②就是一个典型的例子。伊安布利霍斯出生于希腊的哈尔基斯，有一半叙利亚人的血统。但我们必须记住，几个世纪以来，希腊思想一直在吸收东方元素。埃及的亚历山大城曾是东西方思想交汇的地方。有一段时间，希腊的思想似乎会在一个更古老的"文明"的重压下消亡，就像它在意大利过度传播而改变了当地文化潮流一样。然而，在亚历山大城的新柏拉图主义者眼中，希腊文化具有至高无上的地位和接纳、重铸新旧事物的能力。

然而，我们如果希望摆脱泛泛而谈，努力探寻朱利安信奉的宗教的本质，就必须研究他那些晦涩难懂、仓促写就的与赫利俄斯和诸神之母西布莉有关的小品文，尤其是与赫利俄斯有关的小品文。在公开场合，朱利安信奉的是古希腊与古罗马的多神教。在朱利安的秘密仪式和主导思想中，他是密特拉教或

---

① 黑暗时代，指欧洲历史上从西罗马帝国灭亡到文艺复兴开始的这段历史时期。一般认为，这段时期的历史记录、文化和艺术成就都十分匮乏。随着研究的不断深入，历史学界已经逐渐用"中世纪前期"代替了"黑暗时代"的说法。——译者注
② 毫无疑问，那些号称是朱利安写给伊安布利霍斯的信是伪造的。具体参见卡蒙《论朱利安几封信的真实性》和施瓦茨《朱利安的生平》。有一种说法称，这些信是朱利安写给阿帕梅亚的小伊安布利霍斯的，但其风格与这种假设相悖。对两名伊安布利霍斯的介绍，参见布鲁克的《哲学史》第2卷第268页到第269页。在毛里塔尼亚图书馆，由帕帕佐普洛斯出版的新版《朱利安书信集》中，有一篇提到两个叫伊安布利霍斯的人是叔侄关系，似乎侄子更擅长神学而叔叔在哲学方面更出色。也许两人的作品已经混在一起，无法区分了。卡蒙：《论朱利安几封信的真实性》，第4页，注6。——原注

哲学家伊安布利霍斯

一神论哲学的追随者。在分析这个奇怪的系统是如何在朱利安手中发展起来之前，我们需要尝试初步解释其起源和特征。

根据普卢塔赫的说法[①]，密特拉教是由公元前70年被格涅乌斯·庞培镇压的奇里乞亚海盗引入罗马世界的。此前，密特拉教已经经历了许多阶段的发展。在雅利安人早期简单的自然崇拜中，密特拉作为代表光明和仁慈的神，在

普卢塔赫

---

① 《奥尔莫兹德和阿赫里曼》。普卢塔赫提到了一种将密特拉视为奥尔莫兹德和阿赫里曼之间调解人的说法。如果我们用阿赫里曼来代表物质，用奥尔莫兹来代表精神，那么普卢塔赫的说法便与朱利安的想法不谋而合。——原注

善神奥尔莫兹德

天界享有崇高的地位。然而,波斯的琐罗亚斯德教①主张的善恶二元论使密特拉失去了主神的地位。对波斯人来说,代表光明与善良的善神奥尔莫兹德②不断受到代表黑暗和邪恶力量的恶神阿赫里曼的阻挠,与其下属的天阶体系成员相隔很远。天阶体系成员的七大天使③中并没有密特拉。密特拉只是日光这一自然现象的化身。多神论的自然崇拜是人的智力和人类社会发展到特定阶段的必然趋势,这一趋势很快动摇了琐罗亚斯德教的简单体系。早期的波斯皇帝们通常把自己的权力和成功归因于善神奥尔莫兹德。从公元前4世纪上半叶到波斯皇帝阿尔塔薛西斯二世统治时期,密特拉和主神奥尔莫兹德几乎享有同等地位。波斯人仍然认为奥尔莫兹德是卓越的造物主,而密特拉是最强大、最圣洁的神。密特拉的纯洁无瑕和无处不在使其成为诚实之人的守护者和契约的保卫者。再后来,密特拉成为具有太阳特征的神,与弗里吉亚信仰的阿提斯和萨巴齐乌斯混为一谈。阿提斯和萨巴齐乌斯与诸神之母西布莉有着密切的关系。传说西布莉一直深爱着阿提斯,但因遭到阿提斯的背叛而杀死了他。

---

① 琐罗亚斯德教,又称拜火教或祆教。——译者注
② 奥尔莫兹德,又做马兹达·阿胡。——译者注
③ 七大天使,琐罗亚斯德教主神奥尔莫兹德的七大圣灵,代表了善良、智慧、真理及健康等抽象的教理。——译者注

阿提斯死后化身为一棵松树,并最终复活、得到净化,开始了新的生命。在与西布莉和阿提斯有关的秘密宗教仪式中,人们以纵欲狂欢来纪念这个故事。学者们用其中蕴含的象征意义为这一行为辩解,却不能给人们任何有益的启示。在不朽的艺术作品中,密特拉与阿提斯的属性很难区分。同样,萨巴齐乌斯最初可能是月神,但逐渐失去了独特性,演变成另一种形式的阿提斯或密特拉。密特拉与弗里吉亚和巴比伦崇拜的生育女神米利塔之间的联系在希罗多德制造

希罗多德

的混乱中再次显现。希罗多德描述了波斯的密特拉与亚述女神米利塔的结合，而米利塔是与西布莉酷似的女神。但对臣服于波斯人的闪米特人来说，该宗教融合的过程展现了雅利安早期神祇自然主义的一面；而在波斯宗教中，该融合过程突出了密特拉的精神属性。在琐罗亚斯德教的体系中，琐罗亚斯德教七大天使之一的阿米尔塔特①代表了死亡的救赎和永生不灭。人们同样将这位天使与密特拉混为一谈。事实上，全世界都有一种出于本能的共识，即认为和在冬天逝去的万物会在春天重生一样，死去的身体也会复活。②因此，当罗马人第一次接触密特拉教时，他们的宗教意识立刻被密特拉教独有的特征占据。

随着罗马帝国军事力量在各地的扩张，以及罗马社会对希腊文化元素的逐渐吸收，罗马人中掀起了一种宗教思潮。这一宗教思想使未受教育的人趋向于哗众取宠，而受过教育的人趋向于一神论，最终所有人都趋向神秘主义。亚历山大大帝的征服带来的四海一家的精神已经打破了民族壁垒。民族性的宗教几乎失去了存在的理由。这也是希腊送给罗马的一份大礼。宗教仪式通常被认为是满足个人愿望的手段，而不是遵从国家意志的手段。高度社会化的人，无论是跻身上层阶级的权贵，还是在拥挤不堪的城市里朝不保夕的下层阶级，都有自我意识的增长和对新奇事物近乎病态的渴望。我们在恺撒和西塞罗的同伴身上看到的怀疑论遭到了抵制。一度广泛流行的怀疑主义似乎成了迷信的铺路石。在对自然和人类更广泛认识的基础上，博学的人产生了全面的学说，即斯多葛派克里安西斯的《宙斯颂》。斯多葛派的观点建立在自然界普遍规律和人类职责观念的基础上。因此，斯多葛派是罗马人狭隘的法律头脑唯一能够充分掌握的希腊哲学流派。此后，密特拉教既吸引了当时宗教意识中较好的一面，又吸引了较差的一面。由于不局限于国家或性别，所以密特拉教不仅满足了人们对普世价值的渴望，而且满足了人们对神秘仪式和模糊象征的渴望。它为意志薄弱的人提供了激动人心和奢华的仪式。在进一步的发展中，密

---

① 阿米尔塔特也叫雅扎塔。——原注
② 《奥尔莫兹德和阿赫里曼》。——原注

特拉教形成了等级森严的组织。一些宗教团体因而能够在社会变迁中屹立不倒。密特拉教似乎让人回想起了那些令人向往的原始纯朴的日子。这种纯朴对堕落的文明是如此珍贵。太阳不就是所有民族宗教中最早崇拜的事物之一吗？在宙斯的暴政下痛苦呻吟的提坦，在特洛伊城墙下庄严宣誓的英雄，以及在最原始、最神圣的约束下履行职责的希腊人和罗马人，难道不是听从了将世界尽收眼底的太阳神赫利俄斯发出的呼吁吗？一旦罗马人开始崇拜太阳神，四处征战的罗马军队就必定会将这种崇拜传遍世界。

成为罗马帝国的主要宗教之一后，密特拉教组织更加严密，朝着综合性和神秘性的方向发展。密特拉的身份越来越趋同于太阳，其祭坛上经常刻有"无敌的太阳"的铭文，他身上几乎汇集了万神殿里诸神的一切特质。教徒在地下洞穴里以神秘的仪式敬奉他，并由此发展出一整套象征体系。人们熟知的

16 世纪的画作《提坦的陨落》

与密特拉有关的艺术形象是一个戴着弗里吉亚帽的年轻人刺伤一头公牛。除了公牛,许多动物——蝎子、猫头鹰、狮子、狗——也经常出现在密特拉教的艺术作品中。神秘的教规对入教候选人的要求越来越严苛,也使灵魂不朽和轮回转世的教义变得越来越重要。新加入的教徒需要经历牛血浴的洗礼,还要用蜂蜜净化舌头。那些加入信徒核心圈子的人,或者从较低社会阶层奋斗到较高阶层的信徒,还要经受更加严格的考验。所有密特拉的信徒或者达到一定地位的信徒,都要把自己看作密特拉的士兵。教徒之中有一个仪式,那就是推开面前的花环,抓住一把剑,同时高声说道:"我不要花冠,只要密特拉。"以此表现自己的忠诚。在密特拉教的神秘教义中,人的灵魂从较低状态过渡到较高状态的过程被描述为从一个行星到另一个行星之间的梯子。①所有加入密特拉教的人都受到严格的约束。然而,当弱者屈服于权威,迷信者借助耸人听闻的宗教崇拜满足自身渴望时,至少当时还有一些哲学家把注意力放在对教义的探讨上,借助教义表达他们对万物的起源与本质,以及人性与神性的关系的思考。

  在崇拜太阳的哲学流派中,朱利安是最著名的代表。朱利安出生在一神论思想在罗马开始萌芽、逐渐发展的年代。从朱利安的信仰和哲学观点来看,他是生活在叙利亚的哈尔基斯人伊安布利霍斯的弟子。伊安布利霍斯发展并补充了普罗提诺和波菲利的学说。正如我们看到的,朱利安的思想深受古希腊传统哲学的影响。他深信自己的重大使命就是恢复希腊文化,并从野蛮和东方迷信的侵扰中拯救古代传统智慧的宝藏。为了完成这个使命,朱利安不断激励自己,并坚信太阳神赫利俄斯会给自己助力。朱利安在其作品中多次明确提到他是如何坚持把自己视为赫利俄斯或密特拉的仆人。同时,在《驳斥犬儒主义者》的演说中,朱利安借寓言的形式表达了自己对神的特殊使命的理解。

  朱利安尽管热衷于希腊文化,但发现大多数纯粹的希腊神祇,如阿波罗

---

① 奥利金:《驳塞尔苏斯》,第6章。密特拉的象征,参见C.W.金:《早期诺斯底教派的瑰宝》。——原注

赫尔墨斯　　　　　　　　　　　　　　　　　　　　　宙斯

和赫尔墨斯，都过于拟人化而无法满足自己对神秘的渴望。如果说宙斯代表了至高无上的权威或万物的创造者，雅典娜是神的旨意的化身，那么希腊万神殿中的大多数神祇尽管始终受到人们的铭记和膜拜，但都不得不居于从属地位。朱利安的神学思想，并不像希腊文化一样与太阳崇拜不可调和。例如，当朱利安驳斥摩西的创世故事时，[①]或者阐述太阳神赫利俄斯的本质时，[②]他总是小

---

① 朱利安：《驳斥基督徒》，第65页。——原注
② 朱利安：《演说稿》，第4篇。——原注

心翼翼地区分可见的太阳和超感觉的太阳之间的区别。只有仔细研究了朱利安的《致赫利俄斯的颂词》之后，我们才能认识密特拉教派与希腊文化、理想主义和一神论的相容性。然而，为了理解这篇演说稿，我们有必要在头脑中对普罗提诺及其追随者对神的天性、力量和特质的理论有一些概念，哪怕是很粗浅的了解。

普罗提诺[①]曾先后在亚历山大城和罗马城学习并任教，一直认为自己是柏拉图的门徒。他很可能没有意识到自己在多大程度上修改了柏拉图的教诲，也

普罗提诺

[①] 普罗提诺（204—270），又译柏罗丁，哲学家，新柏拉图主义奠基人。生于埃及，青年时在亚历山大城学习哲学，曾参加罗马的波斯远征军，后来定居罗马城，从事教学与写作。他的学说融汇了毕达哥拉斯和柏拉图的思想以及东方神秘主义，对天主教、犹太教及伊斯兰教的形而上学哲学家和神秘主义者产生了很大影响。——译者注

没有意识到自己在阐述和解释柏拉图理论时提出了完全不同的观点。柏拉图辉煌的著作在新柏拉图主义者手中变为僵化教条的系统，成为其对抗教会的武器。在柏拉图的著作中，新柏拉图主义者最喜欢的是具有思辨性的对话集，如《蒂迈欧篇》。新柏拉图主义者也非常热衷于谈论柏拉图学说中最晦涩难懂的部分。古往今来一些柏拉图的追随者都倾向于将目光聚焦在人类的生活上，将其置于神性和超感官的神秘背景下，并通过与神的交流感受到神的存在和高尚。不同的是，普罗提诺把目光从大地转向天堂，强调最高精神的本体即"太一"，即"至善"。从"太一"溢出的第二层本体是纯粹的思想或精神，类似于柏拉图的纯粹自我观照；由精神再漫溢，产生了第三层本体——"宇宙灵魂"，它是世界的主导原则。普罗提诺的学说得到了伊安布利霍斯的发扬。伊安布利霍斯从人类思想再向前迈进一步，假定存在一个更崇高的"太一"，高于普罗提诺所谓的"太一"，即"善"本身。这个"善"不是伦理意义的善，而是本体的完善和圆满，是精神的起源。然而，在朱利安的作品中，我并没有看到这一发展学说的影子。普罗提诺学派的第二个发展是把精神分成两个等级。我们暂且将其称为可见的世界和理智的世界。这一发展对朱利安的哲学思想至关重要。在亚历山大城的哲学家看来，任何行为，甚至思考本身，都不值得生活在最高理想世界的人去做。这些人只具有被动的属性，可以被思考。除创造或生成一种有智慧的生物之外，他们不采取任何行动。根据新柏拉图主义体系，一方面，这些有智慧的生物一直在思考可见世界的秩序的原型；另一方面，他们根据这些原型创造的不是直接的物质世界，而是精神世界，而物理世界只是一个粗略的复制品。现在，原始的神存在的概念中包括一个原型的世界、一个具有创造性的世界和一个抽象生成的世界。如果要统一这些概念，就需要一种精神或媒介来调和。朱利安在赫利俄斯身上发现了这种调和的特性。赫利俄斯是神性至善的完美体现，而神性至善正是朱利安追求的。因此，朱利安把存在、统一和美赋予这个可理解的神或原型的神。这个神统治着兼具智慧和创造力的人；人类的力量来自神。神将形体赋予物质，同时赋予人类知识和认知能力,就像天上的太阳衍生出光和人的视觉一样。简而言之,赫利俄斯既是一个代表至善的原型,也是一个代表最高秩序的精神原型,还是可感知的现实世界中光和秩序的源泉。朱利安认为创造性智慧来自至善的观念与原型的关系,以及太阳与宇宙起源的关系。希腊人和埃及人观念里的大多数神都可以被视为"万物之主太阳神"的某种特性的表现。尽管正如朱利安暗示的那样,在对待一个神的存在时,我们不能完全区分天性与权力或天性与功能。正是由于人性的不完美,人往往愿意成为自己不是的那种人,却很难如愿。神性则不然,"他想成为谁,他就是谁;他想做什么,他就做什么"。然而,人们因为对事物的认识不完美、具有象征性,所以倾向于划分神的力量,把创造的力量赋予宙斯,把和谐的力量赋予阿波罗,把诞生生命或治愈疾病的力量赋予阿斯克勒庇俄斯,把布施爱的力量赋予狄俄尼索斯,把爱情和美丽的力量赋予阿佛洛狄忒,把解放灵魂的力量赋予哈得斯或者萨拉匹斯。同样,雅典娜不是像寓言里

阿佛洛狄忒

说的从宙斯的头颅中诞生，而是来自赫利俄斯的本性。她从赫利俄斯身上获得艺术和智慧的力量。赫利俄斯属下的诸神创造了人的身体和灵魂，并给予其良好的天赋。人通过观测天体运动，获得了计量学和数学的知识。希腊人和罗马人从赫利俄斯的神谕中获得了治国安邦的制度和文明。罗马人以朱庇特和阿波罗的名义敬拜赫利俄斯；以阿佛洛狄忒的名义敬仰赫利俄斯，因为阿佛洛狄忒是赫利俄斯力量的化身之一；以对维斯塔贞女①所持圣火的爱护来崇敬赫利俄斯；用太阳从南方返回的时间作为新年的开始，并在农神节之后立即举行密特拉节或太阳神节。

从以上非常晦涩难懂的文字中，我们可以了解到朱利安对希腊神话的理解，以及太阳崇拜在哲学上的优缺点。一方面，这种崇拜提供了崇高的沉思对

维斯塔贞女

---

① 维斯塔贞女，或称护火贞女，是古罗马炉灶和家庭女神维斯塔的女祭司，通常由六位年龄在六岁至十岁的少女担任。她们主要负责守护维斯塔神庙的炉灶，不让圣火熄灭。——译者注

象；让头脑可以自由地重新加工古老的神话，通过解读消除其中的丑陋之处，并使这些神话成为合理的教育工具；它赋予生命意义，赋予死亡希望。朱利安并不认可东方宗教体系中的一个因素，那就是轮回。他憎恶肉体复活和灵魂重生的说法，认为赫利俄斯最崇高的职责就是在人死后将灵魂从肉体的束缚中解救出来。在朱利安看来，这种脱离肉体的自由总是与征服一切低级欲望联系在一起。在现实生活中，只有那些努力上升、达到哲学平静状态的人才能获得这种征服。另一方面，我们也看到了太阳崇拜的弱点。从本质上说，除了对仪式和习俗牵强附会的解释，它并不具有道德评判的特质。其教义不仅黑暗，而且具有象征性。所有宗教必须在很大程度上接受象征主义，而任何包含不同阶层的信徒的宗教，必须用具有象征性的教义向不同的人传达不同的意义。但我们可以说，密特拉或太阳神的崇拜中不存在道德基础，它后来传达的道德意义也是一种人为的补充。这是个别信徒有意识地适应社会的结果，但这些人没有资格代表传统。他们对密特拉教的道德解读对普通人的生活和思想没有产生任何影响。朱利安本人就对宗教十分狂热，但他不明白，如果不尊重道德法则，宗教狂热就会产生扭曲的后果。朱利安并不避讳某些神秘仪式中流传下来的令人厌恶的故事，比如西布莉的故事。不过，在朱利安看来，神的故事在本质上应该是怪异而可怕的，这甚至是一个优势。朱利安说，崇高而有尊严的神的形象给人一种崇高但仍然是纯粹的人性的概念，而荒诞的故事让人们想到的是神秘和超自然的力量。在解读西布莉和阿提斯的故事[①]时——这两位都与赫利俄斯有着密切联系，朱利安没有从字面意思上理解他们。在朱利安看来，既然神不会误入歧途，那么阿提斯的堕落就无从谈起。整个故事可以被看作一则寓言：至高无上的事业与自然界之间的关系；灵魂的职责是克制过度的欲望并向诸神靠近。而在仪式庆典的每个阶段和在仪式过程中施行的每个克制

---

① 在神话中，女神西布莉爱牧羊人阿提斯，但西布莉的疑心病与神经质让阿提斯背叛了她，爱上了别人。在西布莉的疯狂报复下，阿提斯割掉自己的生殖器然后死去。西布莉不愿意爱人死去，便将阿提斯埋在大地深处，在春天施法让他复活。——译者注

欲望的规则,都可能衍生出一些有价值的法则,指导人们的生活。在解读这个故事和另外一些神话故事的过程中,朱利安表现出一种热切的渴望,试图将希腊的诸神传说变成宗教和道德教育的工具,以对抗基督教的教义。希腊词汇 συγατάβασις 用来形容阿提斯从天界降到人间赋予物质世界以生机。基督教教徒有时也用这个词来描述他们的主"道成肉身"。再举一个例子,在讲述赫拉克勒斯的十二试炼这个故事时①,朱利安把赫拉克勒斯描绘成一个神圣而经历痛苦挣扎的人类之子。在雅典娜和宙斯的帮助下,赫拉克勒斯战胜了自然和人类的所有苦难。他作为世界的拯救者被宙斯送到人间,并在完成使命后乘着雷电返回天界。朱利安接着将赫拉克勒斯与狄俄尼索斯对比。狄俄尼索斯是一位死后被神化的英雄。人们如果能理智地看待狄俄尼索斯的神话,就会发现狄俄尼索斯不具有人性的一面,而是被当作一种智慧的创造力的象征。朱利安在另一个地方②提到了阿斯克勒庇俄斯,即宙斯和赫利俄斯的使者。阿斯克勒庇俄斯化身成人,落入凡尘。无论是在尘世还是在天界,他都治愈了人们身体和灵魂承受的各种疾病。

朱利安和亚历山大城的其他哲学家由于习惯于思考和分析神力在自然和人身上的表现,所以有可能接受多神论的神话,同时在自身严肃的信仰和最珍视的宗教实践中保持一神论的立场。对朱利安来说,多神论不仅意味着对神的属性进行分析,而且为解释不同族群的信仰和不同形式的文明提供了一个假设。在这一点上,我们将回过头来讨论朱利安备受争议的驳斥基督教教徒的著作。在这里,我们需要指出,在任何意义上,密特拉教或类似的体系都不适合作为一种普世宗教。唯有一个像赫利俄斯本人一样强大的调停者,才能将为无敌太阳神修筑祭坛的粗野士兵和在阿提斯和西布莉的秘密仪式中筋疲力尽的狂热者的思想统一。而这样的调停者应该具有哲学家的远大抱负。他能在密特拉教的教义中找到对万物起源最有说服力的解释,能在希腊文明晚期流传

---

① 朱利安:《演说稿》,第7篇。——原注
② 朱利安:《驳斥基督徒》,第200页。——原注

的东方神话中找到一个有价值的动机,从而不断敦促自己在改革的道路上前进。例如,罗马帝国皇帝埃拉加巴卢斯虽然是太阳神虔诚的祭司,但他纵欲奢靡的生活令其统治蒙羞。这个反例也许可以说明,从对纯洁的阳光的崇拜中获得道德上的纯洁的这一论点,并不适用于一个本质就不洁净的灵魂。

一些古老的密特拉祭祀的遗迹可能仍然存留在我们身边。例如,松树曾经是阿提斯的圣物,现在以圣诞树的形式存在;在曾经作为"无敌太阳的生日"的那一天,现在用欢乐的仪式来纪念基督的降生,尽管人们同时敬拜这两位神祇的历史可以追溯到很久以前。而研究者们[①]更倾向于从别的方面寻找密特拉教对基督教仪式的影响。不管这次复兴多神教的努力是否对基督教教会产生永久的影响,事实已经清楚地表明,许多密特拉教的象征、思想和崇拜方式,都可以在不被基督教主导的罗马帝国东部行省的异教团体中找到,特别是诺斯底教派。

现在,是时候从这些模糊的猜测和志向远大的梦想中走出来,探究朱利安是如何在实际行动中对抗基督教教徒的。在朱利安看来,是这些基督教教徒不虔诚的野蛮行为迫使自己成为一个宗教辩论者和宗教改革者。

朱利安的宗教和哲学思想,除朱利安自己的作品,尤其是他的第4篇、第5篇和第7篇演讲稿,以及前文已经提到的权威资料之外,我还参考了瓦舍罗的《亚历山大学院》;让·雷维尔的《罗马的宗教》,其中对密特拉教有详细的介绍;还有莫里·路易斯·费迪南德的《希腊的宗教》第3卷;于贝韦格和其他哲学家及历史学家对新柏拉图体系的概述。在撰写本章时,我还参阅了阿德里安·纳维尔的小论文《叛教者朱利安和他的异教哲学》。这是一篇很有趣的文章,但其中并没有说明朱利安的学说与该学派其他哲学家的学说之间的联

---

① 例如C.W.金等人。——原注

系。当然，这是一项几乎不可能完成的任务，因为伊安布利霍斯、波菲利和其他许多哲学家的作品都失传了。因此，我们无从确定朱利安的思想有多少是原创，有多少是借鉴他人的。即使朱利安借鉴了别人的思想，甚至在他的作品《致赫利俄斯的颂词》中提到过的对伊安布利霍斯的借鉴，也不是单纯的复制，而是进行改编以符合自己的需要。针对古典教育对异教的影响，我参考了加斯顿·布瓦西耶的《异教徒的终结》。

第 9 章

宗教改革家及辩论家朱利安

精彩看点

摧毁与重建——将高尚的道德观念移植到多神教制度的尝试——四封与宗教有关的信——寄给女祭司卡利克谢纳的信——寄给某位无名祭司的信的片段——朱利安理想中的祭司生活——给加拉太大祭司阿萨西乌斯的信——给一名犯袭击祭司罪的人的信——格列高利·纳西昂对朱利安改革的评价——朱利安抨击基督教教徒的作品——希腊人和犹太人的创世论——基督教既不同于犹太教也不同于希腊多神教的要点——对犹太教和基督教道德的谴责——朱利安未能理解宗教的本质

全能的上帝啊！
我宁愿是一个被陈腐教条喂养的异教徒，
立于这片宜人的草地上，
一睹大自然的清姿丽影，
消融无限的悲哀与孤单；
容我，
见证普洛透斯从海中升起；
或倾听年迈的特里同吹起那装饰花环的号角。

——威廉·华兹华斯

  我一直认为，想要深入了解朱利安的思想和性格，应该先研究其宗教哲学作品和政令中积极而有建设性的因素，再研究消极和有害的部分。实际上，要坚持这一途径并不容易。通常，我们将有争议的部分从朱利安的道德说教或宗教论述中剥离出来，并区别对待他在宗教事务中发布的禁止令和管制令。即便如此，我们也无法摆脱文本被明显地篡改和不恰当地调整，更无法判定文本中是否带有文学修辞或讽刺意味。从更近的角度来看，在对待最消极的问题时，朱利安表现出了保守的倾向；而在保护旧事物时，他又借鉴了许多新事物。

最终，他的作品表现出一种怪诞的拼凑效果。朱利安很聪明，对自己不喜欢的宗教，他认为不可能通过颁布一系列法令禁止其他人信奉。不仅如此，他本人也赞同宗教中的灵性倾向和道德规范中更广泛的人道倾向。这正是基督教教义迅速传播的原因，也是其结果。因此，朱利安有意识、有目的地把那些最能激发人类善良本性的新教义，都移植到旧的多神教体系中去。毫无疑问，在他看来，这样做是在开发古代诗人和圣贤作品中隐藏的或被忽略的观点。例如，《荷马史诗》中的许多内容充满理性和道德的观点，更不用说那些热衷于说教的作家的作品了。即使在我们所处的时代，一位基督教学者也可以在特洛伊的海伦身上发现抹大拉的玛丽亚的影子，在阿波罗和雅典娜身上发现上帝圣言。

抹大拉的玛丽亚

无须深究，我们便可以从《荷马史诗》中找到英雄的美德及美好事业终将胜利的例子。然而，如果只有在忽略与荷马式生活背道而驰的思想的前提下，才能获得这样的道德教育，那我们不得不说，朱利安评判作品的眼光没我们好。事实上，没有人能本着公正和批判的精神来评判自己认为十分神圣的书籍。同样，没有一个深受宗教观念浸润的人，能够公正地评判自己敌视的宗教的文献和仪式的性质。对朱利安来说，一切与基督教有关的观念，甚至基督教教徒的善行，都带有江湖骗子的意味。朱利安试图将当时的多神教信仰提升为整个罗马帝国道德教化和精神升华的力量，这正是他一生追求的伟大目标。这种努力虽然值得赞扬，但展现出朱利安不切实际的一面。这个目标及相应措施贯穿在朱利安的书信和各种著作中，尤其是在他写给不同等级官员的四封信中体现得非常清晰。因此，我打算在此简述这些有趣的信。

有一封信[①]写给一个叫卡利克谢纳的女子。在基督教盛行时期，卡利克谢纳一直坚定地履行作为得墨忒耳女祭司的职责。朱利安以一种优雅的口吻，恭维这位虔诚的女祭司比珀涅罗珀[②]更优秀。虽然她们的美德都经受住了时间的考验，但虔诚是一种比对婚姻忠诚更高尚的美德。卡利克谢纳经受的考验是珀涅罗珀的两倍。为了表彰卡利克谢纳的功绩，在继续担任得墨忒耳女祭司的同时，朱利安还任命她在培希努担任诸神之母西布莉的女祭司。

在一封朱利安写给一位身居高位的祭司的信中，一个非常重要的片段[③]阐明了其想法和计划。在这封信现存部分的开头，朱利安犯了在他的长信和论著中经常出现的离题问题。一开始，朱利安并没有谈论祭司的职责和特权，而是抨击了孤独的禁欲主义生活。在他看来，禁欲主义违背了人类的社会本性。然后朱利安才提出了主题。他写道，国家统治者的职责是确保国家的法律得到遵

---

① 朱利安的第21封信。施潘海姆编辑的版本，巴黎，1696年，第388页到第389页。——原注
② 珀涅罗珀，荷马史诗《奥德赛》的主人公奥德修斯的妻子。在奥德修斯远征特洛伊，失去消息后，她拒绝了所有求婚者，一直等待丈夫归来。——译者注
③ 参见施潘海姆编辑的《朱利安书信集》第288页到第305页。——原注

守,祭司的职责便是确保诸神的法律得到遵从。[①]博爱是祭司首先必须具备的特质:爱护同胞者,诸神爱护之。诸神的爱护可以表现在许多方面,甚至可以表现在惩罚上。从本质上看,祭司的博爱就像诸神对人类的爱一样。诸神的爱赋予人类优于野兽的天赋。比起《旧约》里造物主赐予亚当和夏娃的"皮囊",这份馈赠没有那么直接,却更加丰富。但富人自私地占有诸神的馈赠,从而导致穷人亵渎神灵。富人甚至要求得到更多。假如天上落下一场金子雨,富人一分一毫都不会放过。其实,如果让这些富人把诸神的馈赠分给穷人,他们并不会因此成为失败者。朱利安拿自己做例子,自己从来没有因慷慨解囊而感到后悔。用自己微薄的收入将一些穷人从贫困中解救出来之后,朱利安才收回了外祖母的遗产。因此,我们应该对好人慷慨解囊,甚至对坏人和敌人也要根据他们的需要来解救他们。俘虏应该得到善待,尤其是考虑到他们通常可能是无辜的。人们熟知的一些神的故事足以反复印证这个观点。一个待人接物连斯基泰人都不如的人怎敢接近宙斯的神殿呢?崇拜民族之神却忽视天下是一家的事实,这是多么矛盾啊!不管人类是亚当和夏娃的后裔,还是像朱利安认为的那样,有着多种起源,由众多神灵塑造而成,一切都始于宙斯。天下是一家是一个永恒的真理。

  朱利安从祭司应该对同胞履行的职责开始说起。祭司应该将虔诚和纯洁的特点融入博爱。人们只有通过祭司才能清晰地意识到诸神的存在。神应该受到尊敬,而不是盲目崇拜。人们不能以诸神无需人的效劳为借口而不去为诸神效劳。神不需要人的赞美。尽管如此,我们还是按照古老习俗赞美诸神。敬奉神的形象和一个小孩喜欢父母的肖像一样,是一种偶像崇拜。如果说这种比喻有不恰当之处,那就是人类的形象是短暂而无法长存的。然而,这些形象如果可以长久不腐,那就不是人类的作品。诸神尽管一直守护着善良的人,但有时也会允许高尚而善良的人及值得尊敬的人被邪恶的人毁灭。虽然诸神的惩罚

[①] 这在我看来是很自然的意思,但塔尔博特对此有不同的理解。——原注

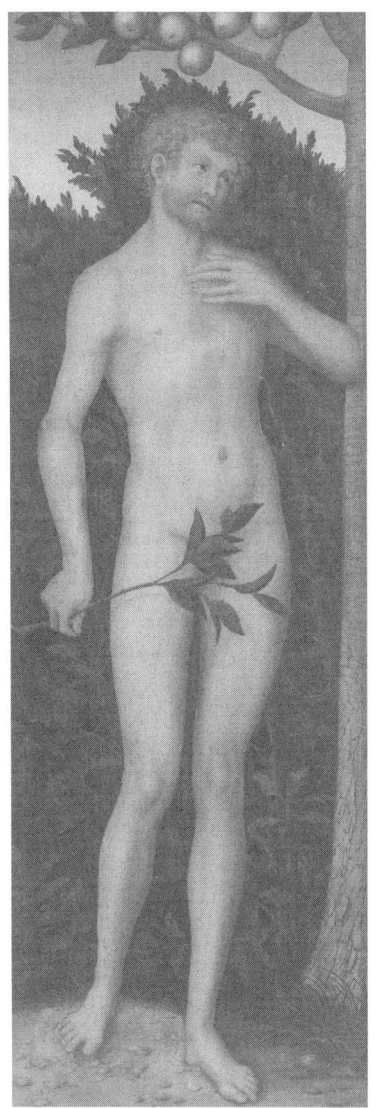 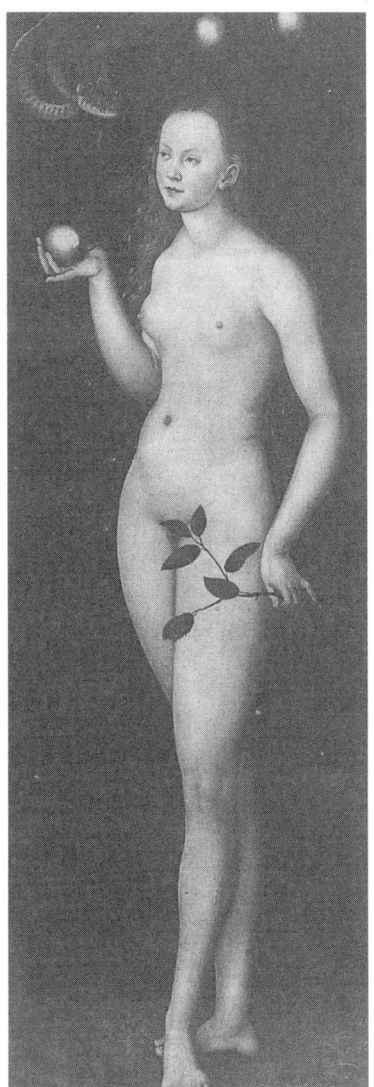

亚当　　　　　　　　　　　　　　　　　夏娃

不会立刻降临在凶手身上，但凶手的罪责终将被清算；亵渎神殿和神像的人同样会受到诸神的惩罚。尽管虔诚又全心全意，朱利安修复犹太圣殿的尝试仍以失败告终。这次失败的尝试表明，神圣的事物也会面临无法挽回的衰败。出于对犹太人的上帝的崇敬，朱利安想要修复犹太圣殿，尽管他认为犹太人缺乏文化、语言含糊不清、和希腊人大相径庭。

所有为神效劳的事情都应受到尊敬，担当祭司一职的人也应受到敬重，就像阿伽门农的军队应该敬重克律塞斯一样。①

接着，朱利安又犯了离题万里的毛病。他反对尊敬祭司应该建立在祭司本人的道德品质的基础上这一观点。在朱利安看来，祭司只要履行了职责，就应该受到尊敬。如果祭司是一个邪恶的人，那应该判他的罪、降他的职。藐视祭司的人会招致诸神的愤怒，一些神谕清楚地表明了这一点。

回到正题上来：祭司应该是什么样的人？虽然这封信的收信人不需要被告诫，但这封信让他感受到，朱利安十分支持自己要求下属坚守纪律的做法。作为最高祭司和众多祭司对话时，朱利安曾经表示自己不配最高祭司这个职位，但相信诸神。即使变成凡胎肉体，诸神也能恢复混乱的社会秩序，并且能在死后满足灵魂的希望。这些希望可以使祭司站在人的一边，作为人与神同在的担保人和生活中的道德榜样。虔诚是对神的存在的坚定认可，所以每位祭司都应该保持虔诚。据说，太阳神阿波罗的六步格诗表明，阿波罗的双眼可以穿透奥林波斯山和塔尔塔洛斯——地狱，他会因虔诚者的善行而欢欣鼓舞。诸神若能看透岩石，就可以看透人的灵魂，也能把灵魂从死亡的中拯救出来。

这种虔诚包括保持思想和言行的纯洁。担任祭司的人绝对不准说脏话，不准阅读污秽之诗。他们应该研究柏拉图、芝诺等哲学家传授诸神的存在与神的旨意的作品。有些神话中，神好嫉妒、争论，常常做出不符合神性的举动。不管

---

① 在荷马史诗《伊利亚特》中，克律塞斯是特洛伊城附近阿波罗神殿的大祭司。阿伽门农掳走克律塞斯的女儿并拒绝了克律塞斯赎回女儿的请求。克律塞斯于是向阿波罗祷告，阿波罗向希腊联军降下瘟疫，迫使阿伽门农为了结束瘟疫，送回了克律塞斯的女儿。——译者注

这些神话源于希腊还是希伯来，祭司都应该对其加以抵制。祭司应该阅读历史书，而非虚构的爱情故事。祭司也不该阅读如伊壁鸠鲁和皮浪这类怀疑论者的著作。不过，谢天谢地，这些书大多都已经消失了。保护思想远离邪恶甚至比保护思想不受粗鄙之言的影响更重要。祭司应该学习赞颂神的圣歌，不仅包括神创作的圣歌，还有人们在神的启示下创作的圣歌。祭司应该坚持每天三次祈祷和祭祀，或者至少两次。

伊壁鸠鲁

然而，祭司毕竟是血肉之躯的人，所以他们为神服务的好坏一定程度上取决于环境。在不当值时，祭司应该日夜净化自己。以罗马为例，每次祭司住在神殿里的天数必须达到规定的三十天。在此期间，他必须专心冥想，不回家，更不去市场。把祭司责任交付给他人之后，他仍然需要小心地管理自己的生活。他应该和品德高尚的人交往，可以偶尔去市场，可以与地方官员来往，并且必须救济穷人。主持仪式时，祭司可以穿上华丽的法衣。但私下里，他应该效仿谦逊的安菲阿剌俄斯，像普通人一样穿着。正如埃斯库罗斯说的，谦逊会让祭司赢得诸神的青睐，而经常身着华丽的法衣会让祭司蒙羞。

祭司不应该去剧院。不过，如果舞台可以被净化，就另当别论。这种净化虽然是一项高尚的工作，但似乎显得有些不切实际。祭司既要避免与剧院的舞

埃斯库罗斯

者和演员为伍,又要回避角斗士的打斗和一切表演及比赛。除了那些非常神圣的角色,剧院的舞台上和观众席中都禁止出现女性的身影。

在谈到决定祭司人选的方式时,朱利安提出了一个原则,那就是根据这个人的功绩来评判,尤其是根据他们的虔诚和因积极行善而赢得的声誉,而不是根据其出身或财富。祭司应该以虔诚的方式引导家人行事,还应该热心救济穷人。在朱利安看来,正是对穷人的忽视让卑鄙的加利利人——基督教教徒——乘虚而入。加利利人表面上行善,实际上是用糖果引诱小孩的绑匪。而朱利安猛烈抨击基督教教徒爱筵的内容才讲了一半,这封信的片段就中断了。

尽管这封信保留了一些片段,还有许多不完善之处,但由于其中包含朱利安的思维模式和行为准则的要点,因此非常有必要详细阐述。这封信是朱利安散漫的写作风格的典型例子。他总是突发奇想,尤其是提到犹太人或基督教教徒的习惯时,写了一些离题的话,然后再重回正题。信里有一些道德标准与基督教教义惊人的相似,特别是在谈及积极行善、善待敌人,以及坚持思想与言行纯洁性这几个方面。信里还有一些有趣的观点,例如朱利安为希腊多神教遭受盲目崇拜的指控进行辩护;他还提到他试图重建耶路撒冷的圣殿——我们稍后再做讨论;在思想上,他将祭司本人与祭司这个职位分离开来;在选择神职人员方面,他对民主有着非凡的见解;最重要的是,他试图从希腊、罗马诗人的作品和大众信仰中寻找激励善行的动机,就像基督教教徒在《圣经》中获得的积极行善的激励一样。朱利安还在信中不情愿地承认,祭司没有积极引导多神教教徒行善,而令人厌恶的加利利人至少有一副慈善家的外表。

在朱利安写给阿萨西乌斯的信[①]及写给特奥多鲁斯的信[②]的片段中,我们发现他对祭司的职责提到了同样的原则。对比加利利人的作品,朱利安对多神教的作品明显表露出不满。阿萨西乌斯在加拉太担任大祭司,奉命加强加拉太祭司们的纪律,并要求这些祭司经常带着他们的妻子和其他家庭成员参加

---

① 朱利安的第49封信。——原注
② 朱利安的第63封信。——原注

宗教仪式。特奥多鲁斯则在亚细亚的行省担任祭司,并且负责维修供外地人临时居住的旅馆。

朱利安劝诫祭司们要以《奥德赛》中的欧迈俄斯为榜样,做一个和善热情的人。祭司不应该以卑躬屈膝的姿态去巴结官员。

接下来,我们引用的这封信①是朱利安写给某个可能是祭司的人。这个人因袭击了其他祭司而获罪。在信中,朱利安指出,这种罪行令人发指,任何人都无法为袭击祭司的暴徒开脱。不管一个祭司做了什么,他神圣的身份都应该成为他的保护伞。作为最高祭司和狄迪梅亚神谕的守护者,朱利安运用自己神圣的权威禁止施暴者在三个月内从事任何与神殿有关的事务。三个月后,如果最高祭司朱利安对施暴者的忏悔表示满意,则就是否恢复其祭司身份一事询问神谕。朱利安没有责骂施暴者,他宁愿祈祷,并劝诫施暴者祈祷,祈求罪孽得到宽恕。

从这些信中,我们看到朱利安在行使作为祭司的职责。并且出于宗教戒律和改革的目的,朱利安使用了自古就由罗马帝国皇帝担任的最高祭司身份。但

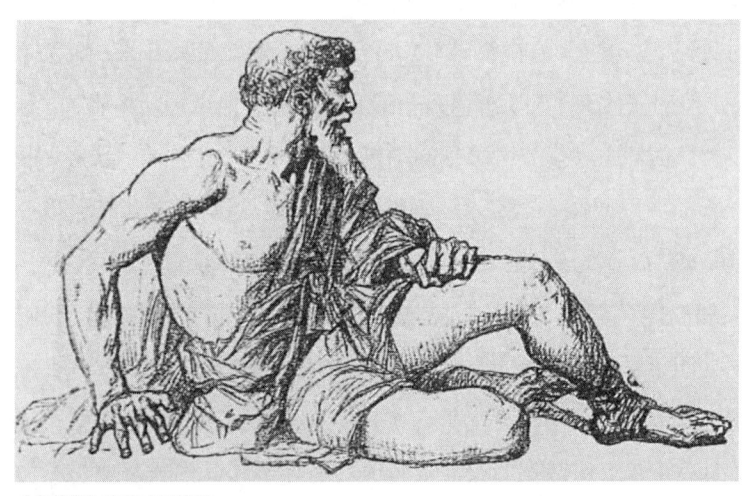

《奥德赛》中的欧迈俄斯

---

① 朱利安的第62封信。——原注

这个身份没有被视为皇帝特权，更不可能代表影响深远的精神权威。作为雄辩家及最高立法者，朱利安致力于把人们的信仰从基督教吸引到多神教，用信仰来教化罗马人。在继续了解这份努力的性质之前，我们可以将前面引用的几封信的基调与朱利安的宗教改革计划进行比较。这个宗教改革计划在基督教教徒中引起了极大的恐慌。针对朱利安改革计划的动机和行动，虽然格列高利·纳西昂提出的批评并非无懈可击，但他对朱利安的指责是有真凭实据的。正如我们所见，朱利安改革的主要思路包括：首先，用古老的希腊神话和希腊文学培养人的性格和情感，帮助人们形成最纯粹的希腊思想。然后，注入宗教元素，将纯粹而开明的道德和对希腊诸神的炽热崇拜结合起来，达到宗教改革的目的。

对此，格列高利·纳西昂的批评可能有些夸张，但大体上是正确的：

> 朱利安的计划和辛那赫里布类似，即在每座小镇创办学校。学校设有讲坛和一排排从高到低摆放的长椅，用于演讲和解读教义。学习的内容包括道德准则和深奥的学科。同时，学校组织开展轮流祈祷的活动。这里既是开始赎罪的地方，也是得到救赎的地方。还有一些显然属于基督教章程的东西。他还打算为朝圣者建造旅馆和收容所，为男子建造修道院，为未婚女子建造女修道院，建立冥想场所。他还想设立救助囚犯的救济制度。朱利安希望进度教的制度和举措能为自己所用。①

接下来，我们来讨论朱利安对基督教教义和戒律的驳斥。他的这部分观点与我们此前或此后的讨论并不密切相关。批判不需要有很强的思想独创性或人格力量，而重建一套古老制度来对抗逐渐侵入的新制度则需要哲学家和

---

① 《第一次抨击》，C.W.金译。——原注

政治家共同努力。事实上，很少有人因辩论而改变信仰。甚至从历史的角度来看，我们对辩论感兴趣，与其说是想要了解这种信仰实际上的依据，不如说是试图发现当时人们认为的信仰的基础。然而，对我们来说，分析朱利安对基督教的驳斥的性质非常重要，因为这些驳斥既体现了希腊与罗马宗教制度的本质，又能帮助我们理解朱利安的宗教观。

这里，我们遇到了一个棘手的问题：朱利安反对基督教的论点在多大程度上是独创的？在多大程度上是从其他作家的观点中衍生出来的？我们无法回答这个问题的主要原因在于：古老而有争议的驳斥基督教的著作，很少能从虔诚的信徒手中逃脱。这些虔诚的基督教教徒认为，对待不同观点最好的反驳是由"神明裁判"。哲学家塞尔苏斯批驳基督教的观点在奥里金的答复中得

奥里金

以保留下来。塞尔苏斯的这些观点偶尔也会和朱利安的观点重合,但这只是有人期望在两个反对基督教的希腊人的论据中发现的相同之处。朱利安似乎不大可能研究过塞尔苏斯。如果像奥里金说的,塞尔苏斯是伊壁鸠鲁主义者,那么朱利安就不会认可塞尔苏斯观点的权威性。朱利安更有可能读过现已失传的波菲利的作品。即使朱利安从他人那里借鉴了观点,但其借鉴的程度也不可能太高。无疑,朱利安比波菲利更熟悉基督教的经典及习俗。然而,不管是借鉴还是原创的观点,它们都代表了朱利安本人的观念。从这些观点中我们清楚地看到,朱利安的观念与基督教教义的主要分歧在于基督教是非希腊化的宗教、野蛮的宗教。与犹太人或埃及人的民族崇拜不同,基督教追求普世性。看似不温不火的基督教教徒和文化程度不高的希腊人之间可能会达成妥协,但除非一方暗中打压或同化另一方,否则分属不同思想体系的两个群体不可能长期共存。

朱利安驳斥基督教的作品[①]可能写于公元362年冬到公元363年。哲罗姆称一共有七部,但研究过这些作品的亚历山大主教西里尔只提到了三部。其中,第二部可能是对《福音书》的批判,第三部可能是对《新约》等内容的批判。第一部范围更加广泛,它致力于研究和比较希腊多神教、犹太教和基督教三种神学观。西里尔摘录了大约四百三十二条引文,几乎还原了朱利安驳斥基督教的作品第一部的全部内容。后来,纽曼博士对其进行了细致的研究,并编辑出版了一套更新的版本。尽管我们不能确定后人整理的版本中的思想和论述是否都符合朱利安最初的顺序和行文,并且我们可能已经失去了追溯的线索,但其中呈现的总体趋势已经十分明朗。

在探究朱利安批判犹太教和基督教教义的问题上,我们不能期望从中找到一个与我们这个时代盛行的类似的观点。现代人的思维方式深受科学归纳

---

① 参见纽曼博士整理的版本。赫特莱因和米克博士都没有提到过朱利安这些驳斥基督教的著作。曾有学者尝试将朱利安遗留作品的碎片进行拼凑和还原,但并没有得到让人满意的结果。——原注

法影响，并且充满了怀疑论的精神。无论是研究感性或超感性的事物，都要求研究者具有绝对可验证的事实基础。基督教教义要应付的许多现代难题，都不能与朱利安的思想相协调。例如，在朱利安看来，《旧约》和《新约》中记载的神迹并不是他坚持信仰的绊脚石，以至于他轻蔑地称基督的大能微不足道。但在这里，我们需要加以说明的是，在讨论物质世界中已经发生或即将发生的事情，以及一些感官证据能够证实的事物方面，朱利安的论述非常符合现代怀疑论的风格。例如，在谈到巴别塔的故事时，他天真地宣称，如果所有泥土都被制成砖块，也只够修到月球。朱利安向基督教教徒发问："既然唯一的

巴别塔

圣路加

目击者都睡着了,那么圣路加从何得知天使在花园里宣扬救世福音?"他抱怨《马太福音》和《路加福音》对耶稣的家谱说法不一,对基督复活的叙述混乱而相互矛盾。在一段话中①,朱利安提到了圣徒在"基督复临"时复活。他说,在预测未来时,对可能性和不可能性不加以区分是人类最愚蠢的表现。

---

① 纽曼提到的一个来自《苏达辞书》的片段与此有关。——原注

然而，在判断过去、现在或将来一切超出观测和实验范围的宗教信仰的事例时，朱利安所要求的证据则是另一种性质的。在他看来，无论是由传承而来的深奥的宗教教义，还是由杰出的神学家提出的宗教教义，只要可以印证已知的事实，并且与人们固有的对神的特性和人的责任的观念一致，就都是可以接受的。

因此，在反驳犹太人的创世传说时，朱利安没有要求他们拿出证据或诉诸现实的解释，而是列举了这个故事本身自相矛盾之处，并指出了故事与上帝品格不相符合之处。朱利安说，《创世记》中没有提到如何创造天使，也没有解释"水""黑暗""深渊"等物质的起源。造物主只创造了一部分事物，而其余事物只是靠下达命令形成的。既然上帝早就知道夏娃是亚当堕落的根源，那么一个无所不知的神为什么要给亚当设计这样的配偶呢？更重要的是，朱利安对人类最初违反上帝旨意的故事提出了两点看法：一、上帝不会赋予人类诸如区分善恶这样出色的天赋；二、把亚当和夏娃从生命之树中驱逐这件事可能是出于恶毒的忌妒心。针对罪恶的起源，朱利安没有给出任何不同的看法。从朱利安作品中某些段落来看，他似乎认为罪恶是灵魂和身体的联结的瑕疵造成的。缺乏对赎罪的认识是朱利安无法彻底理解犹太教或基督教的原因之一。在批判语言混乱的犹太人的故事时，除了我们已经提到的对建造通天的巴别塔的可能性的质疑，朱利安还批评了一种狭隘的观点。犹太人试图用巴别塔的故事解释各国之间的语言差异，而不是尝试解释形成各国的风俗和国民性格差异的更深层原因。即便人们接受巴别塔的故事，也不足以解释全部事实。因此，在朱利安看来，上帝武断的命令不能解释自然的差别，这个问题的答案应该始终符合事物的本质。

对人类和世界的起源，以及人与人之间、国家与国家之间的差异，朱利安更喜欢用《蒂迈欧篇》中气势恢宏的神话给予解释。在柏拉图的《蒂迈欧篇》里，造物主德米尔古斯授权衍生的下级神祇创造众生的秩序，在一定限度内将神性元素和理性元素分配给众生。这个神话既解释了存在于不同种族之间的

朱利安与异教徒一起聆听基督教教徒的神学讨论

差异，又比犹太人的故事更清楚地展现了造物主对万物的善举。在犹太教神学中，最让朱利安愤怒的一点是其排他性。这体现在两个方面：一方面，至高无上的上帝被描绘成嫉妒成性的形象，拒绝与低等神祇共享荣耀。朱利安根据《创世记》对"deities"一词的复数用法推断这些低等神祇一定是存在的。另一方面，上帝把所有恩泽都布施给了世界一隅的一小群人，忽视了其他人，也是不可取的。"我，你们的上帝，是个嫉妒成性的神。"对全能的上帝的评价，还有什么比这个解释更卑劣呢？嫉妒心是人类可憎的情感。而把嫉妒心归因于上帝，这难道不是一种亵渎吗？上天给予希腊人、埃及人和巴比伦人的馈赠难道和给予希伯来人的馈赠不一样吗？虔诚的信徒将艺术、科学、政治及所有希腊生活、文化的元素与特定神性联系起来，这种做法难道不是在指责那些背弃了祖先信仰的希腊人吗？后来，这些希腊人又崇拜一个专横任性的暴君和一个死去的犹太人。

除了批判基督教教徒与犹太教教徒有着相似的神学观，朱利安还批判了

摩西

基督教教徒在解释预言和将耶稣提升到神的地位时，肆意采用希伯来圣经和福音书里的叙述。"像摩西一样的先知"①，"示罗"②，巴兰预言的"出于雅各布的星星"③，"童贞女所生"④，这些叙述都不能与耶稣混为一谈。即使混为一谈，它们也无法表明耶稣的神性。这完全背离了摩西主张的神性唯一的观点。朱利安还提到了一个段落。在这段内容里，不是基督而是以色列人被称作上帝的长子⑤。他说，是圣约翰首先宣扬基督的神性，可他的语言是如此模棱

---

① 《申命记》第18章，第15节。——原注
② 《创世记》第27章，第10节。——原注
③ 《民数记》第24章，第17节。——原注
④ 《以赛亚书》第7章，第14节。——原注
⑤ 《出埃及记》第4章，第22节。——原注

两可，我们无法判断他是否完全将上帝之道等同于耶稣。"道成肉身"在朱利安看来也是无稽之谈。正如我们所见，朱利安更愿意将完美的形象和无所不在的力量赋予一个永恒之神。这个神就是生命的赐予者，永不停歇的赫利俄斯[①]。赫利俄斯在天界的下级神祇中的地位相当于自然宇宙中的太阳。

如果继续讨论朱利安对基督教的道德实践的批判，我们会发现，正如朱利安作品中的理论一样，有一些批判针对的是基督教和犹太教的共同之处，也有一些则针对的是基督教特有的问题。他认为"摩西十诫"配不上人们的高度评价，因为除了不要敬拜奇怪的神和遵守安息日这些戒律，"十诫"包含的其余戒律在各民族的法典中都能找到。而通过宣扬上帝的嫉妒和报复的教义来劝勉人们反对多神论，这一点让朱利安极度反感。另外，犹太人的法律在公正性和温和性上远不如来库古、梭伦和罗马人的法律。其实，通过《民数记》中

来库古

---

① 朱利安：《驳斥基督徒》《致赫利俄斯的颂词》《致亚历山大人的信》等。——原注

关于菲尼亚斯和以色列人的故事，朱利安发现犹太人对无辜者和有罪者采取或允许采取的复仇行为，往往是对那些冷静和审慎的正义观念的误解。

然而，不管犹太律法有什么价值，基督教教徒都没有对其全盘接纳。尽管基督教的上帝说过，他来"不是为了毁灭，而是为了成全"。基督教教徒拒绝了希腊人温和的制度和习俗，只学会了犹太人的傲慢和非犹太人的堕落。朱利安试图通过引用圣保罗对一些信徒受洗前的描述来说明基督教教徒的放荡生活。读到"当你被施洗，你就变得圣洁了"[①]时，朱利安不屑地问道，这种净

圣保罗

---

① 《哥林多前书》第5章，第2节。——原注

化是如何通过洗礼仪式完成的呢？洗礼仪式如果无法治愈身体的疾病，肯定也无法触及灵魂。朱利安的这个问题必须与一个事实联系起来：在朱利安时代，人们往往将洗礼推迟到生命终结之前。这样一来，新信徒带着对死前得到净化的期待，可能就不会对死亡感到恐惧。朱利安对这一可耻的行为感到愤慨至极。这一点清晰地表现在他的讽刺作品《恺撒》的结尾。在《恺撒》中，朱利安将耶稣描绘成一个哭泣的人，模仿《马太福音》第11章第2节的言辞，喃喃说道："到我这里来吧，堕落者、杀人犯、不洁之人、无耻之徒，你们都到我这来，我用这水洗净你们。你若再犯此等罪，我必捶打你的胸，敲击你的头，使你变得圣洁。"

朱利安的这篇《恺撒》也许比任何文章都更清楚地表明，他在《福音书》中看不到任何将邪恶引向善良的力量。正如我们所见，朱利安相信悔改的可能性，即使穷凶极恶的罪犯也有可能痛改前非。但在《圣经》中，朱利安看不到这种使人变得更好的可能性。如果在一两段文章中，朱利安引用耶稣的言论来反驳假信徒，那么这只是一个临时论点，并不能表明他本人崇信这些信条。当朱利安谴责基督教教徒彼此争吵，并说耶稣和保罗都没为迫害立下规矩时，他摆出了一个事实，那就是在基督教成立之初，只有一小撮可怜的狂热分子接受它，可能连基督教的发起人都没想到后来基督教的传播范围会如此广泛。因此，除了看到身边的基督教教徒假意行善，朱利安在他们身上看不到什么美德。他对反对基督教的人归结到基督教教徒身上的所有罪行深信不疑也就不足为奇了。

朱利安对犹太人的宗教崇拜挑的刺最少，对基督教教徒挑的刺最多。在与宗教崇拜有关的事务上，朱利安总是表现得十分保守。他虽然承认各地多样化的崇拜形式存在本质上的同一性，但仍然希望每个民族都遵守独特的传统仪式。朱利安赞赏希伯来人对传统律法和仪式保持的忠诚。他试图在亚伯拉罕的历史中找到占卜和占星术的痕迹，并承认自己崇拜亚伯拉罕、以撒和雅各布等神祇。但加利利人抛弃了所有犹太仪式，从外族人那里学到了一个恶习，那就是随心所欲地吃东西,无惧被玷污。基督教教徒既不肯献祭,又不愿敬拜诸神——无论是人创造出来的神还是来自上天永生的神。基督教教徒不接受割礼,称"割礼不能使人得救",就好像他们真的因高尚的信仰而与世隔绝了一样!然而,对这些追随犹太人的基督教教徒来说,是什么权威废除犹太律法的呢?像保罗这样厉害的江湖骗子,曾经徘徊在犹太人对教义的解释和大众的理解之间,他有什么权力称"基督是律法的终点"?加利利人坚决地背离了希伯来人和希腊人对殉道者的墓地和遗骨的崇拜方式,宣称这种崇拜方式有辱人格。连耶稣自己说到坟墓时都带着明显的厌恶之情,"任凭死人埋葬他们的死人"[1],"人还使他与恶人同埋,谁知死的时候与财主同葬"[2]。在朱利安看来,对耶稣的崇拜与犹太人的一神论截然相反。

不可否认,朱利安的这些有争议的作品虽然不乏令人深省、深受启发的思想,但并没有展现出朱利安最好的一面。也许,神学家很难在激烈的斗争中展现出他们最好的一面。然而,从宗教思想发展史的角度来看,我们不能对神学家在著述表现出来的不好的一面感到遗憾。朱利安的例子清楚地展现了一个事实:对一个内心虔诚、心思敏感又非常热爱真理和正义的人来说,即使他曾认真学习过宗教文献和制度,也很可能根本没有理解宗教的本质特征。当然,正确理解宗教的本质需要怎样的心理准备,这个问题远远超出了我们目前的研究范围。

---

[1] 《路加福音》第9章,第60节。——原注
[2] 《以赛亚书》第53章,第9节。——原注

第 10 章

朱利安对基督教教徒的政策

精彩看点

宗教宽容政策——实现宗教平等的前提——冷漠还是放任——朱利安认为宗教真理至高无上——朱利安不采取迫害手段的决心——宗教宽容政策的限度——取消基督教神职人员的特权——修复神殿——圣像遭到破坏的案例——朱利安的宗教平等政策——对不同宗教派别的影响——流放者的回归——安条克的埃提乌斯的职业生涯——发生在亚历山大城的基督教派系冲突——卡帕多西亚的乔治受到审判——亚他那修的回归——亚他那修再次遭到流放——朱利安写给亚历山大人的信——朱利安禁止基督教教徒担任教师的法令——法令的效果——反基督教的间接影响

当应付宗教派别斗争时，在迫害和宽恕之间没有折中路线。

——亨利·哈勒姆

  第9章谈到了朱利安的宗教原则和宗教理想、他的志向及他为自己和罗马人努力工作的动机，本章将阐述他为实现宗教目标而采取的立法措施和行政措施。正是由于这些宗教措施，朱利安遭到了后世的唾弃，遭到了敌对分子的强烈仇恨，甚至被一些曾经支持他的法官指责。修辞学家指出，朱利安宣称的贤明公正的原则与他处理宗教问题时对多神教给予信任和特权的排他性做法相矛盾，也与他在军队和平民中用迫害手段要求人们改变宗教信仰的做法相矛盾。从古至今，人们对朱利安没能在宗教信仰问题上保持严格中立而感到遗憾，而中立是最适合朱利安的宗教态度。然而，我们如果了解了朱利安本人和他所处的环境，似乎就能为这种矛盾找到合理的解释，即便不能全盘推翻人们对朱利安的指责，也可以体谅朱利安的行为。正如我们今天理解的一样，宗教信仰自由有两个基础，满足其中之一即可。首先，在个人和社会生活中，宗教信仰的差异不占主导地位；其次，鉴于身居高位的人在获得经验方面往往存在滞后性，因此，驳斥谬误、宣扬真理的工作最好分配给其他官员，而不是由掌握国家最高权力的人承担。在朱利安时代，不以宗教信仰作为评判人的标准已经被一些思想家和政治家接受。我们已经看到,这一点在哲学家特米斯提乌斯的《人类的事业》中得到了充分的阐述,甚至在君士坦丁大帝早期颁布的法令中也有体现。尽管君士坦丁大帝本人的宗教立场并不完全中立,但对自己不支持的宗教,他更愿意乞求神力护佑,而不是让其信徒改信他教。然而,前文已经提到过,君士坦丁大帝及其继任者发现,很难保持严格的中立。以我们对朱利安的思想和性格的了解,我们相信,朱利安绝不可能对一切宗教信仰保持漠不关心的态度,也不可能给予它们同样的尊重。对朱利安来说,生命中唯一值得拥有的就是与神的亲密关系。这种关系可能有不同表现形式,但"加利利人的迷信"倾向于蒙蔽人们的双眼。基督教向人们传递毫无价值的思想,导致人们无视多神教在希腊人民和罗马人民的生活中的作用,这是一种忘恩负义的行为。正如利巴尼乌斯说的,朱利安认为,"如果自己能使罗马帝国的所有人都比弥达斯①更富有,让每座城市都比古巴比伦更宏伟,让每座城墙都用黄金覆盖,却不纠正人们在宗教上的错误,那就如同一个医生,治愈了一个人全身的疾病,唯独遗漏了眼疾"。②

朱利安也不可能接受宗教信仰自由的第二项原则:在思想方面,朱利安严格限制一切被民间力量维护的权力。值得称道的是,朱利安知道迫害比无效的政策更糟。他引用利巴尼乌斯的话承认,"错误的宗教信仰不能通过诛杀信徒和焚烧经典来根除;即使人们被迫改信别的宗教,他们的良心也会谴责自己的懦弱,他们的初心则不会改变。"然而,这并没有妨碍朱利安用皇帝的权威抵制他认为有害的宗教和教条。人们常说,独裁者往往意识不到绝对权力必然存在界限。想到一个罗马帝国皇帝的权威时,我们会认为他集军政大权于一身,是罗马文明世界的领袖,向众人施以仁政,为国家而战,为公民的生活而操劳,并在驾崩后受到崇拜。我们认识到,这样一个君主所能想到的唯一能制约自己权威的,将是那些经常终结权力、地位和生命的革命。朱利安基于对希腊

---

① 弥达斯是希腊神话中的弗里吉亚国王,以富有著称;他点石成金的故事非常有名。——译者注
② 利巴尼乌斯为朱利安写的《墓志铭》(C.W.金译,第160页)。——原注

弥达斯

政治权力和政治关系的理解，承认法律高于统治者的个人意志，并认为君主有义务捍卫和尊重国家的法律。然而，他发现自己掌握着国家的公共财富，在立法、行政、外交政策和官员任免方面拥有几乎无限的权力。朱利安相信，上天赋予的这些权力是让自己开展道德和宗教的彻底改革，所以不太可能放弃这些权利和职能。朱利安对皇帝的崇高理想不仅体现在利巴尼乌斯的记述中，而且体现在他自己的作品中，尤其体现在《恺撒》《致特米斯提乌斯的信》《赞颂君士坦提乌斯二世的第二篇演说》等作品中。朱利安坚信荷马提出的"国王是牧羊人"的观点，而牧羊人的职位没有给自由放任留下太多空间。朱利安曾邀请新柏拉图派哲学家来协助自己。这些哲学家也会提醒朱利安，他是一个坐在皇帝宝座上的希腊人和哲学家。考虑到这些顾问的性格，以及朱利安身边缺乏敢于直言进谏的人，朱利安如果采用了一项狂热的政策，将会被冠以"为王冠而生的圣徒"的头衔。中世纪时，这个头衔也用来作为明君的称号。朱利安在某些方面值得称颂，他不仅放弃了直接的暴力手段，而且努力遵循一种不受任何宗教因素影响的公平和节俭的政策。讲到他的立法原则时，我们将会提到这项政策。

　　我们期望看到的是，朱利安用和平的方式，引导人们接受自己的观点。遗憾的是，由于朱利安坚持认为基督教对社会的不良影响和自己作为哲学家皇帝的使命，他经常默许甚至鼓励一些不体面、不公平的措施。我们必须承认，朱利安自始至终对基督教及其与希腊世界的关系抱有一种误解。对此，我们不必找借口来掩盖。如果我们分别讨论朱利安作为皇帝对基督教教徒、基督教的制度和教义采取的政策，那么他的这些误解带来的影响将表现得更加明显。

　　然而，在试图研究朱利安针对基督教的政策时，我们遇到了文献证据方面的困难。朱利安制订的一些法律现存于《狄奥多西法典》或他的书信集中，但许多当时的法律条文肯定已经被删除了。而在我们目前掌握的法律条文中，其中一些法律条文在多大程度上直接带有反基督教的意图，研究人员对此看法不一。在这个问题上，当代教士写的许多文章都带有明显的谬误，甚至有些文笔稚嫩。在试图使用基督教教徒的言论和朱利安的言论时，我们需要仔细揣摩字里行间的深意。在一个例子中，我们注意到，朱利安的基督教敌人不敢站出来指责他的不公平和不宽容。在另一个例子中，基督教教徒又很可能遵循了朱利安认为合理合法的政策。但我们需要考虑到，这些政策对信奉基督教的个人和团体造成的间接后果是使他们遭受不公、感到痛苦。

朱利安宣布他不会因宗教立场而迫害任何人。至此，朱利安似乎秉承了君士坦丁大帝颁布的"米兰敕令"的宽容原则。朱利安禁止基督教教徒光荣殉道的做法，让基督教教徒十分愤慨。他们认为这是一种幼稚的表现。格列高利·纳西昂曾写道："他嫉妒我们的勇士为信仰而殉道……他让我们受苦，却得不到为基督受苦的尊荣。"① 朱利安在授予宗教信仰自由的方式上，确实展现出令人恼火的蔑视，甚至可能带有迷信的成分。他担心如果不虔诚的人被强拉进神殿和神坛，会犯下亵渎神明的罪行。朱利安的两封信表明了他对宗教自由的理解。其中一封写给亚达比乌斯的信② 中说："我不希望加利利人因违背正义而被殴打或杀害，或遭受任何暴行。虽然愚昧的加利利人让罗马帝国一度濒临灭亡，并且唯有神的恩惠，我们才得以保全，但我坚信，敬畏神的人将获得更

---

① 《第一次抨击》，C.W.金译，第58页。——原注
② 朱利安的第7封信。我附上一份朱利安与基督教教徒有关的信的清单，按施瓦茨列举的时间顺序排列：
   第31封，召回埃提乌斯主教，公元362年1月。
   第10封，致亚历山大人，涉及卡帕多西亚的乔治主教的谋杀案，公元362年1月。
   第9封，致埃克迪修斯，提到了卡帕多西亚的乔治的藏书，公元362年1月。
   第7封，致亚达比乌斯，谈到了宽容的意义，公元362年2月到公元363年1月之间。
   第26封，致亚历山大人，下令驱逐亚他那修，公元362年3月。
   第11封，致拜占庭人，谈到了基督教元老的职责等，约公元362年5月。
   第36封，致波菲利（可能是财务主管），谈到了卡帕多西亚的乔治的书籍，约公元362年5月。
   第78封，异教徒帕伽索斯的故事，公元362年2月到公元363年2月之间。
   第52封，致（阿拉伯的）布斯拉人，公元362年8月。
   第42封，针对基督教教师的法令，公元362年8月到公元362年11月之间。
   第6封，致埃克迪修斯，其中谈到了亚他那修，公元362年10月。
   第51封，致亚历山大人，责备亚历山大人提议再次召回亚他那修，公元362年11月到公元362年12月之间。——原注

大的荣誉。因此,我们应该尊敬诸神,同时尊敬对诸神心存敬畏的人。"另一封信是写给布斯拉(这可能是一座阿拉伯城市的名字)公民的,信中有这样一句话:"我们不允许他们(加利利人)中的任何人被逼无奈地走上祭坛,但我们规定,如果有人愿意和我们一起参加净化仪式和献祭仪式,那么他首先要献上赎罪的祭品,并祈求诸神清除他的罪恶。我们无法接受一个不虔诚的人,在没有向诸神祈祷净化灵魂、没有用指定的祭品净化身体的情况下,就与我们分享神圣的祭品,这让人难以想象。"此外,在抱怨一些基督教神职人员和他们的信徒(我们将再次提及)的傲慢和任性之后,朱利安说自己已经授权,允许基督教教徒按照自己的意愿集会和祈祷,但不得通过暴力和煽动叛乱的方式滥用该权利。与先帝君士坦提乌斯二世的偏袒一方、迫害另一方相比,朱利安建立了自己的宗教平等政策。然而,一些基督教教徒在接受这一宽容政策时,并没有心存感激。对此,我们并不意外。在基督教教徒看来,与其说是朱利安实施了真正的宗教自由政策,不如说朱利安憎恨君士坦提乌斯二世,并且试图煽动基督教的内部分裂,剥夺基督教教徒以身殉道的权利。历史上典型的煽动者一贯是"挑起怨恨,而不是清除怨恨"。

随着宽容法令的颁布,在所有公共场所和公开活动中,基督教的象征物被移除,多神教的仪式得以恢复,多神教的神殿被重新启用。在军队里,基督教的符号被从罗马帝国的军旗上去掉,因为它象征着基督教是罗马帝国和皇帝信奉的宗教。百牲祭再次举行,各地的神殿重新开放。不过,正如我们看到的,没有人被强迫参加对诸神的献祭仪式。格列高利·纳西昂提到了一个例外[①],这可能是出于他有意或无意的误解。朱利安启用了曾经作为罗马帝国象征之一的圣坛,并期望每一个接受帝国资助的士兵(也许只有他自己的近卫军成员)都向圣坛上燃烧的火焰中投入几粒香料。这个仪式类似于封建时代人们用下跪表示敬意,或英国下议院向议长的权杖鞠躬表示崇敬的礼节。然而,

---

① 《第一次抨击》,C.W.金译,第83页。——原注

毫无疑问，坚守信仰的基督教教徒不可能毫无顾虑地这么做。格列高利·纳西昂称，一些士兵认为这种行为代表着对基督教的背弃。而那些原本不知情的信奉基督教的士兵得知后，惊恐地冲向朱利安恳求以身殉道。朱利安虽然驱逐了这些散布基督教言论、引起骚乱的士兵，但不想授予他们殉道者的荣誉。在用于取代基督教的各种多神教符号中，最引人注目的是埃及众神的头像，或者是带有神圣符号的朱利安自己的头像，这些符号出现在一些钱币上。当然，这些钱币是朱利安统治后期的产物。①

朱利安还有一项重要的宗教政策是取消了基督教神职人员的许多特权。通过削减特权，富裕阶层中很大一部分基督教神职人员不再享受政府提供的免税福利，这一点我们将在下一章的经济制度改革部分讨论。还有一些规定源于朱利安将公共救济金交给非基督教教徒的官员管理的想法，以及他不承认基督教教徒的不同阶级或团体中有官方等级。

对朱利安的这些宗教政策，在他的法律条文和书信，以及多神教教徒和基督教教徒作品中的相关描述，都十分一致。我们找到一封朱利安写给拜占庭人的信②。朱利安在信中表示，任何用"加利利人的迷信"履行元老院职责的人都不能被宽恕。在给布斯拉人的信中，朱利安再次声明，神职人员的自由并不意味着他们可以行使司法职能或起草遗嘱。显然，朱利安认为神职人员在起草遗嘱时会将信徒的财产据为己有。《狄奥多西法典》中有特别的规定③：那些担任十夫长的基督教教徒如果企图逃避自己应承担的责任，就会被罢黜；如果他们想躲在有权势的人的家里寻求庇护，那么庇护他们的人将被重罚；而在主人或保护人不知情的情况下，窝藏逃犯的奴隶将被处以极刑。索佐门说，朱利安"强迫那些因贫穷而担任神职的未婚女性和寡妇退还其享有的津贴。"④

---

① 这是赫尔曼·席勒的说法。——原注
② 朱利安的第11封信。——原注
③ 《狄奥多西法典》，第12卷，第1条，第49款和第50款；第13卷，第1条，第4款。——原注
④ 索佐门：《教会史》，博恩译，第5卷，第5章。——原注

这项要求显然不会是接受救济的穷人提出的，而是基于朱利安限制"神职人员的福利"、取消基督教团体和官员对救济实施垄断的想法。神职人员还有一项福利是可以免费使用公共交通工具，这项权利也被朱利安取消了。阿米亚诺斯·马尔塞林努斯提到[①]，在君士坦提乌斯二世统治时期，神职人员为了参加宗教集会，频繁地使用公共交通工具，给国家财政造成巨大负担。削减开支也许值得称赞，但我们不得不怀疑这项措施执行的难度，尤其是朱利安授予了被他召集到宫廷的许多哲学家朋友免费使用公共交通的权利。

朱利安还下令恢复被基督教教徒占用的神殿，重建被毁的神殿。或许没有什么措施比这一举动更能引起人们强烈的不满。一些基督教狂热分子甚至以殉道的方式加以抵制，导致各地暴力事件与骚乱事件频发。在重建神殿的过程中，程度并不容易把握。朱利安的反对者很自然地认为这是可耻的掠夺行为。然而，被非法没收的神殿本应归还原主，这无可厚非。我们也会预料到，国库无法为重建提供新的资助。为了实现宗教平等的愿望，朱利安不仅想要重建神殿，而且要重建受打压的基督教教堂，尤其是位于基齐库斯的诺瓦蒂安教堂。这座教堂曾被阿里乌派主教埃留修斯下令摧毁。现在埃留修斯被要求在两个月内自掏腰包将其重建[②]。当然，朱利安的批评者认为，这样的命令都源自朱利安急于在基督教派系之间挑拨离间。而恢复多神教的改革，很可能没有遵循统一的规则：朱利安的命令由地方官员自行酌情执行。这可能是由于当时不同地区受基督教影响的程度不同，一些城市或地区更容易完成这项任务。然而，有一点毋庸置疑：无论是朱利安手下的官员还是朱利安本人，都无法完全理解和宽恕人们因背叛宗教产生的不安。在摆脱君士坦提乌斯二世的控制、获得自由之前，朱利安并没有因参加讨厌的基督教仪式而感到良心不安。而正是这种不安让一些信仰坚定的教徒不可能做出拥护"魔鬼崇拜"的事

---

① 阿米亚诺斯·马尔塞林努斯：《大事编年史》，第21卷，第16章。——原注
② 索佐门：《教会史》，第5卷，第5章；君士坦丁堡的苏格拉底说这座教堂是被安条克的阿里乌派主教优佐乌斯摧毁的（《教会史》，第3卷，第11章）。——原注

情。因此，在朱利安和他的官员看来，迫害和殉教的案例都是基督教教徒的执拗和不服从造成的，是他们应该接受的公正处罚。教会历史学家和演说家格列高利·纳西昂主要研究的受害者之一是阿瑞托萨的主教马库斯。索佐门说，马库斯曾经拆毁了一座宏伟的异教神殿，现在奉命重建。由于筹集不到资金，再加上宗教的顾虑，他逃跑了。然而，当马库斯听说自己的朋友们因自己而受罚时，他毅然返回，任凭暴民残忍地对自己施以私刑。暴民们的手段非常残忍：在马库斯伤痕累累的身体上涂抹蜂蜜，然后把他放在一个装着蜂蜜的篮子里，

马库斯伤痕累累的身体上被涂抹蜂蜜

第10章 朱利安对基督教教徒的政策 ● 203

暴露在蜜蜂的蛰刺下。据说，马库斯的刚毅赢得当地总督的钦佩。其实马库斯只需要支付一小笔钱罚金即可获得减刑，但为了忠于自己的信仰，哪怕是一分钱，马库斯都不愿拿出来。

我们已经看到，在阿瑞托萨，人们是狂热的异教徒。而在卡帕多西亚的恺撒里亚（朱利安在那里度过了沉闷的少年时代），市民亵渎神明，大规模破坏圣像①。朱利安听闻此事后，下令严查滋事人员，强制重建神殿，同时削减恺撒里亚的财政补贴。

在其他地方，修复神殿的命令不仅导致了圣像遭到破坏，还让狂热的基督教教徒因不愿放弃信仰而饱受折磨。例如，在弗里吉亚的梅鲁斯，三兄弟夜闯神殿毁掉了新雕像②。他们宁可遭受酷刑，也不愿改变信仰，宁愿在痛苦中死去，也不愿做违背信仰的事。如果这件事是真实存在的，那么这个行省的总督一定是擅自行事，他的做法违反了朱利安的公开声明和一贯原则。

然而，对待基督教教徒的策略中最重要的一点是朱利安对针锋相对的基督教教派一视同仁，这打破了教派之间的平衡。我们已经看到，在君士坦提乌斯二世驾崩之前，反对尼西亚信经的阿里乌派占了上风。然而，阿里乌派本身并不团结。此时阿里乌及其支持者优西比乌主教都早已去世。当尼西亚派形成了一个十分紧密的团体时，他们的对手阿里乌派却分裂成不同的神学派别。相互妒忌，个人差异，以及宫廷阴谋和幕后政治激起的怨恨，都加深了这些派别之间的仇恨。在不详细讨论教义差异的情况下，我们将阿里乌派大致划分为三个主要派别：半阿里乌派，立场处于尼西亚派与阿里乌派之间；极端阿里乌教派，主张圣子在各方面皆与圣父不同，圣子可称为神，但圣父与圣子的质不同，也称"非同质派"；政治阿里乌教派，主张圣子与圣父的质是"同类"而不是"相同"，也叫"类同质派"。公元359年，一些半阿里乌派和类同质派的领袖聚

---

① 索佐门：《教会史》，第5卷，第4章。——原注
② 君士坦丁堡的苏格拉底：《教会史》，第3卷，第15章；索佐门：《教会史》，第5卷，第2章。——原注

在一起，在西尔米乌姆发布了一个含糊其词的方案①。他们相信，或者他们试图说服君士坦提乌斯二世相信，这一方案会得到大多数基督教教徒的支持，同时不会违反他们的宗教原则。罗马帝国西部主教会议在阿里米努姆举行；罗马帝国东部主教会议在塞琉西亚举行。两场主教会议都不赞成这套模棱两可的方案。但在公元359年年末，在君士坦丁堡举行的一次宗教会议中，在君士坦丁堡主教阿卡修斯的影响下，再加上来自君士坦提乌斯二世巨大的压力（他很容易被一些善于夸夸其谈的高级神职人员说服，希望达成某种和解），主教们勉强同意了这一方案。这给类同质派带来了胜利，也导致其他派系一些知名人士流亡。

朱利安自然毫不关心基督教内部的争论。我们已经看到，朱利安并不支持基督教的任何派系。一方面，他可能不会费心去区分阿里乌派不同分支之间的差异。如果说阿里乌派学说似乎与柏拉图的发散学说相似，那么阿里乌派剥夺了太阳神赫利俄斯的荣耀，并将这份荣耀给了一个有着人类外表的神。另一方面，尼西亚派的影响力与一个人密切相关。这个人就是流亡的亚历山大主教亚他那修。亚他那修的勇气和能力让朱利安十分恐惧。朱利安处理基督教内部纷争的第一个决定是下令召回所有因宗教原因被流放的人。然后，他在君士坦丁堡召开了一次会议，希望基督教的不同派别通过会议达成一定的妥协和谅解②。然而，朱利安的一切努力都是徒劳。"听我说，"当争论的声音淹没了他的声音时，朱利安喊道，"法兰克人全听我的，阿勒曼尼人也都听我的"。这句引自他的偶像马库斯·奥勒留的话也淹没在人们的争论中。如果朱利安想要在基督教派系中达成临时妥协，那么试图让敌对的阵营相互做出让步的方式是行不通的。

在从流放地被召回的神职人员里，有两位特别引人注目：一位是安条克的

---

① 正如《圣经》说的，他们是同一个父亲的儿子。——原注
② 阿米亚诺斯·马尔塞林努斯：《大事编年史》，第22卷，第5章。这位基督教作家认为，朱利安的政策是为了激化基督教内部的矛盾，但这种解释似乎站不住脚。——原注

埃提乌斯，他因为古怪的个性和生活方式，以及与朱利安的友好关系而出名；另一位是亚历山大的亚他那修，因其影响力及与朱利安改革目标敌对的立场而闻名。

埃提乌斯[①]似乎是一个远离基督教正统的异类。他持有的某些反传统的宗教思想，与其说是由于他的摇摆不定或自私自利，不如说是由于一种非常微妙的思想，让他常常以看似矛盾的言论来取乐。埃提乌斯的父亲是一名军需品承包商，在生意失败后抛弃了家庭。埃提乌斯因此生活极度贫困，还需要赡养母亲。还有一种说法，埃提乌斯一度沦为奴隶。在重获自由后，他成了一名修补匠。成年后，埃提乌斯靠镀金的手艺养活母亲和自己。直到母亲去世，他才得以自由地追求自己的学术爱好。埃提乌斯在学术事业受挫后又回到了镀金行业。然而，在安条克、塔尔苏斯等地求学期间，埃提乌斯在辩论中表现出的缜密逻辑和敏捷才思引起了一些教师、基督教教徒和多神教教徒的注意。埃提乌斯似乎对辩论有着非同寻常的热情。在一次辩论失败后，埃提乌斯万念俱灰。就像菲洛斯托尔吉乌斯说的，直到一个幻象点醒了他，"从那时起，埃提乌斯从神那里获得了一种特殊的天赋，在争辩中立于不败之地"。随后，埃提乌斯在亚历山大城的一场辩论中战胜了一位摩尼教领袖。这位不幸的摩尼教领袖因此在几天后病逝。后来，埃提乌斯从安条克的阿里乌主教那里获得了神职，并利用自己的身份更积极地展示辩才。当类同质派得势时，埃提乌斯遭到流放。现在，根据朱利安的命令，他被召回。朱利安与埃提乌斯可能是在君士坦丁堡或亚细亚结识的。还有一种说法，加卢斯为了让朱利安成为一名优秀的基督教教徒，曾请埃提乌斯做朱利安的老师，却徒劳无功。然而，朱利安可能被埃提乌斯出类拔萃的才智、思维缜密的逻辑和出口成章的技巧吸引。埃提乌斯的从医经历也可能是朱利安对他特别优待的一个原因。朱利安非常希望保持医生的崇高地位，也希望埃提乌斯在成果寥寥的医学领域做出贡献，救死扶

---

① 在正统历史学家的著作中，埃提乌斯的性格非常糟糕，但菲洛斯托尔吉乌斯在《教会史》第3卷第15章中对埃提乌斯的职业生涯做了正面而有趣的描述。——原注

伤。因此，朱利安以老朋友的身份写信邀请埃提乌斯①，并请他忠诚地履行医生的职责。朱利安在莱斯博斯岛的米提利尼附近给了埃提乌斯一处封地。朱利安驾崩后，埃提乌斯再次受到迫害时，他不得不退居于此。然而，在瓦伦斯统治时期，埃提乌斯在君士坦丁堡一群志同道合的朋友的簇拥下结束了自己丰富多彩的人生。

杰出的尼西亚派捍卫者亚他那修的性格和命运与埃提乌斯大相径庭。有人描述了他第三次被流放时的情景。公元356年，亚他那修被粗暴地逐出亚历山大城。从此，他隐居在埃及，并培养了一批坚定的追随者。与此同时，亚历山大城主教一职由卡帕多西亚的乔治担任。卡帕多西亚的乔治崇尚暴力，在协调

卡帕多西亚的乔治

---

① 朱利安的第31封信。朱利安在这封信中，称埃提乌斯为主教，但埃提乌斯似乎并没有在任何教区任职。——原注

与基督教其他派系的关系时表现得不够老练。他严令禁止崇拜尼西亚教义。根据亚他那修的说法,他甚至运用残忍的手段迫害尼西亚派成员。他还通过举办游行、侮辱密特拉神殿的净化仪式等行为激怒多神教教徒。卡帕多西亚的乔治的行动得到了埃及行省官员阿尔特米乌斯的支持。阿尔特米乌斯不仅利用世俗力量来执行卡帕多西亚的乔治的宗教政策,而且允许主教对亚历山大市民提出经济索赔[①]。阿尔特米乌斯在朱利安入主君士坦丁堡时被判处死刑,这似乎是他罪有应得。卡帕多西亚的乔治作为主教的结局更加悲惨。他被愤怒的暴民杀死之后,残缺的尸体和骆驼的尸体一起被焚烧。朱利安得知这件事后,给亚历山大人写了一封信,用赞美的语气责备他们。朱利安承认亚历山大人受到了一个不虔诚的人的挑衅。虽然这个人受到了即决判决[②],但朱利安责怪亚历山大人没有采取合法和正常的程序。然而,考虑到对亚历山大城守护神的尊敬,以及对曾经统治过亚历山大、与自己同名的舅舅的尊敬,朱利安免去了对亚历山大人的惩罚。与此同时,朱利安还写信给总督埃克迪修斯,要求他在查抄卡帕多西亚的乔治的财产时,仔细搜集其中的藏书,不要有任何遗漏或损毁。这些书籍中有许多是不虔诚的加利利人的教义,也有哲学和修辞学的书。朱利安之前为了誊写副本借用过这些书。他不希望善与恶同归于尽。

与此同时,亚他那修被召回亚历山大,重新担任主教。不久,亚他那修在这座城市和整个东方教会里的势力也得到恢复。亚他那修迅速采取措施弥合教派内部的裂痕,并采取一致行动来对付基督教教徒面临的威胁。公元362年夏,亚他那修在亚历山大城召开了由二十一位主教组成的会议。会上通过了一些提议,帮助半阿里乌派加入尼西亚派,并允许两个教派存在口头上的分歧。但亚他那修的行为超出了朱利安规定的宗教自由原则的界限。当听说亚他那

---

① 除了教会历史学家的描述,还可以参考阿米亚诺斯·马尔塞林努斯的《大事编年史》第22卷第11章。——原注
② 即决判决,又称即决审判、简易判决,是英美法系一种特色的民事诉讼制度,该制度允许法官可以不经开庭审理而直接对全部或者部分案件做出实质性的、有拘束力的判决。——译者注

卡帕多西亚的乔治被暴民杀害

修为出身高贵的希腊妇女施洗的消息,朱利安勃然大怒。于是,朱利安给亚历山大人写了一封言辞刻薄的信。在信中,朱利安表示,从流放地召回并不意味着可以恢复主教的职能,更不意味着拥有对敬畏天神的公民实施有害行为的自由,违法者必须再次被驱逐。朱利安言出必行——亚他那修离开了亚历山大城。亚他那修对自己的朋友们说道:"让我们休息一会儿吧,这只是一小片乌云,它很快就会消失。"当亚他那修在上埃及重新开始冒险、秘密发展信徒时,他在亚历山大的朋友们请求朱利安召回他。随即,朱利安又给亚历山大人写了另一封信。这封信比前一封更清楚地表达了朱利安对亚历山大城悠久历史的敬意,以及他对亚他那修的憎恶。这也表明,朱利安完全无法从基督教教徒对自身信仰及对亚他那修的拥护中认识到真正的宗教。朱利安发出了一系列呼吁:对已故的亚历山大主教的怀念;对曾在这座城市的萨拉皮斯和伊希斯的敬意;为埃及人感到羞愧,因为古埃及人曾统治以色列人,如今却信奉从犹太教中衍生出的一个教派;对永恒的太阳的崇拜,它比对一个凡人的崇拜更值得称道。最后,朱利安的呼吁变成了威胁,他坚持自己在亚他那修的事件上寸步不让的决心。他希望所有基督教新教义都集中在亚他那修身上,这样自己就能一举将其粉碎。这封信让亚历山大人认识到,在两种宗教之间犹豫不决是徒劳,也让人们相信,如果朱利安执政的时间更久一点,他就不会坚持宗教自由的宽容政策。

朱利安还有一项宗教政策是颁布了禁止基督教教徒在公立学校授课的法令。这让他受到了来自敌人和朋友的严厉批评。这项政策与朱利安对自己的使命、对堕落时代的看法有必然的逻辑联系。

这项法令有两种形式。一种是基于《狄奥多西法典》中的一条规定[①]:不得擅自任命公共讲师。公共讲师必须首先获得罗马教廷成员的认可,最终由皇帝本人批准。然而,这项法律是否专门针对基督教教徒制定,我们不得而知。

---

① 《狄奥多西法典》,第13卷,第3条,第5款。——原注

另一种形式在朱利安的信中解释得更加明确。在信中，朱利安的主张不容置疑：负责青年教育的人，必须具备良好的道德和正确的价值观，这一点至关重要。从这一点出发，朱利安推导出一项与教师有关的禁令。人们认为，这个禁令是对基督教教徒的迫害，甚至连曾经拥护朱利安的、冷静客观的阿米亚诺斯·马尔塞林努斯也声称它是"邪恶的"。朱利安明确指出，尽管修辞学教师和哲学教师必须阐释古代经典，但他们如果认为这些经典完全是错误的，或者在针对哪种信仰最重要的问题上误导学生，就不能胜任教师这份工作。像这样的教师应该放弃自己的薪酬，而把研究局限于马太、路加和其他真正尊敬的作家身上。这些教师不用被迫参加神殿的活动，但必须在职业和基督教信仰之间做出选择。

根据我们在第3章中谈到的当时教育的一般特征，以及朱利安认为希腊文字和希腊宗教是不可分割的一个整体，我们认为朱利安有充分的理由制定这项法令。我们也许可以得出这样的结论：在这一点上，朱利安比他的批评者更有远见，因为对那些仅仅研究作品的形式却轻视其潜在思想的人来说，他们不可能全心全意地忠于古代哲学家和诗人。朱利安如果更有远见，可能就会发现，通过教授古代经典，不管多么残缺和片面，古希腊文化的元素都会逐渐渗透到基督教教义中，并最终将许多希腊元素与来自巴勒斯坦的原始概念融合在一起。

然而，朱利安不希望看到这样的融合。他怀着一种只有宗教狂热者才能理解的坚持，相信通过合理地引导，他的臣民在学习和欣赏古希腊人的杰出思想和丰富生活的过程中，会洗去基督教几个世纪以来对他们的影响——正是这些影响一直在削弱希腊文化。

然而，朱利安对基督教教徒的宽容得到的是忘恩负义的回报，这一点令他十分愤慨。基督教教徒把希腊哲学家和演说家的工作归结为向基督教的道歉和讲坛上的诡辩，并批评纪念优秀的希腊哲学思想和杰出人物的活动。如果不了解这一点就无法理解朱利安为何会颁布这项法令。在奥利金学派的基督教思想中，甚至在希波的奥古斯丁等基督教领袖的作品中，肯定能找到一些基督教教徒对古希腊思想的感激之情，但其中总夹杂着怜悯或轻蔑的感情。对朱利安这样狂热的希腊信徒来说，这种轻蔑比仇恨更具侮辱性。

很难说这项法令产生了多大的实际效果。前文提到过的朱利安求学时的好友普罗埃雷修斯，因此辞去了在雅典的教师职务。很受欢迎的修辞学教师维克多里努斯[①]曾迟迟不愿公开自己的宗教信仰，现在却毅然放弃了教师职业，承担由此带来的一切后果。一些受过教育的基督教教徒希望自己的孩子能接受文学教育而不受反基督教法令的影响，于是开始了一场奇怪的反攻。叙利亚人阿波里拿留父子共同创作了一部脱离正统的古希腊文学形式的基督教文学作品，并创造了一种"与基督教信仰相一致的语法"[②]。这是一部以史诗和戏剧形式呈现的《圣经》，是一部柏拉图式对话版的《福音书》！阿波里拿留父子得到同时代人的赞许和钦佩。他们的创作为基督教青年信徒提供了精神养料。当然，年轻的基督教教徒很快就有机会在更广阔的牧场上汲取养料，这是件好事。有朝一日，某位来自蛮族的天才会赋予来自东方的基督教一种新形式。而这项任务不是亚细亚或希腊的古老宗教能做到的。

除了朱利安通过法律或行政手段对宗教事务的直接干预，还有很多行动是以间接的方式进行的。这不仅引起了许多基督教教徒的不满，而且激起了中间派的批评，例如诡辩家赫塞博利乌斯这样的叛教者。他在朱利安死后又再次改教。看到像这样的人备受青睐，一定很让人恼火。像朱利安这种崇尚信仰和真理的人，对一个多神教教徒为了使自己所在教区的神殿不受践踏而违心接受基督教主教之职的行为大加赞赏[③]，这是可悲的。更可悲的是，我们看到，倡导文明和谦恭的朱利安竟然出言侮辱一个批评自己的老主教，虽然后来这位

[①] 参见《奥古斯丁的忏悔录》第8卷中关于维克多里努斯的有趣描述。——原注
[②] 君士坦丁堡的苏格拉底：《教会史》，第3卷，第16章；索佐门：《教会史》，第5卷，第18章。——原注
[③] 佩加西乌斯的故事，参见朱利安的第78封信。——原注

希波的奥古斯丁

老主教免于受罚①。一个可悲但不容否认的事实是，当城市暴民对亚历山大、阿瑞托萨、加沙等地的异教徒实施暴行时，他们受到的惩罚远没有像恺撒里亚和埃德萨这种动荡的基督教教区成员受到的惩罚严厉②。对一个拥有无上权威的宗教人士来说，是否有可能在不带偏见或不采取暴力手段的情况下，为宗教事业服务，这很难说。当然，朱利安并不具备这种不偏不倚的态度。

---

① 卡尔西登的盲人的故事，君士坦丁堡的苏格拉底：《教会史》，第3卷，第12章；索佐门：《教会史》，第5卷，第4章。——原注
② 参见朱利安的第43封信。——原注

第 11 章
朱利安的立法工作和行政改革

精彩看点

朱利安的实践和理论——罗马帝国法律的不同来源——朱利安改革司法和财政——朱利安对行政管理和司法审判的个人兴趣——规范上诉程序和促进公平审判的法律——减轻公共负担的法律——公共邮政制度——制止滥用公共邮政系统的尝试——向贫困地区的人提供豁免权——享有豁免权的特殊阶层——市政机构的改革——其他方面的法律——对犹太人的政策——重建犹太圣殿的计划——重建计划的失败之谜——对朱利安重建犹太圣殿的猜测

为人君者有如天上的星宿，能致福亦能致祸，他们本是尊贵，却无法安息。

——弗朗西斯·培根

现在，我们把目光从朱利安的宗教改革思想和行动方针，转向他在立法和行政方面的基本政策。虽然朱利安的确在立法和行政的改革中展现出了不同的一面，但我们不能像一些理论家和政治家一样，把他看作一个全新的人物。正如我们看到的，朱利安是一位高度理想化的哲学家，相信自己的使命是进行宗教改革和管理一个庞大的帝国。然而，他并没有向我们展示三重身份。朱利安的宗教改革原则已被证明是其哲学思辨和实践的重要组成部分。在治国理政方面，朱利安完全是哲学改革家的做派。这并不意味着他的政策是空想或不切实际的，而是指这些政策是一种建立在一般原则基础上的规则。当然，这些原则只适用于开明的专制统治。朱利安崇尚希腊主义并不代表他渴望回到希腊共和政体的黄金时期。朱利安在写给一些历史悠久城市的公民的信中，特别是雅典、阿尔戈斯和亚历山大城，的确显示出在我们看来是一种对古代文明的过分推崇，但这份推崇并不意味着授予这些城市的公民任何特殊权利。朱利安推崇繁荣的城市生活，可能既出于政治目的，也出于经济目的。他对罗马元老院和古罗马共和政体的推崇，可能不仅仅出于情感，但共和政体的基本原则已经不适用于罗马帝国当时的政治体制。任何理智的人都明白，要恢复共和制是不可能的。也许朱利安没有意识到共和制已经被摧毁，或者没有看到自以亚里士多德的思想为执政指导时代以来，世界发生了多么大的变化，正如我们这个时代很少有人能区分现在的政府与通过《权利法案》[①]时的政府之间的区别。作为"公民的牧羊人"，朱利安追求的是更大的繁荣，而不是扩大化的政治自由。作为哲学家，朱利安仍然可以把政治自由作为修辞练习的主题；但作为政治家，除应付城市发生的暴乱之外，朱利安很少关心政治自由。

在某种意义上，一个既参与公共事务管理又思索深奥问题的人，必然会觉得自己过着两种生活。由于实践和思考激发了不同的能力，他可以从不同的角度来看待人生。朱利安强烈感受到了这种反差[②]。但在当时，公共事务的性质使这种反差不像其他时代或国家表现得那样明显。首先，在当时的罗马帝国，治国之道几乎没有用武之地。除非我们把罗马帝国和波斯帝国之间边境小国的看作是展现外交艺术的舞台，否则就不存在需要通过巧妙的外交手段来应付的外国势力。即使有需要通过外交手段维系的国家关系，也没有受到朱利安的重视。在国内，罗马帝国没有相互制衡的党派，不需要通过妥协或征服的方式来处理问题。当然，基督教不同派系间矛盾尖锐，但朱利安不屑于从中斡旋。朱利安青睐犹太人，很可能是出于对他们的同情和对其竞争对手的憎恨，而不是试图在犹太教和基督教的影响力之间找到平衡。此外，罗马帝国时期所有立法和行政命令的性质都是法学家强加给它的。这些法学家热衷于秩序和高雅，力图为罗马帝国皇帝的每一步行动找到充分的理由，却对与既得利益和权宜之计有关的法令置之不理。总的来说，在朱利安这样一位具有哲学家气质的皇帝看来，立法是一项值得自己尽全力去完成的工作。

这里说的"立法"包括许多临时颁布的法令。朱利安下达的命令，如果没

[①] 即1689年英国议会通过的《权利法案》，它标志着英国君主立宪制的开始。——译者注
[②] 朱利安：《致特米斯提乌斯的信》。——原注

狄奥多西二世

有人反对,往往都是通过执政官、总督和下级官员层层传达给人民的。其中许多法令后来被纳入公元438年狄奥多西二世颁布的《狄奥多西法典》,尽管有不少条款此前就已经废止了。朱利安的一些法令出现在他公开或私人的信中,还有一些则记录在历史学家和演说家的陈述中。一些法律文件已经被毁,还有一些遗留的文本模糊不清。尽管如此,我们还是有足够的材料来大致了解罗马帝国的统治者要面临的困难,以及他是如何努力应付这些困难的。

朱利安执政时期,整个罗马帝国似乎都面临两种同一根源的弊病,一是司法制度既不明确又不完善,二是人民负担既沉重又不平等。这些都是无法根治的顽疾,但政府可以出台一些措施对其加以限制。在朱利安的立法中,我们看到了这样的举措:各地改革的目标都是加强中央政府对所有公职人员、司法人员、财政人员和军事人员的管控。即便因此有可能得罪有权有势的人,也要试图在某些方面减轻公民的负担。朱利安还通过临时救济措施来解决暂时的困难,并在罗马宫廷和政府公共开支中开源节流。

根据历史学家阿米亚诺斯·马尔塞林努斯的说法[1],朱利安重视公平和正义是为了实现他的愿望——让因人类的罪恶而被驱逐的正义女神回归。阿米亚诺斯·马尔塞林努斯认为,朱利安的立法政策中出现了一些与他的初衷不一致的例外,即宗教措施。在我们看来,这些宗教措施与朱利安提倡的公平和正义并不矛盾,是对某些阶级特权表现出的中立态度。因此,我们认为,阿米亚诺斯·马尔塞林努斯的观点不如朱利安的观点开明和公正。利巴尼乌斯对朱利安的赞美则不那么含蓄。他强调,对朱利安而言,行使司法权的具体事务,不仅是一项严肃的职责,而且有着极大的乐趣。当联想到法庭开庭时的情景、朱利安接受的教育和他的喜好时,我们很容易发现,法庭辩论对朱利安来说是一种耳目一新的娱乐,仅次于处理军队事务和财政事务。利巴尼乌斯说:"朱利安虽然有权把这种劳神费力的工作交给最有学问、最清廉的法官,但还是愿意尝试献身司法事业,全情投入、为之而战。另外,对朱利安来说,审判案件不是战斗,而是一种消遣。他能轻而易举地分辨辩护人的不实之言,抓住每个案件的关键,用令人难以置信的机智和真实论据驳倒虚假的论点,用法律的手段来驳斥诡辩。"[2]利巴尼乌斯接着描述了朱利安的一次审判,以及朱利安犯的一个错误。在案件审理过程中,朱利安怀疑原告使用了伪造的文件。然而,由于被告没有发现或不能证明这种欺骗行为,"作为法律的奴隶",朱利安只能做出

---

[1] 阿米亚诺斯·马尔塞林努斯:《大事编年史》,第25卷,第4章。——原注
[2] 利巴尼乌斯为朱利安写的《墓志铭》(C.W.金译,第178页到第179页)。——原注

了有利于原告的判决，同时对原告的伪造行为进行训诫。"这样一来，朱利安既没有触犯法律，又惩戒了罪犯。"由此可见，罗马帝国的法庭做出的裁决通常比较公正，也不那么迂腐，否则就不会有形形色色的人涌向法庭，寻求庇护，躲避压迫和不公。

罗马帝国皇帝可以通过三种司法实践参与具体案件的审理[①]。第一种是诉讼一方在初审前可以请求皇帝在祈祷日亲自听审，或由皇帝指定的法官审理。一般来说，针对当事人的呈请书做出的书面答复由皇帝的顾问起草，裁决书由法官宣布。皇帝本人不需要亲自参与。然而，就像前面提到的，朱利安很喜欢参加审判，比起他的前任和继任者，他亲自参与审理的案件在数量上要多得多。

在朱利安的立法中，请皇帝介入司法审判的第二种方法是案件当事人提出上诉。上诉是指当低于执政官级别的地方法官对案件做出裁决之后，一方当事人如果对判决不服，可以提交申请，由皇帝本人做出最终判决。这种最终判决可以由皇帝委托给一个行政长官，也可以由皇帝在其顾问委员会中宣布。顾问委员会是由罗马帝国的重要官员组成的政务委员会。当然，皇帝也可以亲自到罗马元老院或者君士坦丁堡元老院去解决这个问题。朱利安已经赋予君士坦丁堡元老院与罗马元老院同等的权力。在《狄奥多西法典》中，我们找到了朱利安执政第二年的法律条文。它被用于促进和规范就低级法官的裁决向高级法官提出的上诉，或针对高级法官的裁决向皇帝本人上诉[②]。这类上诉必须在宣判后三十天内进行，同时必须提供必要的书面陈述；上诉案件必须由行省的主事官员提交给皇帝任命的行政长官处理。如果在规定期限内上诉的行为受到威胁，那么超出期限的案件仍然可以上诉。

第三种方法是（法官的）报告或质询。它是指在遇到一些棘手的案件时，法官听取陈述和了解证据后，将案件提交给皇帝裁决。鉴于人们抱怨许多主事

[①] 威廉姆斯：《罗马公法》，第611页到第612页。——原注
[②] 《狄奥多西法典》，第11卷，第30条。——原注

官员未能在这方面履行职责，朱利安制定法律①，重罚玩忽职守的官员。

除在初审和上诉中听取审判和组织审判疑难案件之外，朱利安还致力于推动司法行政改革，纠正错案，帮助那些想要平反冤案的人摆脱没有节操的辩护律师的诡计。如果阿米亚诺斯·马尔塞林努斯的描述可信，那么这些辩护律师是整个司法体系的祸根。②在阿莫尔戈斯发现的朱利安统治时期的铭文中记载了审理一般案件的规定。其中规定，禁止人们收回出于非法目的而支付的款项，特别是用于贿赂的款项。③朱利安废除了君士坦丁大帝制定的一条法律。该法律允许未到法定结婚年龄的已婚妇女出售其财产。④朱利安废止了诉讼当事人可以推迟审判日期的制度，哪怕诉讼当事人住在遥远的地方。⑤朱利安还规定，因诉讼主要当事人死亡而中止诉讼属于违法行为。⑥通常，法律应该是用来维护人们长期以来的习惯，但朱利安对法律做出了这样任意而创新的规定，着实令人不解。

或许，在朱利安自己和同时代人的眼中，更重要的工作是减轻和平衡公民的负担⑦。我们已经看到，当时整个罗马帝国的公民都被课以重税，并且征税的方式给人们造成了巨大的痛苦，国家得到的实质性好处却十分微小。农业、手工业和商业都要缴纳重税。一般来说，定期缴纳帝国税和地方税由每个地区的官员和富裕公民负责。这些人主要是元老院成员或十夫长。这种税收制度严重打击了公民的爱国热情。为了最有效地征收税款，进行税收评估的人自然会努力将个人限制在行会之中。这些拥有财富和地位的公民本来应该作为当地人的领袖担当保护者的角色，但他们宁愿逃避这种角色，因为它带来的义务

---

① 《狄奥多西法典》，第11卷，第31条。——原注
② 阿米亚诺斯·马尔塞林努斯：《大事编年史》，第30卷，第4章。——原注
③ 《狄奥多西法典》，第2卷，第29条；阿米亚诺斯·马尔塞林努斯：《大事编年史》，第22卷，第6章。——原注
④ 《狄奥多西法典》，第3卷，第1条，第3款。——原注
⑤ 《狄奥多西法典》，第2卷，第5条，第1款。——原注
⑥ 《狄奥多西法典》，第5卷，第12条；第11卷，第16条。——原注
⑦ 赫尔曼·席勒：《罗马帝国史》，第3卷，第1章，第6节。——原注

远超它赋予的特权。对这种情况，像任何一个严肃的财政大臣一样，朱利安的目标是双重的：一、通过节省政府开支来减少税收；二、严格立法，防止那些应当承担缴税任务的人逃避其义务。在某些情况下，朱利安还直接向商人下达指示，努力解决造成当地财政困境的根本问题。从朱利安对安条克人采取的措施来看，最后的权宜之计并没有取得显著成效。接下来，我们将主要讨论朱利安更广泛的经济立法。

我们在第7章已经介绍了朱利安在宫廷中采取的迅速而果断的改革措施，这可能源自他坚持的哲学思想和财政准则。然而，作为一项经济改革，朱利安还规定了宫廷中服役人员的规模。他规定，只有干实事的人才可以得到配给，而被列入冗员名单的人则停发给养。① 朱利安还颁布了一项法令，规定士兵行军时的酬劳从他们离开住处时算起。② 然而，在朱利安看来，最行之有效，也最热切希望实现的是对公共邮政系统的改革。③

从罗马帝国早期开始，维持政府有序运行的一个最基本要求就是保障遥远的行省和首都之间良好的交通。这项要求推动了罗马宏伟的道路建设。比起现存的其他遗迹，这些道路似乎更有力地证明了罗马人在事业上的决心和对成就的坚守。让我们设想一下，公元4世纪时这些道路上的情形：为了处理私人或国家的事务，旅行者乘坐或驾驶各种交通工具来来往往、行色匆匆；道路旁设有为旅行者提供便利的驿站，有些是用于更换牲畜的停歇之地，有些则是为风尘仆仆的旅行者提供的住所，以减轻劳累、确保安全。要维持这些驿站运转，需要持续提供牲畜、草料和人的饮食，这是一项非常沉重的开支。这些开支都落在了元老院成员的肩上。在罗马帝国早期，一些更强大、更具政治家风范的罗马帝国皇帝，如哈德良，曾为了减轻各行省的重负，下令由国库支付维持公共邮政的开支。然而，在朱利安执政时期，这项开支已经移交给各行省。

---

① 《狄奥多西法典》，第6卷，第24条，第1款。——原注
② 《狄奥多西法典》，第7卷，第4条。——原注
③ 罗马公共邮政系统，请参阅E.E.哈德曼博士的论文《罗马帝国邮政时代的历史真相》。——原注

从当时历史学家和演说家遗留下的文件中①，我们看到了人们对这个沉重负担的抱怨。更令人恼火的是，在各地负责这项事务的人从自己的工作中几乎得不到任何好处。罗马帝国设立邮政系统的初衷不是为了方便私人旅行或运送货物和信函，而是为担任要职的罗马帝国官员服务。特别是在君士坦丁大帝时代之后，这个系统还被用于快速转移军队和一切军需与给养，甚至包括士兵的家眷。与此同时，高级官员有权发放一定路程的免费通行证，有时甚至包括免费在驿站住宿。皇帝自己经常使用这种权力。当主教会议频繁举行时，使用这些免费通行证的主教便成了人们诟病的对象。同时，对那些来回奔波巡查的罗马帝国情报人员（他们常常因被视为间谍而遭人痛恨）来说，借助这一系统，自己的巡查可以完全不受经济因素的限制。很明显，在君士坦提乌斯二世这位多疑的皇帝统治之下，贪婪的官员有很多机会既可以让自己和朋友免费旅行，也可以将许多公用的牲畜、马车和各种必需品挪作私用。

无论是朱利安的朋友还是敌人都曾证实，朱利安试图极力纠正这种对公共邮政资源的滥用。朱利安仍然向自己邀请的哲学家和其他朋友发放免费通行证，但这似乎是对皇帝权力的合法使用而非滥用。教会历史学家君士坦丁堡的苏格拉底说："朱利安改革了公共旅行和运送必需品的方式。他废除了在这个过程中使用骡子、牛和驴的做法，只允许使用马匹运送必需品。"这些厉行节俭的措施得到了少数人的赞扬，受到了更多人的强烈谴责。这种简朴的作风常常损害了帝国的尊严，因为它去除了彰显帝国威严的装饰，而这些华丽精美的装饰对平民的心灵有着巨大的影响。②利巴尼乌斯描绘了一幅令人毛骨悚然的画面③：不堪重负的城市、愤怒的旅行者和因过度劳累而在解开缰绳后痛苦死去的牲畜。利巴尼乌斯说道："朱利安采取的一系列措施结束了这种混乱，

---

① 阿米亚诺斯·马尔塞林努斯：《大事编年史》，第19卷，第11章；第21卷，第16章；利巴尼乌斯为朱利安作的《墓志铭》，第569页等。——原注
② 君士坦丁堡的苏格拉底：《教会史》，博恩译，第3卷，第1章。——原注
③ 利巴尼乌斯为朱利安作的《墓志铭》。——原注

包括禁止一切非绝对必要的邮政运输；宣布发放和接受免费通行证的人都可能被追责；命令部分官员自己饲养牲畜，以供其他人在需要时可以租用它们。"利巴尼乌斯接着表示，从这时起，为公共运输饲养牲畜的人有义务偶尔给牲畜提供适当的锻炼。这说明牲畜过度劳累的时代已经结束了。

收录在《狄奥多西法典》的部分法律条款是朱利安进行邮政系统改革的证明。例如，当听说有人抱怨主事官或行省总督经常发放免费通行证、让邮政系统不堪重负时，朱利安收回了低级官员的这一权利，并将其限制在执政官手中。地方官员拥有数量有限的、由皇帝亲自签发的免费通行证，但所有公共交通工具必须严格用于指定的业务。地方官员安排军用物资运输时必须遵守规定，不得使用含糊不清的措辞扩大通行证的发放范围。在征得地方官员同意的情况下，公共工程的承建人可以使用免费通行证，但修建私人建筑时严禁使用。[①]在撒丁岛，养马既不方便又无利可图，所以尽管当地运输物资的车辆仍须听从指挥，但邮政系统也不再养马备用，想用马的人必须自备。[②]对朱利安的前任和继任者来说，他们制定的许多法律似乎与朱利安的改革目标一致。但朱利安颁布的法律是如此激进，在他短暂的统治时期出台的法律条文如此之多，并且显然在一段时间内收效显著。因此，我们有理由相信邮政体制改革是朱利安国内政策的一个特别组成部分。

道路的修建和维护并没有按照与公共邮政完全相同的原则进行管理。因为它们的存在是为了公众的利益，而不仅仅是为了政府的利益。罗马的道路没有通行费，修建和维护工作似乎按地段分配给某些个人。这些人可能是道路途经地区的土地所有者。朱利安制定的一条法律印证了这样的分配政策，并规定了这些负责修建和维护道路的人的责任[③]。

---

① J.S.里德博士认为公共工程的承建商也经常同时修建私人建筑，因此很难用法律阻止他们的行为。——原注
② 《狄奥多西法典》，第8卷，第5条，第16款。这条法律有时被认为是由朱维安制订的。——原注
③ 《狄奥多西法典》，第15卷，第3条，第2款。但这条法律文本表述模糊不清。——原注

然而，按照罗马帝国的规模建造的公共工程是为了确保经济发展和秩序稳定，仍然需要大量资金来维持。而筹集这些资金对某于些人来说往往是一个沉重的负担。朱利安的税收政策涉及三项原则：给实属贫困者减免；授予最应受到鼓励的人或阶层豁免权；坚决打击逃避纳税义务的人。

在减免税收的例子中，有一个是对色雷斯人的请求做出的回应。朱利安在回信①中解释说，减免色雷斯人应当缴纳的全部税款对罗马帝国的其他公民来说并不公平。但朱利安承诺将部分税收用于维持军队建设，保证色雷斯人的和平与安宁，并且承诺减免色雷斯人的部分税款。朱利安还免除了犹太人的重税，并承诺说服犹太主教减轻教区居民的负担。②犹太人也不必按惯例给皇帝打造金冠。除了贵金属税，阿非利加行省拖欠的大部分赋税可以被免除③。在《狄奥多西法典》中，豁免的界定更加宽泛。那些被免除土地税的人也将免于缴纳在中世纪被称为征发的实物税④。但科林斯人和阿尔戈斯人相互串通、索取贡品。这引起了朱利安的注意，因此他禁止科林斯人未经皇帝授权从阿尔戈斯收集贡品⑤。

在获得豁免权、免于纳税的阶层中，级别最高的是医生⑥。一直以来，医生都享受这种优待⑦。朱利安延用君士坦丁大帝制定的政策，给予医生特殊待遇。此外，免于纳税的人还包括在政府工作满十五年的顾问或办事员，在政府部门从事情报工作达到一定年限者，养育了十三个以上孩子的公民，以及参加过十次以上战役的士兵。然而，总的来说，朱利安最担心的是元老院的成员人数不断减少。我们已经提到过，朱利安制定法律要求元老院成员履行征收税

---

① 朱利安的第47封信。——原注
② 朱利安的第25封信。——原注
③ 《狄奥多西法典》，第11卷，第28条。——原注
④ 《狄奥多西法典》，第11卷，第12条，第2款。——原注
⑤ 朱利安的第35封信。这封信的真实性和可能出现的场合，见卡蒙的《论朱利安几封信的真实性》，第21页。——原注
⑥ 《狄奥多西法典》，第12卷，第1条，第55款、第56款。——原注
⑦ 《狄奥多西法典》，第13卷，第3条，第4款；第4卷，第27条，第2款。——原注

款、维护邮政系统等职责。他还规定，一个被授予公民权的荣誉市民，如果在别的城市还有尚未履行的作为元老院成员的职责，就不得豁免其作为新公民应承担的责任，特殊情况除外。这里的特殊情况是指由朱利安任命的重要人员。也许，朱利安这样做是为了改善城市管理，公平地征收税款。利巴尼乌斯说，为了逃避元老院的职责，一些城市的管理机构变得仿佛衣衫褴褛的老妪。

还有一个难题涉及土地的税收。就像许多中世纪甚至现代的立法者不得不做的那样，朱利安必须做出规定，当土地被出售或转租时，国家不会因此而失去税收。任何人都不允许拖欠土地税。①

我们还发现了朱利安制定的许多针对其他问题的法律。这些法律并不完全属于司法或公共财政的范畴。例如，当买卖出现争议时，会有一名测试员来检测钱币的质量、调停纠纷。此外，有一项法律为持有土地四个月以上的拥有者提供保障②，还有一项法律规定了婚姻契约的效力③。一项奇怪的与葬礼有关的法律④可能被认为是朱利安的宗教立法，其中严令禁止在白天举行丧葬游行、扰乱坟墓或从坟墓中取走遗骨的行为。我们已经发现，并且不得不再次认识到，朱利安厌恶甚至蔑视迁葬殉道者遗骨的习俗和将其神龛当作神殿供奉的习俗。我们在《狄奥多西法典》中看到的任命教授和校长的法令，并不专门针对基督教教徒。朱利安试图以此确保被任命者的品格。

总的来说，朱利安的立法的主要目标与其前任和继任者十分相似，即减轻罗马帝国的财政负担。虽然朱利安朝着财政紧缩和税收改革的方向做出了非常积极的努力，他渴望伸张正义，并希望关照那些他认为需要照顾的人，但他的努力注定要走向失败。

前文我们提到，朱利安为减轻犹太人受到的压迫采取了措施。现在我们

---

① 《狄奥多西法典》，第11卷，第3条，第3款。——原注
② 辛马库：《书信集》，第10卷，第39条。——原注
③ 《狄奥多西法典》，第3卷，第13条，第2款。——原注
④ 《狄奥多西法典》，第9卷，第17条，第5款。——原注

来了解一下朱利安对犹太人的总体政策。朱利安人生中有一段不同寻常的经历，那就是他曾经试图重建耶路撒冷的圣殿，却以失败告终。虽然朱利安本人的作品、阿米亚诺斯·马尔塞林努斯的叙述及教会历史学家和演说家的文章中[1]都提到了这个计划及其失败的命运，但仍有一些地方需要澄清。据阿米亚诺斯·马尔塞林努斯的说法，朱利安斥巨资重建耶路撒冷的圣殿，并由博学、值得信赖的安条克人阿利皮乌斯去实施。阿利皮乌斯曾经管理过不列颠行省政务[2]。尽管阿利皮乌斯在教区长的协助下积极地开展工作，但很快，重建工作因一场大火而受到阻碍。大火发生在神殿的地基附近，导致施工无法继续，还有一些工人在火灾中丧生。因此，重建工程被迫搁浅。当我们将这一简短的叙述与更多参考文献进行比较时，我们发现，对朱利安开展重建耶路撒冷的圣殿的动机、犹太人在其中的贡献及这场灾难的性质，历史学家有不同看法。

反对朱利安的人指出，朱利安重建耶路撒冷的圣殿的行动包含了亵渎神明的企图，他想以此证明《先知书》和《福音书》中暗示圣殿永远不会重建的预言是错误的。这种解释十分牵强。如果《旧约》中早有这样的预言，那么犹太教教徒和基督教教徒都会谴责这种冒险行为。正如一位教会历史学家说的，朱利安此举不可能是出于对犹太人的偏爱或"使他们改信多神教"的目的。但当我们考虑朱利安对犹太人和犹太教的看法时，我们在君士坦丁堡的苏格拉底的叙述中找到了解开这一谜题的答案：朱利安询问犹太人为什么不按照摩西的仪式献祭，当被告知该仪式只有在耶路撒冷举行才符合规矩时，他便下令重建所罗门圣殿，并承诺支付费用。正如我们看到的，朱利安虽然反对犹太教作为普世宗教，但认为犹太教作为犹太民族的宗教是值得尊敬甚至令人钦佩

---

[1] 朱利安与犹太人的交往，以及他重建耶路撒冷的圣殿的尝试，参见朱利安的第25封信；阿米亚诺斯·马尔塞林努斯的《大事编年史》中第23卷，第1章；以及一些教会历史学家的描述，尤其是教会历史学家君士坦丁堡的苏格拉底的《教会史》，第3卷，第20章；索佐门的《教会史》，第5卷，第22章；狄奥多勒的《教会史》，第3卷，第20章；还有格列高利·纳西昂的《第二次抨击》。——原注

[2] 朱利安的第29封信和第30封信是写给阿利皮乌斯的。——原注

朱利安重建圣殿

的。当然,在朱利安看来,犹太文化不如希腊文化,就像犹太人不如希腊人一样。但如果犹太教适合犹太人的精神,那么让犹太人对其保持忠诚也无可厚非。现在,犹太教如果再度与本地文化结合并得到官方认可,就会在罗马世界的宗教中占有一席之地。在更文明、更开明的制度下,信徒们不必害怕改变信仰。犹太教也不再被视为基督教的先驱。恢复犹太人的圣殿,使犹太教不再成为反对全新的净化的希腊文化的敌对力量。与此同时,犹太教教徒和基督教教徒之间的差异将因此而加剧。

如果重建圣殿是朱利安的主意,那么最先尝试去实现它的是犹太人吗?他们的合作到了什么程度?这个问题在不同人的叙述中有不同答案。然而,可以肯定的是,当时犹太人中普遍存在不安和不满。因为在朱利安即位之前,一项非常严厉的法律禁止一切改变信仰的行为。犹太人很可能希望从新皇帝那里得到解脱,希望朱利安采取与君士坦丁大帝及其继任者迥然不同的政策。从朱利安的信中,我们已经了解到,朱利安曾与犹太主教进行友好交流。朱利安以最高祭祀的身份称对方为"我的兄弟",将这位犹太主教的名字希勒尔希腊化为"尤洛斯"。许多权威文献显示,犹太人很愿意提供帮助,不仅提供劳力,还提供金钱。如果是这样,朱利安独自承担重建耶路撒冷圣殿的全部经费的说法需要修改一下。在写给犹太人的信中,朱利安说,他希望从波斯战场回来时,能看到这座在他的努力下得以恢复的圣殿,并在那里与犹太人一起感谢上帝。与此同时,朱利安请求犹太人为此祈祷。

关于后来发生的那场灾难,最有可能的假设是发生了一场地震。史料记载,距犹太圣殿不远的地方发生了一场地震,并伴随着一场火灾。至于火灾因何而起及其发生的确切地点,说法不尽相同。根据格列高利·纳西昂的叙述,人们在暴风雨和地震中惊慌失措地逃到一个圣地,火灾就发生在这里。这引起了人们的猜想①:在混乱中,一群犹太人袭击了圣赫勒拿教堂,但被人用燃烧的木头击退。无论如何,整件事都朝着一个悲惨的结局发展。也许朱利安更倾向于相信是权天使反对自己的重建提议。他把后来发生的事情说成是尘世事物变化无常的例证。如果朱利安把重建事业坚持下去,结果会怎样,我们无从猜测。但我们相信,新希腊主义和保守的犹太教之间的联盟既不坚固,也不会长久。

---

① 1893年7月,迈克尔·阿德勒拉比在《犹太季刊》上发表了一篇有趣的文章。他在文章中讨论了朱利安与犹太人的关系,以及朱利安重建圣殿的计划和尝试。迈克尔·阿德勒清楚地指出,朱利安尽管并不熟悉希伯来语,但对犹太制度和希伯来圣经非常熟悉。朱利安还引用犹太法典《塔木德》的话反驳犹太教的一些观点,这是希腊哲学家惯用的手段。至于重建圣殿,迈克尔·阿德勒的结论是:重建仅仅是一种设想,从未真正付诸行动。当代犹太人的著作和公元6世纪叙利亚人的记述中根本找不到关于这个故事的只言片语,它只是格列高利·纳西昂的杜撰。尽管迈克尔·阿德勒提出的假设与朱利安的记述一致,我们还是很难接受阿米亚诺斯·马尔塞林努斯抄袭了格列高利·纳西昂对重建犹太圣殿的记录。犹太人的著作中既没有对重建圣殿的任何记录,也没有对朱利安表示感激的只言片语,这是一个令人费解的事实。但历史学家格沃特金教授认为,自己找到了犹太人对朱利安的感激之言。根据迈克尔·阿德勒的说法,犹太人对朱利安的好感被扼杀在萌芽状态,因此对朱利安对犹太人表达善意的尝试缄口不言。——原注

第 12 章

朱利安的文学消遣及他与犬儒学派的论战

精彩看点

朱利安文学作品的特征——现存朱利安的主要作品——啤酒和管风琴的诗——《恺撒》——对玩笑与讽刺语言的应用——《驳斥犬儒赫拉克利乌斯》——反对犬儒学派对待神话的方式——朱利安以自己为原型创作的故事——《致没教养的犬》——犬儒学派的起源与发展——新犬儒学派的兴起——朱利安反对犬儒主义——犬儒学派和基督教的关系

让我的灯火，直到夜半，
还在孤独的高楼里闪烁，
或有时繁星虽已倾落，
我还在钻研赫尔墨斯的巨作，
或唤醒柏拉图，听他解说。

——约翰·弥尔顿《幽思的人》

如果研究朱利安与当时哲学和宗教的关系，或者研究他在军营和议事厅创作的作品，那么就其文学成就，我们在三个方面印象深刻：第一，他是一位勤勉、多产的作家；第二，他的文学作品与自身事业的计划和成就息息相关；第三，自他离开雅典前往梅蒂奥拉努那天起，文学就被他当作一种高尚而发人深省的消遣。尽管朱利安认为牺牲大量时间、放弃享乐去追求文学是值得的，但在他的心目中，文学仍然居于次要地位。为了满足自己对阅读和写作的兴趣，朱利安不得不挤出睡眠时间。作为励精图治的统治者，朱利安将文学放在次要地位的做法虽然值得称道，但这也影响了他的文学成就。大多数朱利安的读者，都可以从他的作品中嗅出挑灯夜战、仓促而就的味道。如果了解到，朱利安花了三个晚上便写成《致赫利俄斯的颂词》,两天便写成《驳斥犬儒主义者》,分别用一晚上写成《致诸神之母的颂词》和《驳斥犬儒赫拉克利乌斯》,我们会对他敏捷的才思和深厚的语言功底赞叹不已。在这种情况下,我们不可能指望朱利安能够冷静细致地对待作品。也许我们可以这样设想:这些文章写得太仓促了,朱利安如果多花些时间,也许会开创一种更精巧的文学风格。在日常处理的严肃的政务与军务的影响下,朱利安出于热爱而做的演说稿与纯粹的文人作品有很大区别。

考虑到朱利安写作或口述的速度,我们相信他的许多作品没能流传到今天。除了我们目前可以看到的作品,朱利安其余的作品已无处可寻。例如,朱利安写过一篇讲述自己在高卢作战的文章[①],还写过一篇标题是《克洛尼亚节》[②]的文章。人们常常将《克洛尼亚节》与他创作的《恺撒》混为一谈。现在,我们也无法确定现存的朱利安作品具体的完成日期[③]。尽管如此,我们更关心的是朱利安称帝后的作品。毋庸置疑,公元361年,朱利安创作了最完整、最详尽的作品,其中包括《恺撒》与《致诸神之母的颂词》,以及至少一篇驳斥犬儒主义的文章[④]。大约公元362年,朱利安在安条克写了一篇驳斥犬儒主义者的文章,还有前文我们已经讨论过的反基督教的文章和《厌胡者》。在探究朱利安与安条克人的关系时,我们会自然而然地想到《厌胡者》这篇讽刺作品。朱利安的《致赫利俄斯的颂词》可能写于公元361年或公元362年。正如我们所见,在现存朱利安的作品中,道德和宗教的内容占很大比例,由于我们已经探究过他的神学作品中表露出的宗教与哲学观点,所以现在不妨从文学角度审视其中的一些文章。

---

① 索西穆斯:《教会史》,第3卷,第2章。——原注
② 参见朱利安的演说稿,第4篇,第157页提到过这篇文章。——原注
③ 朱利安作品的年表。施瓦茨:《朱利安传》,第6页到第15页。——原注
④ 参见利巴尼乌斯为朱利安作的《墓志铭》。施瓦茨认为朱利安的第4篇演说稿应该创作于仲夏,因为他在其中提到了至日,所以这篇演说稿应该写于朱利安离开君士坦丁堡之前。但在我看来,这个证据并不确凿。——原注

 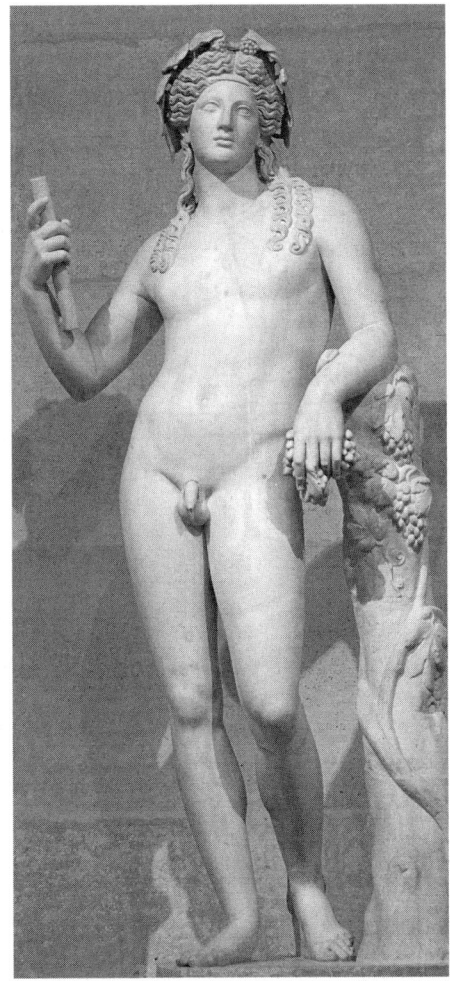

农神得墨忒耳　　　　　　　　　　　　　　　　　　　　　酒神狄俄尼索斯

　　除了散文，还有几首小诗通常也被认为是朱利安写的，但其中比较有趣的只有两首。这两首诗不仅展现了希腊人的思想，还首次提到了两件注定在西方文明中引领社会风尚的重要事物——啤酒和管风琴。朱利安似乎是在高卢认识了深受蛮族人欢迎的饮料——啤酒，但不喜欢啤酒的气味，认为这是葡萄园酿造的高贵的葡萄酒的替代品。朱利安还倾向于认为将啤酒带到人间的是农神得墨忒耳而非酒神狄俄尼索斯。当朱利安看到一种由金属风管组成的乐

原始管风琴

器靠皮制风袋产生的气流演奏,而不用靠人吹奏,感到十分惊奇。朱利安对管风琴的描述①很有意义,给音乐史学家带来了一些启发。

《恺撒》创作于公元362年,是朱利安为庆祝农神节创作的一篇讽刺散文。表面上,朱利安写这篇文章是为了开一个玩笑,但对现代人来说,这个玩笑似乎有点沉重。这篇文章的趣味主要是戏剧化的场景和人物的呈现方式,以及朱利安对历史的看法和他对罗马皇帝们的评判。

在《恺撒》中,朱利安想象在庆祝克洛尼亚节期间,战神罗慕路斯——也可以称为奎里努斯,召集诸神和所有罗马帝国皇帝参加一场盛宴。诸神端坐在奥林波斯山金碧辉煌的神殿中的宝座上,皇帝们则在月亮附近准备入场。诸神观察着皇帝们依次进殿。自始至终,坐在狄俄尼索斯身旁的西勒诺斯都在卖弄着自己的学识,说着俏皮话。事实上,在这篇文章中,西勒诺斯被描绘成小丑,是整部作品的喜剧元素。

---

① 朱利安作的管风琴小诗:
这些奇怪的簧片,当然也是一种作物/从另一块"黄铜色的区域"里疯狂地冒出来。/人的气息无法撼动它们,而响亮的声音/是从皮洞里爆发出来,它来自/底部相连的各种簧片。/熟练的演奏者用灵巧的双手,/触碰与管道相连的杆/使它们轻快地舞蹈,这样就能奏出曲调。
霍普金与林博尔特:《管风琴发展史》,第16页。——原注罗马帝国皇帝们鱼贯而入。首先进来的是尤利乌斯·恺撒。西勒诺斯嘲笑他的"野心大得足以让宙斯退位，胆魄却和小丑不相上下"。接下来走进来的是像变色龙一样见风使舵的奥古斯都。奥古斯都试图引诱阿佛洛狄忒和美惠三女神，直到被太阳神阿波罗交给斯多葛学派哲学家芝诺才恢复理智。随后进来的是又凶又丑的提比略。西勒诺斯当面提起了提比略犯下的恶行。卡利古拉打扮成野兽的样子，被正义女神狄刻抓住，交给复仇三女神惩罚。下一位入场的克劳狄乌斯一世被西勒诺斯嘲笑道，要是没有被解放的奴隶和他的妻子，克劳狄乌斯一世只不过是个无名小卒。接下来，尼禄模仿太阳神阿波罗的样子，

尼禄

手持西塔拉琴，头戴月桂枝走了进来，立刻被愤怒的阿波罗羞辱了一番。温德克斯、奥索、加尔巴和维提里乌斯在一片混乱中冲进来时，身上散发着神殿被烧焦时浓浓的烟火味。宙斯和萨拉皮斯立即派韦斯巴芗去灭火。韦斯巴芗有两个儿子，一个是提图斯，被允许与阿佛洛狄忒玩耍；另一个是图密善，被像狗

奥索

加尔巴

维提里乌斯

韦斯巴芗

涅尔瓦　　　　　　　　　　　　　　　　　　　　　　　　　　图拉真

一样用项圈拴着。西勒诺斯对接下来进场的涅尔瓦没有提出任何非议，但对诸神抱怨说，为什么如此优秀的统治者掌权时间却如此短暂？宙斯许诺，他会让罗马帝国的皇位上出现一个又一个更优秀的继承人。图拉真带着战利品进来了。接下来是哈德良，一边弹奏着七弦琴，一边忙着鼓捣各种东西。下一位进入的是安敦尼·皮乌斯，他因吝啬而被西勒诺斯大肆嘲笑。西勒诺斯尽管对马库斯·奥勒留纵容妻儿的行为十分不满，但当马库斯·奥勒留和卢修斯·韦鲁斯兄友弟恭地走进来时，西勒诺斯也为之动容并对他们十分尊重。康茂德跟不上英雄们的步伐，跌跌撞撞地走进来。佩蒂纳克斯一边走，一边悲叹自己的不幸。正义女神狄刻虽然同情佩蒂纳克斯，但指责他参与了谋害马库斯·奥勒留之子的阴谋。值得注意的是，西勒诺斯对下一位走进来的皇帝克劳狄乌斯·尤利安努斯未发表任何评论——可能是因为朱利安本人不愿提及这个名字。随后，塞普蒂米乌斯·塞维鲁一脸凶相地走了进来，西勒诺斯制造的欢乐气氛立刻无影无踪。塞普蒂米乌斯·塞维鲁的儿子被弥诺斯传上法庭，其中盖塔受到

哈德良

安敦尼·皮乌斯

马库斯·奥勒留

卢修斯·韦鲁斯

康茂德

克劳狄乌斯·尤利安努斯

塞普蒂米乌斯·塞维鲁

盖塔

接纳，而卡拉卡拉要接受惩罚。接下来登场的是血迹斑斑的马克里努斯和赫利奥加巴卢斯，两人不得不加快速度。亚历山大·塞维鲁进来独自坐在一边，哀叹自己的不幸。西勒诺斯则嘲笑他将大权交给自己母亲掌握。紧接着是戴着镣铐的瓦列里安和衣着光鲜、外表柔弱的加里努斯，两人都被宙斯禁止参加宴

马克里努斯　　　　　　　　　　　　　　　　　　　　赫利奥加巴卢斯

亚历山大·塞维鲁　　　　　　　　　　　　　　　　　瓦列里安

会。朱利安的先祖克劳狄乌斯二世的出现赢得了喝彩。诸神向他许诺，罗马帝国的皇位将由他的后代继承。奥勒利安似乎在躲避那些想要将他送上弥诺斯的法庭接受严厉审判的人。但备受奥勒利安崇拜的赫利俄斯宣称，奥勒利安已经为其暴行赎过罪。普罗布斯因建立了许多城市而受到赞誉，但西勒诺斯提醒他对士兵过于严厉。卡鲁斯和他两个儿子努梅里安和卡里努斯被正义女神狄刻赶走了。戴克里先在马克西米安和马克森提乌斯、君士坦提乌斯一世的陪同下走了进来。随行的三人对戴克里先毕恭毕敬，但戴克里先并不领情，而是把所有行李都交到他们手里，自己毫无负重地前行。诸神赞赏他们和谐的关系，而马克西米安因曾经发动叛乱而被驱逐。李锡尼也被弥诺斯赶了出来。君士坦丁大帝进来后径自入座，并且长久地待在座位上。他的儿子们也紧随其后进场。马格嫩提乌斯因恶行遭到驱逐。①

来宾进场完毕，赫尔墨斯提议在恺撒中进行一场实力较量。这个建议得到了宙斯的赞同。战神罗慕路斯急于选出一名恺撒接受神圣的荣誉。于是，应赫拉克勒斯的请求，亚历山大大帝参加了比赛。由于没有人给亚历山大大帝让位，他只好坐在了卡拉卡拉的座位上。然后，西勒诺斯和罗慕路斯就亚历山大大帝这位来自希腊的皇帝和其他罗马帝国皇帝的功绩展开了讨论。罗慕路斯称，在罗马人的心目中，亚历山大大帝是最受人尊敬的希腊英雄，但与罗马英雄相比，他的地位则稍低一些。

接下来，诸神讨论比赛的规则。他们决定，就像希腊的正式体育比赛一样，先选出战胜其他对手的参赛者，再召集这些获胜者进行比赛，这样就不用所有人同场竞技了。亚历山大大帝已经决定参加比赛。赫尔墨斯召集了另外三位征服者——尤利乌斯·恺撒、奥古斯都和图拉真。在克洛诺斯的要求下，马库斯·奥勒留作为哲学家皇帝也加入其中。马库斯·奥勒留听从召唤，款款走来，他仪表堂堂、举止端庄，丝毫不因繁重劳动留下的印记或朴素的衣着而显

---

① 令人费解的是这里没有提到加莱里乌斯，而马格嫩提乌斯被列在合法的皇帝之列。——原注

得逊色。酒神狄俄尼索斯也愿意接纳马库斯·奥勒留。可宙斯不欢迎这样的人得到神圣的荣耀，于是推荐了自己欣赏的君士坦丁大帝。接下来，诸神要求这些竞争者各自发表演讲，用滴漏来限制演讲的时间。然后，热爱真理胜过雄辩的诸神将对他们进行更深入的考察。规则确定之后，赫尔墨斯向崇尚荣耀、智慧和欢乐的皇帝们发出召唤，让竞争者抽签决定演讲顺序。尤利乌斯·恺撒第一个出场，似乎把亚历山大大帝当作劲敌，夸耀自己的战功胜过亚历山大大帝。尤利乌斯·恺撒特别强调格涅乌斯·庞培是比大流士三世更强大的对手。

尤利乌斯·恺撒

格涅乌斯·庞培

他把自己经历的小规模战争等同于亚历山大大帝指挥的规模宏大的战争,还把自己的宽容与亚历山大大帝的暴力做了对比。亚历山大大帝愤怒地反驳,尽管受到尤利乌斯·恺撒的蔑视,但正是自己为尤利乌斯·恺撒树立了榜样。亚历山大大帝并不认为格涅乌斯·庞培是一个强大的对手,并且自己没有无缘无故地攻打别的国家。亚历山大大帝指出,在埃托利亚,尤利乌斯·恺撒让罗马陷入窘境,这说明自己比尤利乌斯·恺撒更优秀。亚历山大大帝还嘲笑罗马人没能征服波斯,宣称自己是赫拉克勒斯的追随者,还为自己在军营里的严苛行为正名。不过,亚历山大大帝也承认自己引发了几起暴力事件,但事后他向"拯救女神"进行了忏悔。

波塞冬对奥古斯都一直怀恨在心,于是对滴漏做了手脚,缩短了奥古斯都演讲的时间。轮到奥古斯都演讲时,他自诩自己结束了内战,对待哲学家礼贤下士,致力于国家的复兴,他采取的顺应形势的内外政策给罗马帝国带来了繁荣。此外,他还抵挡了野心和自我放纵的诱惑。不擅长雄辩的图拉真在演讲时气势汹汹地咆哮。他提到了自己在达契亚和帕提亚发动的战争,但在他统治期间没能打完帕提亚战争。西勒诺斯提醒图拉真,不妨将自己在位的时间和亚历山大大帝比一比。西勒诺斯的嘲讽激怒了图拉真,使图拉真重新开始演讲。图拉真讲到,自己最强有力的措施都以仁慈宽厚为原则,这一点赢得了诸神的赞赏。轮到马库斯·奥勒留时,他的发言并没有强词夺理的诡辩,令西勒诺斯很意外。马库斯·奥勒留这位哲学家皇帝没有做任何辩解,只把自己交给诸神评判,因为诸神对他的功过了然于心。君士坦丁大帝深知自己贪图安逸的享乐生活而不是热衷于追求正义,因此,他有好一会儿不敢将自己的事迹与其他竞争者相提并论。尽管如此,当不得不发言时,君士坦丁大帝吹嘘自己的成就胜过了亚历山大大帝,因为自己曾与更强悍的民族作战;自己的成就胜过奥古斯都,因为自己推翻的暴君更恶毒;自己的成就胜过图拉真,因为自己再度征服了图拉真征服过的土地。君士坦丁大帝把马库斯·奥勒留的沉默理解为对自己的赞同。西勒诺斯将君士坦丁大帝的成就比作阿多尼斯节上游行的人群手中的花篮,没有根基,也没有生命力,这让君士坦丁大帝羞愧难当。

为了从皇帝们的成就中剔除财富造成的影响,诸神考察了每个人的统治宗旨。亚历山大大帝称自己的目标一直是征服万物,但西勒诺斯指责他是美酒和情绪的奴隶。亚历山大大帝试图用诡辩挽回自己的声誉,但徒劳无功。尤利乌斯·恺撒万事都要争当第一,但西勒诺斯指出他没能赢得人们的爱戴。奥古斯都的目标则是好好治理国家,并解释说这意味在统治期间自己承受着压力,给罗马人带来了安定。西勒诺斯嘲笑奥古斯都是偶像制造者,开启了罗马人对皇帝的神化。图拉真追求的目标和亚历山大大帝如出一辙,他沉迷于享乐并深受其害。马库斯·奥勒留想要仿效诸神,声称自己并不是效仿诸神以花蜜和仙馐为食,而是想遵循神的理性、克己为民,尽其所能造福大众。当西勒诺斯提起马库斯·奥勒留纵容妻儿并非明智之举时,马库斯·奥勒留用《荷马史诗》的例

福斯蒂娜

子说明要对妻子仁慈,对儿子宽容。他声称并不知道儿子康茂德会养成什么样的坏脾气,并且自己和妻子福斯蒂娜得到的荣誉只不过是遵循惯例而已。君士坦丁大帝的目标是为自己和朋友争取更多享乐。西勒诺斯指责他希望成为一名理财专家,最终却只能和厨师、理发师打交道。君士坦丁大帝再次羞愧地陷入沉默。

经过考察,诸神将冠军的荣誉授予了马库斯·奥勒留,而参赛的皇帝们都能体面离场,每个人还可以选择一位守护神。一听到这句话,亚历山大大帝立即选择了赫拉克勒斯作为自己的守护神。图拉真紧追其后,也选择了赫拉克勒斯。奥古斯都则转向阿波罗。马库斯·奥勒留投向宙斯和克洛诺斯。犹豫不决的尤利乌斯·恺撒最终得到了阿瑞斯和阿佛洛狄忒的青睐和庇护。君士坦丁大帝没有在任何一位神祇身上看到自己想要的生活。他生活淫乱而放纵,他的儿子们也是如此。他还想从耶稣那里寻求净化,这是老派而严厉的诸神所不齿的。诸神打算教训君士坦丁大帝,但宙斯赦免了他。考虑到君士坦丁大帝是克劳狄乌斯二世和君士坦提乌斯一世的后代,宙斯把密特拉安排给君士坦丁大帝的后继者——朱利安,作为朱利安的守护神。

《恺撒》这篇讽刺散文展现了精巧的构思和通俗的语言,还运用了戏剧手法,但上文的简要介绍并不足以展现原文的特征。文中对君士坦丁大帝的抨击及对其他皇帝的刻薄评价,都是为了达到讽刺效果。朱利安也没有站在公正的立场上进行创作,尤其是历史上的君士坦丁大帝并不是一个纵情享乐的人。然而,对朱利安而言,信奉基督教就意味着向形形色色的放荡行为敞开大门,而他对君士坦丁大帝的苛责正是出于这一点。《恺撒》的主题思想及展现方式体现了朱利安对历史的生动认识。可以说,朱利安一直觉得自己与过去的伟人有着密切联系。《恺撒》承认了一种现代的几乎是基督教式的美德标准,即图拉真的宽大、马库斯·奥勒留的善行和亚历山大大帝的忏悔。朱利安对这些皇帝的评价,我们并不陌生。让我们惊讶的是,《恺撒》一文还展现了朱利安看待诸神时戏谑的态度。在朱利安的笔下,西勒诺斯是一个滑稽的小丑,而狄俄尼索斯没有始终保持稳重的形象。尽管朱利安尊重诸神,尤其是宙斯和克洛诺斯,但文中不乏针对"人神之父"——宙斯的玩笑。当然,在古典文学的辉煌时期,讽刺作家和喜剧作家对诸神采取这种态度,我们并不陌生。但这种戏谑的态度与朱利安在别处表达的观点并不一致。尽管如此,我们认为玩笑与戏谑绝不代表不尊重神圣的权威。在中世纪的"信仰时代",人们对神圣的传说往往带有几分戏谑。在人类的思维发展过程中,没有什么和幽默感一样是随着年龄的增长而变化的。即便朱利安的一些笑话在我们看来很无趣,也并不意味着他不会写下典雅隽永的妙语。即使认为朱利安对待诸神的态度很不恭敬,我们也不能以此断定他对自己崇拜的对象缺乏足够的尊重。

阿里斯托芬

关于朱利安创作《恺撒》的灵感来源，米克博士认为第一部分源自《伊利亚特》第3卷众人在城墙上观战的一幕，第二部分源自阿里斯托芬的《蛙》中埃斯库罗斯和欧里庇得斯在冥府中竞争的一幕。正如我们看到的那样，在修辞作品中引入历史名人，然后借他们之口进行道德说教的写作手法，在当时十分盛行。这种文风很可能也吸引了朱利安。

朱利安的两篇驳斥犬儒主义的文章虽然带有仓促而作的痕迹，包含了他对诬蔑宗教和哲学的犬儒主义者的尖刻批评，但趣味十足。它们既向我们展示了朱利安对当时各种哲学派系的态度，又为思想家和道德家提供了一些启示，毕竟犬儒学派是一个奇特而少有人研究的流派。

显然，朱利安不喜欢以纯粹人类的模样代表诸神形象，或者以真实的人来代表神的属性。在《恺撒》中,朱利安尽可能地以故事形式展现诸神全能而非凡的力量。在《驳斥犬儒赫拉克利乌斯》的文章里,朱利安以自己为原型创作了故事,阐述了对自身肩负的使命的认识。这个故事情节生动,语言优美。人们可能会猜想,朱利安很久之前就写了这个故事,并分享给他的朋友们,然后再将其作为素材写进了这篇文章。文章讲述了一个地主的遗产之争引发的故事。一位富有、贪婪而冷漠的地主刚一去世,他的亲属纷纷开始争夺他留下的财产。这些财产因虐杀、近亲结婚和毁坏神殿的行为而受到玷污。这个悲惨的故事自然代表着君士坦丁大帝驾崩后罗马帝国的情形。在这个故事里,宙斯首先向赫利俄斯求助。然后,他们叫上命运三女神一起商议解决办法。值得注意的是,朱利安在文中让命运三女神听命于宙斯,而赫利俄斯几乎与宙斯平起平坐,随时执行宙斯的命令。最后,他们做出了决定,那就是从这场遗产纷争中救出地主并不起眼的小侄子,把他交给赫利俄斯和雅典娜守护。这个孩子长大成人后,无法忍受家族苦难,渴望藏身于塔尔塔洛斯①之中。此时,雅典娜和赫

命运三女神

---

① 塔尔塔洛斯,地狱,人死后灵魂的归处。——译者注

利俄斯让他陷入沉睡。在梦境中,赫尔墨斯引导他穿过一条崎岖小路,进入一个美丽的平原,最终到达诸神之父居住的高山。这时,赫尔墨斯消失了。男孩恳求宙斯——也有可能是其他神——为自己指明道路。这时,赫利俄斯突然现身。男孩欣喜若狂,真诚地起誓,自己将永远效忠于赫利俄斯。赫利俄斯和雅典娜发现男孩的武器并不精良,但还是告诉男孩,他必须重返人间完成自己的使命。当借助幻象看见自己的财产正在被贪婪的牧民挥霍,而他的亲戚正在纵情享乐时,男孩决心担负起使命。赫利俄斯准备让男孩替代他的亲戚。起初,男孩恳求赫利俄斯不要费力这样做,但看到赫利俄斯为此而不悦时,他承诺自己会忠诚地遵循神的安排。赫尔墨斯再次现身,担当向导引领男孩。临别,雅典娜给了男孩三个忠告:要近君子而远小人;警惕伪君子;尊敬诸神和神一般的人物。随后,赫利俄斯告诫男孩:要把朋友当作朋友对待,而不是当作仆人;像诸神爱他一样爱自己的仆从;要相信诸神永远与自己同在;永远不要屈服于自己或他人的欲望。男孩从赫利俄斯那里得到一支火炬,其圣光可以阻止男孩贪恋人间的事物;他还得到了雅典娜的头盔、盾牌和赫尔墨斯的金杖。最后,赫利俄斯承诺:男孩如果忠于自己的使命,为此鞠躬尽瘁,最终将成为神并得到宙斯的召见。

《驳斥犬儒赫拉克利乌斯》的后半部分呈现出一种漫谈的风格。其写作目的与朱利安另一篇驳斥文《致没教养的犬》相似,即试图给当时偏离了创始人崇高的道德原则的犬儒主义者定罪。

当希腊的思想和哲学渗透到罗马帝国的知识分子团体中时,与其余哲学派系一样,犬儒学派获得了新生,并试图适应变化的环境。正如当时有哲学家被称为新柏拉图主义者、新毕达哥拉斯主义者一样,朱利安抨击的哲学家被称为新犬儒主义者。[①]最初,犬儒学派是前苏格拉底式的哲学流派。犬儒学派的创始人安提西尼虽然在认识苏格拉底之前就已经有了自己独特的思考方式,

---

① 参见伯奈斯的一篇有趣的文章《卢西恩与犬儒学派》。这是伯奈斯被翻译成德语的著作《佩雷格里努斯之死》的导言。——原注

但似乎领悟了苏格拉底观点中的精髓。因此，安提西尼准备将自己的学说与苏格拉底高屋建瓴的学说合二为一，再传授给学生。安提西尼代表了苏格拉底哲学流派一个非常独特的分支，形成了一个单独的学派。犬儒学派的代表人物之一第欧根尼则以其非凡的个性更加凸显了犬儒主义注重实用的特征。安提西

安提西尼

克拉泰斯

尼、第欧根尼和克拉泰斯都是早期犬儒学派的领袖,但朱利安唯独对克拉泰斯充满敬意。为了理解朱利安对这些犬儒学派领袖及其继承者的看法,下面我们将简单地回顾一下犬儒学派的起源、发展和衰落。

与希腊其他哲学流派的哲学家不同,犬儒学派的学者没有提出与自然或人类生活相关的理论。他们鄙视一切不能在实践中得出成果的思想。犬儒学派的根本思想可以总结为一个词:自给自足。希腊历史反复告诉我们一条政治原则:每个国家都应该能够提供自己的生活必需品、奢侈品和防御手段。这种从政治领域转移到个人生活领域的自力更生的思想成了犬儒学派的道德基石。

如果对其加以分析，我们就会发现其中涉及若干影响深远的后果。人们认为"自给自足"是指将幸福生活必需的物质基础降到最低限度。为了摆脱一切使身心受损的恶习，一个犬儒主义者可以放弃舒适的家和温暖的衣服，只留下最简单的饮食。犬儒学派还涉及民族关系和社会习俗的独立性。第一个使用"世界公民"这个词的第欧根尼大胆地宣称，智者不受国家法律的约束，而受美德的约束。朱利安曾多次引用第欧根尼的座右铭——要么"伪造货币"，要么"铸造带印戳的货币"。这句话意味深长。虽然我们无法完全理解其含义，但我们自然会联想到第欧根尼早年因父亲伪造货币遭到惩罚的经历。① 有人推测，这句话可能是指当时的一种做法，即为了宣示从国外运来的金属货币的合法性，国家以适当的方式对其重新铸造。② 这个说法非常符合朱利安的哲学思想。③ 无论这句话的字面意思是指铸造货币，还是指伪造货币，或者是指铸造带印戳的货币，其内在逻辑都在于：对哲学家而言，任何既定的惯例，无论维护它的权威力量有多强大，在具有充分的理由、得到哲学家的真心认可之前，都不具约束力。

正如人们预料的，犬儒学派对艺术和文学不感兴趣，对形而上学的思辨更是兴味索然。对犬儒学派而言，与头脑中的原则相比，书籍毫无价值，解决难题最好的方法是实践，深奥的术语对只关心实际生活的人来说毫无意义。他们对传统和权威的蔑视还涉及宗教信仰和宗教仪式的问题。早期的犬儒主义者不是无神论者，但嘲笑流行的神话，远离宗教仪式，指责先知和占卜师是可鄙的江湖骗子，并且以轻蔑而怀疑的态度看待一切与冥界有关的说法。第欧根尼曾问一个渴望加入秘密宗教仪式的年轻人："你认为，在冥界，那些刚入教的税吏会享受极乐，而伊巴密浓达和阿格西劳斯却身陷囹圄吗？"朱利安非常赞同这一观点。大部分犬儒主义者坚定地认为：一个人要享受神的恩宠，就必须

---

① 参见第欧根尼的自传。——原注
② 这一观点来自P.加德纳教授。他在货币学研究中得出这一假设。——原注
③ 朱利安：《演说稿》，第6篇，第188页；第7篇，第211页。——原注

具有正义感。这一观点可能使许多高尚的人在对待犬儒主义者时比较宽容,又对他们普遍的破坏性倾向感到厌恶和恐惧。犬儒主义者最大的优点是尊重事实,憎恨一切空话。与苏格拉底一样,安提西尼也坚持阐释犬儒学派的观点,嘲笑民主制度的弊端。在犬儒主义者与世人的交往中,他们的做法往往是忽略毫无意义的差别,拨开偏见的迷雾。犬儒主义者鄙视或假装鄙视世俗的条条框框,但尊重人性,认为人性能够使人臻于完善。第欧根尼宣称,德行高尚的人与神最相似。

在第欧根尼·拉尔修笔下,犬儒学派的第三位领袖克拉泰斯算不上很有魅力。但根据朱利安给出的细节①,以及朱利安和亚历山大的革利免引用的克

亚历山大的革利免

---

① 朱利安:《演说稿》,第6篇,第201页。——原注

拉泰斯的诗文来判断①，克拉泰斯似乎道德高尚，耿直正派。克拉泰斯常常祈祷：希望自己有足够的生活必需品，摆脱卑躬屈膝的生活；希望帮助朋友，而不仅仅是给他们带去欢乐；希望自己拥有的不是甲虫、蚂蚁之类的有形之物，而是公义，这样他就能向赫尔墨斯和缪斯献祭。克拉泰斯愿意放弃自己的所有财产，把时间用在调解朋友之间的纠纷上。

然而，在后来的犬儒主义者中，没有人能在道德上达到克拉泰斯的高度。在很长的一段时间里，这个学派似乎没出过什么名人。与此同时，犬儒学派的学说中最令人称道的内容被斯多葛学派借鉴。斯多葛学派与犬儒学派的学说如出一辙，但斯多葛学派相对温和，与社会秩序和文化更相容。并不是说斯多葛学派仅仅通过消除犬儒学派中的极端因素来缓和其学说，这种做法毫无建设性。相反，斯多葛学派已经深入到犬儒学派的核心要义，并赋予其更深远的意义。犬儒学派和斯多葛学派有着相同的目标——"顺应自然生活"，但犬儒学派认为万物是指个人自身的天性、欲求、喜好和习性，而斯多葛学派则将万物上升到宇宙范畴。斯多葛学派的学说遵循一个定律，即除了最高立法者宙斯，无论是神还是人，都应该顺应自然。虽然在犬儒学派看来，世界大同只意味着多样化的外界条件下的生活能力，以及对人不分国籍一视同仁，但斯多葛学派认为，所有人都是世界公民，这些人相互依赖、相互帮助，一起遵守共有的自然法则。

因此，公元1世纪繁荣的新犬儒学派似乎是一种激进的斯多葛学派，是为了有效对抗当时肤浅而高度因循守旧、充满荒唐事的社会。新犬儒学派的代表人物是塞浦路斯岛的泽莫纳克斯②，但朱利安的文章中并未提到过他。泽莫纳克斯是爱比克泰德的朋友。爱比克泰德作为斯多葛派后期的代表人物，在一篇文章③中表达了自己对犬儒学派的深切敬意。在这篇文章中，爱比克泰德与

---

① 朱利安：《演说稿》，第6篇，第199页。——原注
② 我们能看到泽莫纳克斯的生活，得归功于卢西恩。——原注
③ 爱比克泰德：《爱比克泰德谈话集》，第3章，第22页。——原注

爱比克泰德

一位热爱犬儒学派并且想要过犬儒式生活的年轻人进行辩论。爱比克泰德就像虔诚的天主教教徒对待渴望修道院生活的人一样,试图向年轻人表明自己的追求是多么崇高,并建议年轻人三思而后行,不要急于追求这个可能超出自身道德力量能够达到的目标。如果一个犬儒主义者生活中没有阴暗角落,那他的思想和行为应该像阳光一样纯洁。如同宙斯派来的信使,他将引导自己的同胞走上美德之路。

从爱比克泰德的时代到朱利安时代,犬儒学派已经堕落了大约两个半世纪。犬儒学派的整个理论体系很容易被人夸大和曲解。有些人把犬儒主义当作一种摆脱社会束缚的手段,从中发展出最令人反感和不齿的观点,吸引了众多追随者。朱利安有句话说得好:"犬儒主义就像一座雄伟的城市。这座城市到处是神圣的神殿和富丽堂皇的房屋,凡是可能引起反感或使人联想到卑鄙和肮脏的东西都被逐出城门,在城外迎接来客。"①朱利安十分厌恶当时的犬儒主义者是有特殊理由的。朱利安在《驳斥犬儒赫拉克利乌斯》中批判了赫拉克利乌斯。一方面,赫拉克利乌斯对君士坦提乌斯二世卑躬屈膝,对朱利安却漠不关心。另一方面,赫拉克利乌斯效仿犬儒学者加达拉的奥诺马乌斯,反对希腊人的古老宗教信仰,出言诋毁朱利安信奉的多神教。朱利安认为,这些犬儒主义者是在迎合基督教教徒,追随基督教的禁欲风尚。基督教禁欲主义者希望通过一种所谓的圣洁的修行,为自己赢得荣耀与同道者的支持。在朱利安看来,这种禁欲修行只不过是一个借口,用来掩盖私下的奢侈和放纵。作为一个新柏拉图主义者,朱利安无法与贬低一切文化、抛弃一切传统的犬儒学派产生共鸣。然而,正如我们所见,朱利安的道德观其实是属于斯多葛学派的。朱利安崇敬新柏拉图主义,就像爱比克泰德推崇早期犬儒学派纯粹而质朴的学说并崇敬安提西尼、第欧根尼和克拉泰斯三位领袖一样。犬儒学派的特别之处在于,他们用行动教人们如何蔑视习俗,遵照简单的自然法则生活。其他学派则诉诸语言指导人们如何这样做。在朱利安时代,犬儒主义者对自己使命的认识是错误的。他们披着犬儒学派的外衣,却放纵自己的低级欲望。他们屈从于掌权者,用花言巧语迷惑大众,而不是像看门狗一样对危险发出警告。最糟糕的是,犬儒主义者提到诸神时态度不虔诚、语言不尊敬。朱利安用有力而真诚的言语规劝犬儒主义者自省,反省自己是否已经克服了内心的"多头怪物",是否能够安全地挑战人类习俗。这些人如果渴望今生获得美好的生活,就不应该涉足犬儒学派。任何人都不要像第欧根尼那样,大胆地忽略外在的体面,除非他拥有第欧根尼一样高贵的品格。成就一个犬儒主义者靠的不是粗糙的斗篷、钱夹和拐杖,而是理性的话语和有条不紊的生活。

---

① 朱利安:《演说稿》,第6篇,第186页到第187页。——原注

在上述讨论过程中，朱利安阐述了一些原则。这些原则正是他一切思想和道德体系的基础，即所有哲学的本质统一、目标一致，光明磊落的生活及人的灵魂中不应该有隐藏卑劣的欲望和思想的秘密角落。更重要的是，人要有对神圣生活的无限渴望，使自己能够纯洁、勇敢地生活在这个世界。

虽然朱利安认为犬儒学派与基督教联合起来反对自己，但我们发现，基督教牧师和朱利安表达了几乎一致的看法——十分厌恶四处游荡的犬儒主义者的胆大妄为和可鄙的欺骗行径。许多基督教牧师引用塞诺马斯等人的著作，当作反对异教的武器。然而，殉道者查士丁[1]、约翰·赫里索斯托姆[2]和希波的

殉道者查士丁

---

[1] 查士丁：《第二次道歉》。——原注
[2] 约翰·赫里索斯托姆：《布道》，第17章。——原注

奥古斯丁①则将犬儒主义者视为无耻、虚伪的代表。在少数基督教教会人士心目中，犬儒主义者与一些早期的基督教禁欲主义团体有一定联系。这种联系并非不可能，但追溯犬儒学派的历史，以及犬儒主义与基督教禁欲主义的关系，不是我们当前的任务。朱利安与犬儒学派之间的论战展现了朱利安接触的不同时期的各类学派及其思想倾向，也展现了朱利安对待除伊壁鸠鲁主义之外所有非基督教思想的态度，即公正看待其学说中包含的真理要素，同时提防其片面性对思想和行为造成的危害。

---

① 希波的奥古斯丁：《上帝之城》。——原注

第 13 章

朱利安与安条克人

（从公元362年到公元363年）

精彩看点

朱利安准备波斯战争——朱利安进入亚细亚——访问尼科美底亚和培希努——写给亚里士多塞诺斯的信——到达安条克——安条克城和安条克人的特征——朱利安和利巴尼乌斯的交往——朱利安的司法实践——朱利安与元老院在宗教仪式上的争论——安条克人转移圣巴比拉斯的遗骨——达佛涅的神殿被毁——朱利安试图调控小麦的价格——朱利安拘留元老院成员——朱利安的救济政策及其效果——朱利安创作《厌胡者》——老朱利安之死——朱利安离开安条克

> 何等幸福,他天生不会,
> 也没学会服务别人的意志——
>
> 他不受激情的支配,
> 灵魂总是做好死的准备;
> 他与世界融为一体,带着
> 贵人的爱心或平民的气息。

——亨利·沃顿

我们在前文已经提到朱利安规划并实施了各种行政改革,也讲到了他的一些充满争议但十分有趣的文学作品。公元362年,朱利安用一整年的时间为波斯战争做准备。他把发动这场战争看作是彰显罗马帝国威严的要务之一。考虑到罗马帝国边境省份的破败和邻国一直以来的虎视眈眈,我们认为朱利安的这一规划合情合理。正如一些教会历史学家说的,君士坦提乌斯二世之死可能激起波斯人更大胆的试探。或者更有可能是因为一位在罗马帝国西部战事中赢得巨大军事声望的恺撒的登基,使沙普尔二世渴望与罗马帝国皇帝进行一场谈判。但朱利安坚信,只有让沙普尔二世对罗马军队闻风丧胆,自己才会赢得一个安定而体面的和平局面。因此,指责朱利安毫无必要仓促投入战争似乎不太合理①。我们更不应把他对波斯发动的战争视为其镇压各地基督教教徒的宏伟计划的一部分。毫无疑问,一场成功的战争会大大提高朱利安的威望,也将推动他主导的许多改革计划的实施。罗马帝国与波斯帝国之间的战争不可避免。朱利安决定,如果自己率军出征,那必须是一场大规模的战争。

朱利安之前的军事行动通常都很迅速,而这次战争打响之前的准备时间很长。这一点值得注意。一部分原因是朱利安急于推进我们前面提到的各种改革,另一部分原因是罗马人需要进行各种战前准备。这些准备工作首先在君士坦丁堡开展,然后在安条克开展。公元362年年初,朱利安接见了来自包括亚美尼亚在内的许多东方国家的使者,并且可能与他们讨论了在战争中合作的条款。②约公元362年初夏,他离开君士坦丁堡前往安条克。③朱利安任命维克托和霍尔米斯达斯为陆军统领。霍尔米斯达斯是流亡的波斯贵族,曾经跟随在君士坦提乌斯二世身边。两人现在负责指挥军队集结,并逐步将各部队派往亚细亚。

朱利安和随从并没有沿着距离最近的路线进入叙利亚,而是绕道去了几个最需要他亲临的地方。或者是出于宗教目的,或者是为了拜访熟人,朱利安选择了几个感兴趣的城市。他在尼科美底亚稍做停留。这座朱利安曾经熟悉的城市最近遭遇了一场可怕的灾难——地震摧毁了城市的很多地方。朱利安考察了废墟,与那些仍留在这座破败而贫困的城市里的旧识互致问候,并捐献了一笔灾后重建资金。到达尼西亚之后,朱利安南下拜访位于加拉太的培希努。这里有诸神之母西布莉的神殿。然后,他又去了安卡拉。安卡拉的居民似乎都喜欢争讼,纷纷向朱利安诉苦,提出了各种各样棘手的问题。这些问题既有涉及

---

① 赫尔曼·席勒这样评价朱利安对波斯发动战争。赫尔曼·席勒:《罗马帝国史》,第3卷,第3章。——原注
② 阿米亚诺斯·马尔塞林努斯:《大事编年史》,第22卷,第7章。——原注
③ 索西穆斯声称朱利安在君士坦丁堡待了十个月,但这种说法可能有误。施瓦茨:《朱利安传》,第18页。——原注

安条克的命运女神堤喀雕像

公共事务的，也有与个人有关的。和在别的地方一样，在安卡拉，朱利安对阿谀奉承者提出的指控不屑一顾，彰显出他与前任君士坦提乌斯二世完全不同的性格。例如，当有人向朱利安告发一个有钱人订了一件紫色长袍①，他命令这个人转交一双紫色的鞋子给被告。在判处罢免公职的案例时，朱利安表现出绝不轻易放过任何渎职行为的坚定决心。这在他的立法中也有迹可循。

从弗里吉亚前往奇里乞亚要经过卡帕多西亚。朱利安给身在卡帕多西亚的哲学家亚里士多塞诺斯写了一封措辞轻快的信②。朱利安虽然并不认识亚里士多塞诺斯，但在信中邀请对方到蒂亚纳来见自己，并声称自己是一个纯正的希腊人。亚里士多塞诺斯如果如约前来，一定会乐意与朱利安成为朋友。对美好事物的共同渴望会使追求真理的人自然而然地成为好友。在奇里乞亚边境的皮拉，朱利安见到了担任皮拉教区牧师的哲学家老朋友——塞尔苏斯。朱利安邀请塞尔苏斯登上了自己的战车。朱利安无论走到哪里，都会邀请附近的哲学家加入自己的队伍，就像普鲁士国王腓特烈·威廉挑选巨人做自己的卫兵一样。朱利安经过塔尔苏斯到达安条克时，正好碰上当地居民在庆祝阿多尼斯节。仪式上传来阵阵哀悼声，似乎预示着一件不愉快的事情以一种伤感的方式拉开序幕。

然而，朱利安与安条克人不可能保持友好关系。这一点既不需要上天的预兆，也不需要先知来预测。安条克被阿米亚诺斯·马尔塞林努斯称为"美丽的东方之城"，是一座纸醉金迷的城市。朱利安厌恶安条克奢靡的物质生活和堕落的道德氛围，在安条克遇到了和哥哥加卢斯遇到的几乎一样的危机。朱利安也许能够抵制奢靡之风的影响，但民众争强好斗的习性让他难以承受。尽管这里有许多派别，但在朱利安看来，没有一个派别支持自己，这也是他成功的最大障碍。朱利安在安条克不仅遭到了人们的反对，甚至遭到了联合抵制。要知道，安条克人很少在某个问题上像这样达成一致。在安条克，人口占多数的

---

① 罗马人以穿紫袍彰显尊贵身份，罗马皇帝的后裔被称为"紫袍贵族"。——译者注
② 朱利安的第4封信。——原注

基督教教徒分别隶属三个派别。朱利安希望用自己的宗教原则公正地对待这三个派别，但对派别间的争论丝毫不感兴趣。当时，虽然阿里乌派或半阿里乌派占据主导，但信奉《尼西亚信经》的派别又因一个纯粹的个人问题之争而分成了两个派别。这两个派别之间水火不容，甚至不能一起做礼拜。人口占少数的异教徒虽然不热衷于宗教活动，但对一切比赛和表演非常上心。以朱利安一贯对娱乐的蔑视和对自律的生活方式的推崇，他不太可能把自己的信条推荐给这些人，因为这些多神教教徒常常在达佛涅的神殿和树林里打着宗教的幌子寻欢作乐。赫里索斯托姆提倡的遵守道德规范的理念，同样不能与朱利安的反基督教思想产生共鸣。朱利安本以为自己会支持"异教禁欲主义者"，即犬儒学派。在安条克，犬儒学派并不是没有代表人物。然而，正如我们在第12章提到的，朱利安反感犬儒学派对文化的贬低和对初始原则的背叛。他既不支持游手好闲的懒汉在吃饱喝足后要求观看血腥比赛的呼声，也不支持贪得无厌的富人从穷人的生活必需品中牟利。朱利安急于削减公共开支，无法容忍任何企图逃税、避税的行为。一系列事件很快激发了双方所有潜在的不满情绪。

然而，有一个安条克人既受到朱利安的尊敬，又得到安条克人的爱戴。他曾试图调解朱利安和安条克人之间的矛盾，并取得了一定的成绩。这个人就是利巴尼乌斯。然而，因为利巴尼乌斯的叙述有时与事实有出入，我们需要对他在自传[①]和演说稿中的记录进行辨别。但利巴尼乌斯对自己与朱利安在这个时期的关系的描述，基本上与我们对两人性格的了解一致。利巴尼乌斯认为，在被召见之前先去拜见朱利安有失身份。他希望朱利安想起自己，然后打听自己的消息。朱利安在腓利俄斯的宙斯神殿里献祭时就是这样做的。朱利安还在一块石碑上给利巴尼乌斯留了一条消息，让这位诡辩家有机会进行反驳。但利巴尼乌斯仍然没有露面。显然，他认为朱利安的示好不够热忱。利巴尼乌斯的等待终于得到了回报。朱利安派人去请利巴尼乌斯，向他表达了歉意，并邀请

---

① 参见《利巴尼乌斯自传》第82页以后的内容。——原注

他共进午餐。当利巴尼乌斯回答说自己只在晚上才吃东西时,朱利安就请他共进晚餐。即使是头痛这样的借口也没有让朱利安对利巴尼乌斯失去耐心。最终,利巴尼乌斯应邀而来。从那时起,两人进行了多次"妙趣横生的谈话"。利巴尼乌斯说,当他拒绝了朱利安提供的官职和报酬时,朱利安很高兴找到了一个更在乎友谊而不是在乎皇帝权威的朋友。因此,当朱利安与元老们产生分歧时,即使利巴尼乌斯替元老们说话,也没有引起朱利安的不满。公元363年年初,朱利安与萨卢斯特一起就任执政官,利巴尼乌斯受命为二人的就职仪式发表演说。朱利安对利巴尼乌斯的赞美溢于言表。离开安条克前往波斯后,朱利安仍与利巴尼乌斯保持通信。利巴尼乌斯说,如果在发生冲突时,暴民中有代表站出来发言,自己保证会积极与他们沟通。如果安条克人能试着理解朱利安,那么朱利安在安条克度过的几个月对双方而言会更愉快、更和平。

起初,朱利安通过勤勉而严格地执行司法制度赢得了安条克人的支持。当朱利安以私人恩怨为由,阻止人们向加卢斯曾经的对手萨拉西乌斯发泄愤怒时,安条克人更多的是感到困惑而不是高兴。本着同样的原则,朱利安赦免了耶拉波利斯的狄奥多图斯。当朱利安前往卡修斯山献祭时,狄奥多图斯趴在他面前承认:在朱利安上一次向东进军时,狄奥多图斯曾向君士坦提乌斯二世请命,杀掉朱利安并将其头颅带到朱利安的家乡展览。朱利安早已听说此事,认为狄奥多图斯这种人无须惩罚。但真正的恶行必须受到严惩。

然而,在处理神殿和元老院事务时,朱利安再度失去在司法上赢得的支持。朱利安的献祭太过奢侈,这在物资匮乏的年代引起了人们的强烈不满。另外,一些人会被士兵在节日里暴饮暴食、酩酊大醉的场面激怒,尤其是佩特朗斯士兵和凯尔特士兵常常醉得不省人事,以致不能胜任自己的工作。但朱利安仍对他的这些蛮族士兵赞不绝口。在他看来,举止文雅的安条克人的哑剧表演和各种娱乐活动都是愚蠢的。朱利安深知,要想让士兵一直效忠于自己,让他们继续接受希腊文化的熏陶,就不得不迁就他们的一些粗俗的癖好。然而,朱利安接下来的一些措施不仅引起了上层社会的反感,而且激起了平民的敌意。

安条克的建筑雄伟壮观,其规模几乎超越了当时罗马帝国的任何城市。[1]这里有皇宫、浴池、赛马场、剧院和渡槽。平坦的街道不仅将散布在各处的神殿和神像连接起来,也给热爱安逸的人们带来了便利。和别的城市一样,在这里,皇室、公民和诸神享有的荣誉是密切相关的。那些曾经给这座城市提供资助的皇帝都在这里获得了神圣的荣誉,而令人们欢欣鼓舞的比赛则是为了纪念诸神而举行的。事实上,距离安条克只有几英里的美丽郊区达佛涅,正是由于塞琉西亚的君主和罗马帝国皇帝的持续捐助,才变成了小埃利斯。达佛涅矗立着一座由塞琉古一世建造的阿波罗神殿和一座宙斯神殿,以及安条克四世建造的宙斯神殿。在这里,每座神殿都有一尊巨大的神像。每当传统节日,人们会举行赛马和各种模仿奥林匹亚运动会的比赛。而这里的一座供奉复仇女神

塞琉古一世

---

[1] K.O.穆勒:《安条克的古董》。——原注

涅墨西斯的神殿被认为是比赛的严肃性和奖项的公正性的象征。这附近还有许多圣地,更不用说安条克城内的神殿了。比如,卡修斯山上有一座著名的宙斯神殿。哈德良在那里供奉的祭品曾奇迹般地被消耗殆尽。然而,为安条克的守护神修建神殿最理想的位置是达佛涅。在达佛涅,守护神可以通过神圣的溪流传达神谕。哈德良出于谨慎或迷信,很早以前就下令封闭了著名的卡斯塔利亚泉井。现在,朱利安决定重新开放它。朱利安发布命令,要求清除泉井附近

复仇女神涅墨西斯

殉道者巴比拉斯

的所有墓地，净化泉井。为此，埋葬于此的基督教殉道者巴比拉斯的遗骨也必须转移。自加卢斯统治时期以来，就有人抗议多神教教徒的狂欢仪式，认为他们的活动会玷污达佛涅的树林。人们对多神教神圣仪式的忽视自然令朱利安感到愤慨。公元362年夏末，当朱利安去神殿里庆祝阿波罗节时，令他意外的是，迎接他的不是参加庆典的人群，而是一位祭司带着自己买的一只鹅。为此，朱利安向元老院提出强烈抗议，谴责安条克人在公共祭祀中献祭的礼物比黑海边的一个小村庄还要吝啬。他还发现，安条克人在参加私人的庆祝活动时，女人们给声称贫穷的加利利人赠予礼物时表现得非常慷慨。朱利安声称，安条克人的亵渎行为使神明抛弃了其神殿。但令朱利安感到懊恼的是，相比阿波罗节，人们将热情投向了纪念基督教殉道者巴比拉斯的集会活动。当巴比拉斯的遗骨从达佛涅运回安条克时，男女老少都加入了护送的队伍。他们一边行进一边唱着圣歌："崇拜雕像的人都可恶，靠偶像自吹自擂的人都可恶。"对基督教殉道者的热情和对朱利安的敌意，使人们更加相信这种前所未有的狂热导致了后来的灾难。公元362年10月22日，达佛涅引以为傲的神殿被付之一炬。基督教狂热分子自然成了纵火的嫌疑人，尤其是他们中一些人对最近的神殿扩建工程十分不满。调查随即展开，可能还动用了酷刑，但最终没有得到令人满意的答案。有人声称，阿斯克利皮亚斯在一尊银制的西布莉雕像前点燃了蜡烛，并将这尊雕像放在阿波罗神像的脚下。夜里，由于没有人去熄灭蜡烛，一场意外的火灾发生了。按照这种说法，安条克人要承担的罪名是重大疏忽，而非肆意破坏。作为惩罚，朱利安下令关闭了安条克城内的所有基督教教堂。这有些过于严厉和有失公正。

安条克人把自己的钱包看得和宗教原则一样重要。然而，在金钱方面，他们也受到朱利安的打击。前文提到过，朱利安决心不让任何人逃避应该承担的纳税责任。他决定打击元老院在招募成员时采用的非法手段和受贿行为，并驳回了用神职身份、混血身份或近期迁居等各种牵强的理由逃避税款的申请。但比起这些措施，朱利安试图调控小麦价格引发的后果更加严重。多年前，他的哥哥加卢斯就曾因触碰这块礁石而翻船。

公元362年秋，各地频发严重的自然灾害。干旱导致许多泉水干涸，尼西亚和尼科美底亚又发生了一场大地震，各地普遍粮食短缺。在这种情况下，穷人指责富人囤积粮食从这场大灾难中牟利。安条克人聚集在竞技场，向朱利安大声喊道："一切都有，一切都贵。"对于朱利安在这种紧急情况下采取的措施，他最恶毒的敌人称赞其出发点是好的，而他最坚定的支持者认为有些考虑不周。然而，根据朱利安自己的说法，他并没有贸然采取行动。朱利安召开了一次公民代表大会，希望共同寻找措施来减轻人们的痛苦。然而，在三个月的时间里，他们没有讨论出任何结果。最终，朱利安亲自起草了一份价格清单。根据这份清单规定，小麦必须以适中的价格出售。限价措施必然导致商人们进一步囤积小麦，减少出售。当朱利安从哈尔基斯、耶拉波利斯和埃及以低廉的价格采购了大量小麦投入市场时，自然激起了商人的不满。囤积居奇行为仍在继续，很可能是一些资金雄厚的商人开始囤积政府提供的廉价商品，以便在最有利的时机再次出售。而这些商人，据说都是安条克元老院成员。朱利安再次召开了公民代表大会，在暴风骤雨般激烈的争论中，有超过两百名元老院成员被拘留。当然，这些人在当天的晚饭前就被释放了。朱利安作为罗马帝国皇帝，当他仁慈的爱民之心受到上层阶级阻挠时，他的报复却如此温和。像利巴尼乌斯这样的演说家一定会详细描述这件事。但在后来的日子里，利巴尼乌斯似乎觉得元老院的成员根本没有什么过错，他为自己在朱利安面前替元老院成员辩护而感到骄傲。然而，并非只有富人对朱利安的税制感到不满。在一些人看来，降低一些轻度奢侈品及生活必需品的价格也是可取的。但朱利安觉得自己没有这样的义务。朱利安认为自己有义务向穷人提供最基本的生计所需，但不会提供多余的东西。因此，他再次失去了下层阶级的认可和感激。为了使救济可持续，朱利安给安条克人提供了三千块土地，却发现这些土地没有分配给最需要、最应得的人。朱利安还认为有必要让富裕阶层缴纳赋税，避免他们逃避应尽的义务。可见，元老院成员的阶级特权、富人的商业利益、平民对比赛和表演的热爱，以及安条克人对基督教殉道者的依恋，非但没有得到朱利安的支持，反倒遭受严厉打击。安条克人虽然无力对抗朱利安，但可以将不满诉诸弱者的反击手段——用挖苦、讽刺和恶毒的语言中伤他。他们羞辱朱利安的名字，并创作了尖刻的滑稽诗嘲笑他的外貌和习惯。

如果朱利安能对嘲笑自己胡子的人表现得仁慈宽厚，就像对待想要取他首级的狄奥多图斯一样，那么他的名声肯定会好一些。如果此前朱利安已经用行动表明,一个好辩论的皇帝为了加强统治可以屈尊降贵,那么他现在的行为则表明,一个爱挖苦的皇帝因缺乏对不同阶层的臣民的尊重而丧失了更多威严。受《厌胡者》的影响,朱利安的名誉在后世比在当时受到更多贬损。一些缺乏幽默感的评论家把朱利安用来自嘲的许多刻薄言辞当真,并以此说明朱利安令人厌恶的个性和举止。这与其他作家对朱利安的描述大相径庭。朱利安写《厌胡者》是站在安条克人的角度,以自嘲方式来嘲讽安条克人。朱利安从安条克的一个"厌胡者"的角度出发,嘲笑自己的外表,特别是蓬乱的胡子,嘲笑自己过于简朴的生活,并且嘲笑自己对比赛、舞蹈和各种奇观缺乏欣赏能力。站在这个视角,朱利安还嘲笑自己将在安条克人看来十分野蛮的宗教放在首位,这是安条克人完全无法接受的。在安条克人看来,朱利安制定的严格的禁欲和自律的规则让人们成了诸神和法律的奴隶。这将导致热爱自由的安条克城走向毁灭。朱利安还有一些令人不快的习惯,例如他频繁前往神殿,严厉责备那些在圣地为他鼓掌的人,只因他坚持认为在这些地方应该保持虔诚和肃静。^①安条克人只忠于他们的先祖塞琉古一世。他们喜欢花天酒地的生活。然而,朱利安继承了其祖先色雷斯人的粗犷。这是因为朱利安接受的早期教育尤其是马尔多尼乌斯,对他的影响逐渐减弱,而他的哲学家朋友们提倡的严格的道德准则在他的思想里变得越来越坚定。在安条克,女性拥有很多权利。她们热爱戏剧和娱乐,但朱利安给她们带来了前所未有的烦恼。朱利安坚定地信仰多神教,对戏剧和娱乐毫不关心。这使他成为安条克人的众矢之的。在高卢生活的数年时间,让朱利安对安条克人的娱乐和高雅生活失去了兴趣,转而喜欢上高卢人野蛮的生活方式。这使朱利安进一步失去对安条克人的同情。接着,他表达了自己与安条克人之间无论是娱乐活动还是宗教活动都存在巨大的观念差异,这导致他们在面对饥荒时无法通力合作。朱利安承认自己在安条克的

---

① 有意思的是,如果将朱利安说的安条克人在神殿仪式中的不敬行为与赫里索斯托姆在圣诞节布道时对安条克人的谴责进行比较,会发现他们的观点非常相似。参见W.R.W.斯蒂芬斯的《赫里索斯托姆时代》。——原注

事业一败涂地，还是尽早离开为好。他如果试图改变自己迎合安条克人，就如同一只鸢试图模仿马的嘶鸣，结果既失去了自己的声音，也没有学会马的叫声。朱利安提供的福利救济并没有得到安条克人的感激，只给自己和安条克人带来了麻烦。

《厌胡者》的语气非常尖刻，尤其是结尾部分，语言近乎诅咒。朱利安强烈抨击了一个穷奢极侈、毫无原则的社会里存在的放纵、轻浮和贪婪的风气，这些不无道理。不久以后，安条克人因为同样的恶行，受到了来自东方最有影响力的主教之一赫里索斯托姆的无情鞭笞。[①]在朱利安身边，几乎找不到像赫里索斯托姆这样可以委以重任的基督教教徒。但在我们看来，道德上的谴责更适用于精神领袖，而不是世俗统治者。

在安条克期间，朱利安失去了一位最亲密、最坚定的支持者——他的舅舅老朱利安。在教会历史学家看来，老朱利安的痛苦结局是因他协助外甥反基督教这一行为而遭受的惩罚。事实上，老朱利安在他统治的东方很受欢迎。无论是普通人还是朱利安都对他的死深感遗憾。

离开安条克时，朱利安宣布，再回来时，自己将驻扎在塔尔苏斯，而不是安条克。这句话似乎是一个悲伤的预言，预示着塔尔苏斯将是朱利安长眠的地方。同时，他任命耶拉波利斯人亚历山大管理安条克。此人以性情凶暴著称。如果像阿米亚诺斯·马尔塞林努斯暗示的那样，这次任命是为了教训安条克人，那么朱利安确实是让情绪左右了自己一贯坚持的正直。然而，利巴尼乌斯的一封信表明[②]，亚历山大虽然不受欢迎，但能够维护自身权威和维持社会的秩序，能够更有效地管理安条克。朱利安意识到自己的性格与安条克人水火不容。以朱利安的道德准则，他完全有理由毫不掩饰自己的爱憎。朱利安如果执政的时间再长一些，最终可能将彻底放弃自我克制。这与他年轻时的隐忍和伪装完全不同。不过，这只是猜测而已。

---

① 参见基督教知识传播协会1876年出版的小品文《圣赫里索斯托姆时代的画卷》。——原注
② 《利巴尼乌斯的书信》，第722页。——原注

本章参考的主要权威文献包括：阿米亚诺斯·马尔塞林努斯的《大事编年史》第22卷，朱利安的《厌胡者》，索西穆斯的《教会史》第3卷第2章，利巴尼乌斯的演讲稿和自传，君士坦丁堡的苏格拉底的《教会史》第3卷，以及狄奥多勒的《教会史》第3卷和米克的《朱利安》第6章和第7章。施瓦茨的《朱利安传》提供了年份数据的参考。

第 14 章

远征波斯与朱利安驾崩

（公元363年）

精彩看点

朱利安东征的目标与计划——逃亡贵族霍尔米斯达斯——朱利安行军途经多地——朱利安派往亚美尼亚的军队——沿着幼发拉底河河谷前进——阿纳托战争——行军困难重重——攻占皮利萨波拉——占领毛加玛恰——从幼发拉底河驶入底格里斯河的船队——罗马军队横渡底格里斯河——放弃围攻泰西封——朱利安下令烧毁船队——朱利安向东进军——艰难的行军——朝北撤退——波斯军队现身——朱利安的行军备受骚扰——并无决定性意义的一战——休战三天——预兆——重新开始行军——波斯军队突袭——朱利安冲锋陷阵抵御敌军——朱利安负伤身亡——历史与传统

生命的终结就像一个执法官曾雇用了一个演员,如今要让他离开舞台一样。"不过,我只演了三幕,而没演完五幕。"你说的没错。然而,三幕在人生中就是完整的戏剧。那个从前促成组建这部戏剧,如今又促成解散这部戏剧的人,决定着怎样才是一部完整的戏剧。至于你,既不是前者,也不是后者。那就欣慰地离场吧,因为那个解雇你的人同样是欣慰的。

——马库斯·奥勒留《沉思录》第十二卷第三十六节

(乔治·朗英译本)

截至公元363年3月5日,即朱利安与高卢总督萨卢斯特联手作战的第四年,朱利安已经为东征做了充分的准备。此前,经受了安条克改革失败的挫折,朱利安非常失望。离开安条克时,他可能松了一口气。与此同时,善变的安条克人为他送上祝福,元老院成员则恭敬地送了他一段路程。途中,朱利安降贵纡尊,发表了一番感谢之辞后把他们打发走了。

此时,朱利安是否为这次远征制订了详细的作战计划,或者是否确定了征服波斯的最终行动方针,尚不清楚。但确定无疑的是,他打算直击波斯帝国的中心,但并不知道自己会在何处遭遇波斯人的抵抗。希腊鼎盛时,来自西方的希腊军队轻轻松松击败了巴比伦附近的敌人。这让朱利安没有足够重视此次远征将面临的巨大困难。朱利安一方面怀揣着亚历山大大帝的雄心壮志,另一方面也没有忽视如恺撒、戈尔狄安和瓦列里安的前车之鉴。批评人士指出,朱利安过于依赖自己在高卢的作战经验,而他现在面对的敌人需要他具备更谨慎的态度和更强大的军力。朱利安向德尔斐神谕、提洛神谕和多多那神谕求助,似乎都得到了积极的预言。① 与此同时,反对声也不绝于耳。例如,西卜林神谕、各种不祥的预兆,以及来自利巴尼乌斯和高卢总督萨卢斯特这些凡人朋友的警告,都不赞同朱利安远征波斯。朱利安是虔诚的信徒,却坚持以自己的方式解读神谕和预兆。他虽然忠诚地对待朋友,却没有听从他们的劝谏。

很可能从一开始,朱利安就有了一个对付波斯帝国的计划②——废黜沙普尔二世,让逃亡贵族霍尔米斯达斯取而代之。我们已经先后在君士坦提乌斯二世和朱利安的军队中都提到过霍尔米斯达斯。不同的历史学家对霍尔米斯达斯的出身和经历的记载并不相同。有一种说法称,他是沙普尔二世的哥哥,③由于与波斯皇族产生矛盾而被驱逐。无论这种说法是否属实,霍尔米斯达斯的确不受波斯当权者欢迎,先后逃亡到亚美尼亚和罗马帝国。霍尔米斯达斯在朱利安的军队中地位显赫,频繁地参与谈判,再加上他的波斯贵族身份,使人相信他在罗马帝国将大有前途。

前文已经提到,为了结盟,朱利安接见了许多使者。他也拒绝了一些结盟的请求,可能是因为他不想向难以驾驭的部落提供粮草。然而,朱利安对亚美尼亚国王阿萨息斯寄予厚望。阿萨息斯是霍尔米斯达斯的朋友兼保护人。君士坦提乌斯二世在位时期,阿萨息斯曾经迎娶了一位出身高贵的罗马贵妇,所以

---

① 狄奥多勒:《教会史》,第3卷,第22章。——原注
② 《利巴尼乌斯的书信》,第1457页。——原注
③ 索西穆斯:《新罗马史》,第2卷,第27章。——原注

罗马士兵

他和他的臣民认为自己与罗马人是姻亲同盟。①另外，如果朱利安同意给撒拉逊部落足够的补助，撒拉逊人就会加入罗马军队。但朱利安拒绝了这样的条件，他认为这样做有损罗马帝国的尊严。于是，一些撒拉逊人对罗马人采取事不关己高高挂起的态度，有些人甚至加入敌营。但仍然有一些撒拉逊人响应朱利安的号召，在远征开始后不久就加入了罗马大军。②行军几天后，一些哥特人也加入了朱利安的大军。

---

① 索佐门提到，朱利安给阿萨息斯写了一封专横无礼的信，在信中把自己的统治和性格与君士坦提乌斯二世做了对比。这封信已经被收录在朱利安的书信集中，但极有可能是伪造的，按理说朱利安不可能做出如此失策的事情——用一封言辞傲慢的信赶走一位盟友。——原注
② 阿米亚诺斯·马尔塞林努斯：《大事编年史》，第23卷，第3章；第25卷，第6章；以及朱利安的第2封信。——原注

与此同时,一支船队在幼发拉底河上待命,准备迎接沿河而下的罗马军队。至于军队的人数和船的数目,不同的权威给出了不同的说法。据索西穆斯的说法,朱利安率领的骑兵加步兵总共八万三千人。[③]这支军队攻城略地、所向披靡,但其人数不足以驻守行军途中必须占领的据点。

公元363年3月10日,朱利安抵达位于幼发拉底河以西约二十英里的耶拉波利斯。在这里,他给利巴尼乌斯寄去了一封个性鲜明、十分有趣的信,描述了他过去五天的旅程和他目前的工作。虽然这封信的语言十分简洁,但朱利安知道,在公之于众之前,利巴尼乌斯会对信的内容好好修饰一番。朱利安在信中提到住过的地方有利塔贝、贝罗伊和巴特纳。在贝罗伊,朱利安召开了一次元老院会议,却发现元老院成员几乎都是基督教教徒,并且对朱利安的讲话表现得十分冷淡,只是表面上装出恭敬的态度。我们从一份资料中了解到,在贝罗伊,朱利安曾试图调解一位信奉基督教的豪绅和他儿子之间的矛盾。[④]这位豪绅的儿子因崇拜朱利安而改信希腊多神教,导致父子关系决裂,被剥夺了继承权。朱利安试图说服这位豪绅,指出在信仰问题上使用强制手段并不公平,但毫无收获。于是,他转向豪绅的儿子,给予他父母不曾给予的关爱。从贝罗伊出发,朱利安继续向巴特纳行进。巴特纳使他想起了达佛涅。虽然名字带着蛮族色彩,但巴特纳很有希腊特色。然而,巴特纳人对诸神的献祭不是真诚的祈祷,而是虚伪的谄媚。在耶拉波利斯,朱利安很高兴地见到了查布利丘斯的女婿——一个信仰坚定的希腊人。无论是君士坦提乌斯二世还是加卢斯,都没能说服他放弃自己的多神教信仰。朱利安在耶拉波利斯的营地里忙于军务,安排献祭活动,与撒拉逊人谈判,建立侦察体系,为军队筹集粮食。多亏了朱利安务实的工作态度,才让军队的各项工作顺利进行。

[③] 索西穆斯:《新罗马史》,第3卷,第12章,第13章。当时有六万五千名士兵在卡雷,还有一万八千名士兵由塞巴斯蒂安和普罗科皮乌斯率领,前往底格里斯河。——原注

[④] 狄奥多勒:《教会史》,第3卷,第22章。教会历史学家讲述的朱利安的轶事一般不太可信,但这一件似乎不无可能。——原注

公元363年美索不达米亚及其周边地区。Cilicia= 奇里乞亚；Commagene= 科马基尼；Armenia= 亚美尼亚；Amida= 阿米达；Corduene= 科杜内；Media= 米底；Seleucia= 塞琉西亚；Osroene= 奥斯若恩；Mygdonia= 米哥多尼亚；Nisibis= 尼西比斯；Carrhae= 卡雷；Antioch= 安条克；Beroea= 贝罗伊；Batnae= 巴特纳；Mesopotamia= 美索不达米亚；Euphrates= 幼发拉底河；Tigris= 底格里斯河；Assyria= 亚述；Mare Phoenicium= 腓尼基海；Phoenice= 菲涅斯；Syria= 叙利亚；Arabia Deserta= 阿拉伯沙漠；Circesium= 西昔姆；Zaitha= 扎伊塔；Dura= 杜拉；Anatho= 阿纳托；Catanii= 卡塔尼；Auranitis= 霍兰；Pirisabora= 皮利萨波拉；Babylonia= 巴比伦王国；Babylon= 巴比伦；Ctesiphon= 泰西封；Maogamalcha= 毛加玛恰

在耶拉波利斯休整三天之后，朱利安率军向东推进。他们借助浮桥跨过幼发拉底河，在位于奥斯若恩的又一个叫巴特纳的地方停留了一天，然后继续向卡雷前进。① 卡雷是一个值得纪念的地方，马库斯·李锡尼·克拉苏曾在这里惨败。朱利安在卡雷检阅了部队。从卡雷出发，有两条路线可以到达上亚细亚。第一条是向东越过美索不达米亚，途经尼西比斯，然后沿底格里斯河顺流而下到达泰西封；第二条是南下前往幼发拉底河上的卡利奈孔城，然后沿河而下到色西昔姆，再继续推进至泰西封。前一条是亚历山大大帝的行军路线，后一条是《长征记》里色诺芬走过的路线。当朱利安举棋不定时，前方传来波

色诺芬

---

① 根据索西穆斯的说法，朱利安转向了埃德萨，但索佐门否认了这一说法，并且该说法与阿米亚诺斯·马尔塞林努斯的描述也不一致。——原注

斯军队袭击罗马人民的消息。显然，这些波斯人在尼西比斯附近。这让朱利安下定决心，采取兵分两路的计划，派遣一支先遣队东进，以此牵制这群波斯强盗，并与亚美尼亚国王阿萨息斯的援军会合，破坏波斯在亚述和亚美尼亚边界的防御系统，然后在泰西封与主力部队会合。这支先遣队由长期驻守埃及的总督塞巴斯蒂安和朱利安的亲戚普罗科皮乌斯指挥。在一些人看来，普罗科皮乌斯可能是皇位继承人。①朱利安率领罗马军队的主力向底格里斯河进发，然后向南推进。公元363年3月27日，罗马军队的主力到达卡利奈孔城。在这里，朱利安庆祝了诸神之母的节日，并与其船队再次会合。②然后，朱利安满怀希望地沿着幼发拉底河顺流而下，直达色西昔姆。据说，为了加强防御，朱利安增加了色西昔姆的驻军。③这一部署说明朱利安计划与后方保持联系，或者色西昔姆作为罗马帝国的最后一个战略要地值得特别防御。在随后几天的行军里，朱利安的军队经过了扎伊塔——戈尔狄安三世的陵就在这附近——和杜拉，到达了波斯人统治下的亚述。罗马军队与波斯军队的第一次交锋是围绕一个叫阿纳托或费特胡萨的要塞展开的争夺。波斯军队的指挥官在战斗中投降，得以保全波斯守军的性命。被波斯人关押的大批罗马囚犯重获自由，其中有一个老人是多年前在加莱里乌斯远征中被俘的，他一直希望死后安葬在罗马帝国的土地上。随后，罗马军队势如破竹，凡其途经之地几乎被洗劫一空。有一些要塞因承诺支持罗马人而幸免于难。为了进一步扩大战果，罗马军队继续前进，将辎重放在队伍的中心，而朱利安则骑马在各部队之间巡查，以防出现骚乱或有人掉队。朱利安还派出一批人在周围侦察。这是一种必要的预防措施，因为波斯人的小分队常常埋伏在附近。霍尔米斯达斯就曾经遭遇波斯小分队的突袭，死里逃生。沿着运河和沼泽向南行进时，罗马军队遭遇了更大的挑战。居

---

① 普罗科皮乌斯可能是朱利安母亲一方的亲戚。根据阿米亚诺斯·马尔塞林努斯的记载，在此前不久，朱利安赐给普罗科皮乌斯一件紫色长袍，并任命他为继任者。然而，这个仪式没有见证人，所以我们不能把它看作是一个已证实或可能发生的事件。——原注
② 也可能是加入了船队。我们不确定朱利安之前是否与船队会合过。——原注
③ 这一说法不是出自阿米亚诺斯·马尔塞林努斯或索西穆斯，而是出自马拉拉斯。——原注

住在幼发拉底河下游的居民就像后来的荷兰人一样，坚决抵抗入侵的军队。当罗马士兵游水或搭建木桥穿过水域时，遭遇了来自皮利萨波拉居民的严防死守和顽强抵抗。罗马军队第一次进攻失败后，朱利安下令军队使用攻城塔。据说，攻城塔是马其顿国王德米特里一世首先使用的。攻城塔的巨大威力迫使波斯军队投降。朱利安允许城中的居民离开，随后下令摧毁了皮利萨波拉城，并缴获了波斯军队的武器和粮草储备。

攻城塔

描述波斯人战斗场面的浮雕

罗马军队纪律严明，甚至可以说要求苛刻。当罗马的三个先遣队被苏雷纳指挥下的波斯士兵用同一套战术打败时，朱利安通过一次大胆的进攻，击退了敌人，"按照古代律法"处死了在战斗中懦弱胆小的十个逃兵。在占领一座城镇之后，士兵们没有领到期望的奖赏。为了安抚士兵的情绪，朱利安用一场充满激情的演讲，向士兵们保证：尽管现在还不能分给士兵们足够的赏金，但他们只要英勇战斗，相信诸神，相信朱利安，终将会获得丰厚的回报。朱利安说自己希望在有生之年为罗马帝国的伟大事业而奋斗，并且呼吁士兵们忠诚地支持自己。朱利安的演讲得到了士兵们的热烈响应。他的精神传遍了整个罗马军队。士兵们明白自己的领袖会尽心尽力地克服一切艰难困苦。

在接下来的行军途中，罗马军队遇上了丰收的农作物，尤其是椰枣和葡萄。这给艰难行军的士兵带来了些许帮助，他们不得不依靠棕榈树、充气的兽皮或任何可以借助的工具越过水闸和运河。罗马军队已经离开了幼发拉底河干流，正在接近底格里斯河。此时，朱利安必须率领军队展开一次重要的围攻行动——占领毛加玛恰。同时,深受朱利安信任的维克托带着一队人前往泰西封,探查那里是否有波斯人埋伏。朱利安在勘察毛加玛恰的防御工事时,遭到了波斯人的伏击,一番肉搏之后才得以逃脱。罗马军队的首次攻城行动没有成功。于是,朱利安命令军队挖掘地道。当同时面对来自城外和地下的敌人时,毛加玛恰人陷入了恐慌和混乱之中。随后,罗马人在城里实施了一场可怕的屠杀,连妇女和儿童都未能幸免。利巴尼乌斯声称,朱利安宁愿俘虏敌人也不愿杀戮,但他无法遏制狂热的士兵。于是,朱利安下令赦免毛加玛恰的总督和他的卫兵。尽管如此,这位总督因为冒犯了霍尔米斯达斯,不久便被处死。① 在这场战斗赢得的丰厚战利品中,朱利安只拿了三块金子,并带走了一个聋哑儿童。这个孩子的哑剧天赋激起了他的兴趣。一些躲在地下通道避难的波斯人因入口处燃起的大火而窒息。罗马军队的胜利引起了波斯人巨大的恐慌。一位波斯贵族率领军队从泰西封出发,原本要去对抗维克托率领的军队,在得到消息后决定打道回府。

离毛加玛恰不远处,朱利安的军队来到了一处波斯皇家园林兼狩猎场。那里还有一座罗马风格的宫殿。朱利安下令摧毁狩猎场。当地人喜欢血腥刺激的运动,而观赏人与狮子或野猪搏斗是一项保留的皇室娱乐项目。朱利安下令保留宫殿,但据利巴尼乌斯所说,士兵们放火烧毁了宫殿。朱利安准许士兵暂做休整。罗马军队行军时遇到的难题并未减少,所以他们必须时刻保持警惕。有一次,波斯人成功袭击了罗马军队的辎重队。还有一次,波斯士兵从一个堡垒向罗马军队发起突袭,导致几名罗马士兵四处逃窜,随后胆小的骑兵也开始逃跑。最终,这座波斯要塞被罗马军队占领。与此同时,罗马船队不得不从幼发拉底河前往底格里斯河。朱利安从历史记载及当地人的言谈中了解到,有一条"御河"可以连通幼发拉底河和底格里斯河,但这条"御河"现在因垃圾淤积

---

① 米克声称追随队长纳贝茨的八十名卫兵都被烧死了,但阿米亚诺斯·马尔塞林努斯的描述没有证实这一可怕的说法。——原注

堵塞了。① 于是，朱利安下令疏通河道，以便罗马船队能安全驶入底格里斯河。在继续进军之前，朱利安举行了游戏和比赛来鼓舞士气，为下一步将兵力转移到底格里斯河对岸做准备。这次渡河非常艰险。一支波斯军队已经集结在对岸，他们装备精良、人数众多。当朱利安将自己的计划告诉几位将军时，他们都提出抗议。但朱利安对渡河一事心意已决。于是，罗马军队卸下了运输船上沉重的货物，让士兵登船。朱利安将五艘船交给维克托，命令他趁夜色横渡底格里斯河。但对岸的波斯军队发现了罗马船队，向船队投掷燃烧的火把，引燃了罗马战船。尚未登船的罗马士兵看到火光后变得惊慌失措，但朱利安镇定自若。朱利安采取了欺骗的手段，就像在解释神谕时那样，声称士兵看到的火光是他们的同伴成功上岸的信号，打消了士兵的疑虑。罗马军队花费了一整夜和第二天一天的时间，渡过了底格里斯河，在东岸与波斯人战斗。最终，得益于朱利安的策略，罗马军队成功转移，烧毁的船被找回。波斯人损失惨重，不得不撤退到泰西封。此时，通往泰西封的路已经畅通无阻。如果不是受伤的维克托认为现在不适合采取进一步行动，罗马军队就会乘胜追击，直捣泰西封。②

现在，罗马军队已经渗透到一些古老城市的周边。这些城市是几个文明的发源地，也是昔日帝国的首都，自古以来就统治着波斯湾以北的广袤土地。罗马军队离幼发拉底河上的巴比伦大约五十英里——这里已经不再是战略要地。塞琉西亚位于底格里斯河西岸，在亚历山大大帝之后的时代，塞琉西亚意义重大。但在韦鲁斯的武力统治下，这座城市在很长一段时间内逐渐沦为一座空城，通常被称为科切。塞琉西亚对岸是帕提亚王国曾经的首都泰西封。波斯

---

① 爱德华·邦伯里在《古代地理学》第30章中对我们叙述的相关地形提出异议。现在仍然有一条沟有着类似的名字，但并不是我们这里说的那条"御河"。可能是幼发拉底河和底格里斯河下游的水系在几个世纪后发生了变化。——原注
② 索西穆斯对这场战斗的叙述与阿米亚诺斯·马尔塞林努斯的叙述不一致。索西穆斯表示朱利安是在战斗结束两天后横渡底格里斯河。对此我们有三种假设：首先，朱利安没有参加战斗，尽管作为目击者的阿米亚诺斯·马尔塞林努斯宣称朱利安在战斗中表现得非常英勇；其次，朱利安在战斗结束后乘船返回，隔天再次横渡底格里斯河；再次，根据索西穆斯的记载，两天后横渡的不是底格里斯河，而是一条运河。——原注

军队占领了泰西封。到目前为止,尽管罗马军队取得了节节胜利,但泰西封作为战略要地十分坚固,并且牢牢控制着底格里斯河,易守难攻。如果罗马军队决定向东北方向前进,与塞巴斯蒂安和普罗科皮乌斯率领的先遣队及亚美尼亚盟军会合,那么他们的船队必须经过泰西封。如果朝东行进,罗马军队很有可能在一个相对不为人知的地区遇到波斯皇帝率领的大军。如果沿着罗马军队来的路线继续向西行进——前方是一片荒漠,罗马军队一旦进入这里就再无退路。

朱利安决定让军队稍做休整,并向表现出色的士兵颁发英勇勋章。他还进行了献祭,但神谕给出了不祥的预兆。于是,朱利安就下一步如何行动召开了一次作战会议。在人们看来,围攻泰西封是最自然不过的事。为敌军留下如此坚固的堡垒,这违反一切谨慎的作战原则。然而,奇怪的是,朱利安同意了军官们的意见:在目前的情况下,考虑到沙普尔二世可能就在附近,因此最好不要围攻泰西封。过去,泰西封并非坚不可摧,但最近沙普尔二世或他的前任加固了这里的防御工事。朱利安放弃了围攻泰西封的想法。一些研究朱利安的现代批评家会建议他采取另外一种方式,那就是等待与亚美尼亚国王阿萨息斯的援军和派遣到底格里斯河的先遣队会合。朱利安焦急地等待着,但这两支军队始终不见踪影,其中的原因各不相同。无论是罗马先遣队的将军之间产生了分歧,还是与当地人的战斗延误了时间,或者是阿萨息斯觉得支持朱利安这个叛教者与自己的基督教信仰相左,援军始终没有出现。也许,用背信弃义来谴责阿萨息斯并不公平,他因协助罗马军队而饱受磨难。毕竟如果时间充裕,他可能不会失约。[①]

此外,沙普尔二世派来了使者,希望双方进行和谈,以期体面地创造和平局面。[②]据记载,霍尔米斯达斯本人也非常赞同和谈。但朱利安认为,和谈会

[①] 莱因哈特:《罗马皇帝朱利安之死》。——原注
[②] 这是利巴尼乌斯和君士坦丁堡的苏格拉底的记载。阿米亚诺斯·马尔塞林努斯和索西穆斯没有提到在这个关头有使者来访。——原注

挫伤士兵的热情。于是，他命人把沙普尔二世的使者秘密送走。朱利安打算追随亚历山大大帝征战的脚步，向东进军。

显而易见，这样做十分鲁莽。朱利安只能寄希望于取得辉煌的成功，证明自己的决定是正确的。然而，我们很难对朱利安此刻的计划有一个清晰的认识。朱利安不可能不了解面临的困难。这些困难来自敌军、气候，还有对异国的一无所知。很快，他发现身边的波斯向导也不值得信任。当时正值六月中旬，天气炎热、蚊虫肆虐，这让那些习惯了遥远西部风雪天气的士兵格外难受。朱利安即使拥有亚历山大大帝的军队及其军事才能，也很难从这样的困境中脱身，因为当亚历山大大帝朝印度推进时，身后并没有虎视眈眈的苏萨和波斯波利斯，并且当时大流士大帝也没有数量庞大的军队。朱利安也许还记得，亚历山大大帝的军事征途最终因士兵拒绝继续行军而被迫止步，而这种情况很快就会发生在朱利安自己的军营里。

朱利安向东进军的计划涉及一项重大的决定——摧毁自己的船队。这是因为，船队如果留在原地，就意味着有可能落入敌人手中；罗马军队还要为了派遣足够的卫兵守卫船队而削弱自身战斗力；即使有足够的卫兵驻守，船队也不能不顾泰西封的守军，强行进入底格里斯河上游。即使进入底格里斯河，这些船也不能帮助罗马军队继续前进或撤退。朱利安决定放火烧毁船队，只留下几艘适合架桥的小船用马车运到内陆。不久后，这些小船在一次战斗中被波斯人缴获。失去船队让朱利安深感痛心。据说，在大火熄灭之前，朱利安发现自己中了间谍的诡计，下令撤销放火烧船的决定，但为时已晚。

接下来，罗马士兵经受了前所未有的折磨和苦难。波斯人大肆焚烧罗马军队途经的地区，切断了罗马军队的粮草补给。罗马士兵在炎炎夏日行军，还要忍受饥饿的折磨。朱利安只能尽其所能鼓励士兵。有一次，朱利安大概是想起了阿格西劳斯的故事。于是，他向士兵们展示波斯俘虏瘦弱的模样，并告诉他们不必害怕这些人。然而，与其说是波斯军队，不如说是天上的太阳——朱利安的保护神赫利俄斯——和脚下干裂的土地阻碍了士兵前进的步伐，让他们产生厌战的情绪，闹着要撤退。朱利安虽然极不情愿，但还是被迫同意撤退。现在有两条路摆在朱利安面前，一是穿越亚述向西撤退，二是向北撤退，占领位于亚美尼亚和米底之间的科杜内。朱利安进行了献祭，但神明没有明确答复。于是，他决定向北进入亚美尼亚。朱利安对亚美尼亚仍然抱有希望，并且在那里有可能打听到阿萨息斯的消息。对此，我们不禁想到，难道朱利安忘记了《长征记》里的艰难旅程了吗？

不久，远方一团不祥的尘土让罗马军队十分焦虑不安。这尘土到底是出自一群野驴，还是来自撒拉逊人呢？对撤退中的罗马军队来说，撒拉逊人是严重的威胁。又或者是来自波斯大军呢？经过一个焦虑无眠的夜晚，出现在罗马人面前的是全副武装的波斯士兵。他们骑在令人生畏的大象背上。这种架势和气味让罗马士兵和他们的战马都不寒而栗。但罗马士兵没有机会像以前许多战役那样，成功驱赶这些巨兽，证明这些大象对友军比对敌人更加危险。据我们所知，每个骑象者都携带一把短刀，一旦大象出现失控的征兆，就用这把短刀给大象致命一击。

尽管波斯军队的面目令人生畏，罗马士兵还是积极应战。在罗马士兵看来，与行军的痛苦相比，战斗更能激起斗志。但朱利安不愿意在没有充分准备的情况下应战。双方军队隔着一条小溪对峙。有一段时间双方只有一些小规模的战斗和局部的交锋，其间发生了一些英勇事迹①。罗马军队甚至在一个叫胡库姆布拉的地方停下来休整了两天。在接下来几天的行军里，罗马军队频繁遭到敌人的骚扰，诸如辎重被袭、战利品被焚烧等。当到达马兰伽时，罗马人发现波斯人早已摆开阵势。双方展开了激烈交战。这场战斗虽然不能决定战局，但波斯人的损失更加惨重。事实证明，与突如其来的冲锋相比，短兵相接时的波斯人远没有看起来那么强大。这一发现对罗马士兵来说是一种鼓舞。

随后三天的休战，让伤员和筋疲力尽的士兵得以休整。由于粮食匮乏，士

---

① 索西穆斯：《新罗马史》，第3卷，第26章。这里的英勇事迹是指留守色西昔姆的莫鲁斯和马卡马乌斯两兄弟重新加入了朱利安的军队参加战斗。——原注

兵们很难完全恢复。朱利安可以靠清汤过活，随时准备把自己的食物分给最需要的人，但他的部下并不都习惯忍饥挨饿的禁欲生活。

即使在这个时候，朱利安仍然经常在晚上用大量时间进行写作和冥想。有一次，朱利安给士兵们讲了一个故事：也许是因疲劳和焦虑出现的幻觉，朱利安看到了罗马帝国的守护神用长袍遮盖了自己的头和头上的丰饶角，悲伤地离开了。朱利安渴望看到一个更积极的预兆，于是出门仰望星空。这时，一颗明亮的流星从天空划过。第二天早上，朱利安问随军的伊特鲁里亚的占卜师如何解释这个迹象。对方答道，预兆表示罗马军队目前不宜采取军事行动。但朱利安信仰的是赫克托耳①，而不是尼西亚斯②发出的征兆。于是，他下令在拂晓时拔营。

赫克托耳

---

① 赫克托耳是《伊利亚特》中的一位凡人英雄。他是特洛伊第一勇士，在特洛伊战争中指挥特洛伊军队，在与希腊联军第一勇士阿喀琉斯决斗时落败而亡。——译者注
② 尼西亚斯（约前470—前413），雅典将军。公元前421年，在尼西亚斯的主持下，雅典与斯巴达订立《尼西亚斯和约》，停战五十年。——译者注

波斯人故技重施，再度选择游击战。为了避免与罗马步兵正面交锋，他们驻扎在一定距离的高地上监视着罗马军队，随时准备发起突袭，从局部进攻。朱利安试图稳住军队的侧翼，让各方阵牢不可破，但地形的因素决定了偶尔的空隙不可避免。在巡视时，朱利安总是身先士卒。当接到战报，后卫遭到敌军突袭时，朱利安就在主帅营帐中。得到消息，朱利安连甲胄都没有穿戴，便操起盾牌和长剑，急忙冲向战场。在朱利安的激励之下，后卫军稳住了阵脚，但前锋遇袭的消息立即将他召回。他完全不顾周遭如雨的石弹、大象的威胁和激烈的厮杀，竭尽全力指挥士兵恢复秩序，重振士气。敌军撤退逃跑时，朱利安一马当先，奋力追赶。他本应记得，波斯军队即使在全速撤退时，也会使用他们的古老武器，袭击身后的追兵。在朱利安追赶敌人时，一根标枪[①]飞来，刺穿了他的腹部。这是一杆双刃标枪，朱利安试图徒手将它拔出来，却割破了手掌。朱利安大量失血从马上摔了下来，立刻被人抬出战场。由于不断受到侵扰，罗马军队并没有建立牢固的营地，所以罗马士兵只好立刻搭起帐篷来安置朱利安，并为他处理伤口。

朱利安好一会儿都没有意识到自己受了致命伤。当意识恢复时，他要求给自己准备战马和盔甲，然后重回战场，鼓励因自己负伤而绝望的士兵。但失血过多使他十分虚弱。问起自己所在之处时，他得到了"弗里吉亚"的回答，顿时心如死灰。曾有人告诉朱利安，弗里吉亚会是他的魂归之地，就像后来的预言说亨利四世将死在耶路撒冷议事厅一样。朱利安仿佛听到了自己的死刑宣判。毫无疑问，对他而言，死在诸神之母西布莉的圣地弗吉尼亚附近是死得其所。

当意识到自己大限将至，朱利安停止了继续抗敌的努力。在自己体力尚存、心智清醒的情况下，朱利安努力安慰和鼓励朋友和自己，要忠于自己的信念。这些信念在他的脑海中从来没有被皇帝的身份或繁杂的事务掩盖。[②]朱利

[①] 索西穆斯说凶器是一把匕首。但我更倾向于阿米亚诺斯·马尔塞林努斯的说法。——原注
[②] 根据阿米亚诺斯·马尔塞林努斯的记录，朱利安临终前发表了长篇大论。我认为在那种情况下是不太可能的，但这些话可能代表了朱利安临终遗言的主要意思。——原注

标枪刺穿朱利安腹部

安说,自己一直相信灵魂比肉体更高贵。死亡并不是惩罚,而是神明赐给现世建下功勋之人的奖励。此时此刻,回首自己的一生,没有什么事让他感到焦虑和遗憾。作为一名统治者,他一直忠于职守。至于成功,则不是人力所能左右的事;是非功过都由至高无上的神来判定。他很庆幸自己能战死疆场,而不是死于阴谋或背叛,更不是因病魔缠身。朱利安不提名自己的继任者,因为自己的推荐可能考虑不周,给被选中的继任者带来麻烦。他祝愿罗马人能在一位贤明君主的领导下过上幸福生活。

于是,朱利安平静地着手安排私事,毫无悔恨之意和挫败感。这倒不是因为他对罗马帝国未来的命运漠不关心,而是因为他对自己的事业太过自信,不相信自己的死亡会对其造成影响。朱利安虽然问心无愧,但这并不意味着他承认自己一贯遵循的原则就是最高标准。对朱利安来说,人的一切缺点都是来自灵魂与躯体的连接产生的瑕疵,而他即将逃离这个躯体。

然而,在旁观者看来,朱利安流露的些许人情味带来的触动远超过他对一切高尚情操的表达。朱利安要求见一见自己的朋友亚纳多留斯,可能是为了向他表达最后的敬意。这时,刚刚侥幸逃生的萨卢斯特告诉朱利安,亚纳多留斯已经阵亡。朱利安听闻噩耗,悲痛万分。看到一个垂死之人为一个比自己提前几个小时去世的人悲叹,真是令人扼腕。这让那些认识朱利安和亚纳多留斯的人热泪盈眶。朱利安责备了他们,说当他们的皇帝即将被带上繁星点点的天空时,悲伤是一种软弱的行为。然后,朱利安转向站在自己床边的哲学家朋友以弗所的马克西穆斯和普里斯库斯,和他们谈论信仰,诉说离别之情。

大约午夜时分,朱利安的呼吸变得困难。喝了点儿水以后,他安详地离开了人世。

很快,基督教教徒就开始围绕朱利安临终时的情形编造了各种离奇的故事。[1]对此,我们没有找到任何值得相信的权威证明。然而,有一种观点应该

---

① 参见米克和莱因哈特等人的叙述。——原注

值得我们重视：用标枪杀死朱利安的人是来自罗马军营里一个信仰基督教的叛徒。这一观点很早便得到了普遍认同。

对于朱利安之死，上文的叙述与阿米亚诺斯·马尔塞林努斯对这件事情描述是一致的。显然，阿米亚诺斯·马尔塞林努斯是基于第一手资料写的这个故事。然而，众所周知，有些基督教教徒渴望致朱利安于死地。后来，又有一些严肃的作家为这种背信弃义的杀人行为拍手叫好。这两点都清楚地表明，事情的真相可能是另一番样子。雄辩家利巴尼乌斯不喜欢基督教教徒。他深切哀悼朱利安的离世。当然，他也赞成朱利安死于信奉基督教叛徒的谋杀这种说法。利巴尼乌斯的叙述并不完全前后一致，但他认为朱利安一定是因背叛而死去，因为没有波斯士兵向沙普尔二世索要其许诺的赏金。即使利巴尼乌斯在这一点上很有见地，但这一观点尚无定论。混战之后，一个士兵如何证明是自己的标枪射中了朱利安呢？或者，如果杀害朱利安的人是基督教教徒，那么他为什么不向波斯皇帝索要赏金呢？还有人说凶手是撒拉逊人。现在，朱利安遇害的凶器是唯一的证物，但缺乏确凿的证据证明标枪的拥有者。无论是谁杀死了朱利安，人们都会从中看到某种不祥的、超自然的东西。隐士和圣徒看到了远方的异象，人们从朱利安临终的话语中发现了他憎恨和害怕承认的事实：加利利人胜利了，太阳神赫利俄斯抛弃了他的信徒，而木匠之子耶稣为这个亵渎者准备了棺材。

朱利安的死引发的杀戮不亚于他生前的杀戮。他被抬离战场，罗马士兵并未恐慌，而是更加坚决地进攻敌人。据说，有五十名波斯勇士阵亡。除了失去朱利安是最大的损失，罗马军队也伤亡惨重：有几队士兵临阵脱逃，有一队士兵攻陷了附近的一座堡垒并坚守到三天后重新加入主力军队。

比起失败的战役，朱利安之死对罗马人来说是一个无法衡量的损失。在很长一段时间里，没有任何与他有关的消息传回罗马帝国边境。在安条克，利巴尼乌斯还在期盼着新的捷报，却等来了朱利安的死讯。再次给小亚细亚带来巨大破坏的地震似乎预示了这一悲剧的发生。人们常常因迷信而选择用怪诞的形式来表达自己对一件影响深远的事的感受,而朱利安之死的重要性怎么强调都不为过。

除了前面提到过的权威文献,我发现有两篇论文对这一章的主题非常有帮助,分别是西弗斯的《罗马皇帝史研究:朱利安的波斯战争》和莱因哈特的《罗马皇帝朱利安之死》。

第 15 章

朱利安的结局及历史地位

精彩看点

罗马东部：军队的情况——朱维安继任——罗马军队痛苦的行军和耻辱的和平协议——罗马人撤离尼西比斯——朱利安葬于塔尔苏斯——朱维安之死——瓦伦提尼安和瓦伦斯继任——罗马东部的后续事务

罗马西部：朱维安的不明智之举——瓦伦提尼安恢复了朱利安在高卢的政策——朱利安在西部的工作成果

民事政府：瓦伦提尼安和瓦伦斯延续朱利安的厉行节约的政策——瓦伦斯多疑的性格——普罗科皮乌斯的叛乱——朱利安立法政策的延续

宗教事务：基督教教徒的地位和特权得以有条件恢复——瓦伦提尼安赞成君主不干涉教会内部冲突的政策——狄奥多西一世的宗教政策

对朱利安的生平和性格的总结

> 每当白天来到世间,
> 光芒不仅仅射进东窗。
> 在前方,太阳攀缘迟缓,
> 向西看吧,大地已被照亮。

——阿瑟·休·克拉夫

如果这是一部记录一位杰出的顺应时代的英雄、一次成功运动的倡导者或一个机构的创始人的传记,那么在叙述了他的死亡之后,我们的任务将是记录那些继承其思想和权力的人的后续工作。正如我们看到的,朱利安并不是一个顺应时代的英雄。相反,他竭力阻挡时代趋势,试图挽救古老的、日渐没落的事物走向消亡。他勇敢地尝试注入新的能量,却没有建立新的机构。严格地说,他也没有继承人。然而,为了完整概括朱利安的思想和行动,我们有必要简要地分析一下,朱利安无论是作为军事家、政治家,还是作为宗教改革者,在他短暂的一生中为之奋斗的事业的后续情况。

显然,我们要从罗马帝国东部的军事行动说起。朱利安阵亡后,对失去了领袖的罗马军队来说,当务之急是选择一个继任者。这个继任者不仅要担任将军,还要担任罗马帝国的领袖。当时,罗马帝国还没有法律或明确的继承原则,所以如果继任者得到军队的一致推选,几乎不可能遭到反对。但罗马军队并不团结。风度翩翩的维克托和英俊迷人的阿林瑟乌斯是君士坦提乌斯二世的旧部,都希望能接替皇位。而在始终忠于朱利安及其事业的高卢军队中,最杰出的代表达加拉伊夫和内维塔也希望能接替皇位。现在,折中的办法是推举目前担任军队统领、备受尊敬的萨卢斯特为新任罗马帝国皇帝。但萨卢斯特拒绝了这个提议,并建议在军队到达美索不达米亚之前,皇位暂时空缺。萨卢斯特的这个建议实际上是想举荐美索不达米亚的普罗科皮乌斯继承皇位。然而,大家一致认为应当立即做出选择。结果,就像在这种情况下经常发生的那样,一个没有任何明显优势的人——近卫军统帅朱维安,在混乱的选举中意外获胜,成为罗马帝国的新皇帝。这位新皇帝是杰出士兵瓦罗尼安努斯的儿子。朱维安身材高大、为人和善,但在战场上表现平庸,又贪图口腹之欲。为了显示自己与朱利安的不同,朱维安积极地支持基督教。虽然将朱维安描绘成一名因信仰而遭到迫害的基督教教徒的故事值得怀疑,但他公然允许献祭和用动物内脏

钱币上的朱维安

进行占卜的行为，表明了他的宗教路线，也显示出他比朱利安更相信占卜的预言。罗马军队再度开始行军。当得知朱利安阵亡的消息，听说了人们对朱利安的继任者朱维安的描述，沙普尔二世喜出望外，下令继续攻打罗马军队。一些记载显示，波斯军队的确打了几次胜仗。有一段时间，罗马士兵被朱维安和朱利安这两个相似的名字弄得有些恍惚，以为他们敬爱的领袖并未死去，但很快他们就醒悟过来了。罗马军队面临着比以往任何时候都更严重的饥荒和物资匮乏。痛苦的罗马士兵请求再次横渡底格里斯河。一些人尝试渡河，但没有成功。罗马军队不得不队继续沿底格里斯河西岸前进。波斯皇帝沙普尔二世抓住这个机会，向朱维安提出了苛刻的和谈条件。对朱利安来说，这些条件是绝不可能接受的，但朱维安不知廉耻地同意了。萨卢斯特和阿林瑟乌斯试图跟沙普尔二世达成一个更令人满意的停战协议，但没有成功。现在，朱维安急于在罗马军队与普罗科皮乌斯会合之前达成和平协议。据记载，罗马帝国与波斯帝国停战三十年的条件是罗马帝国割让底格里斯河以东的五个行省，即阿尔扎内纳、莫克塞内、扎比蒂卡纳、雷希梅和科杜内，以及尼西比斯和新加拉的两座坚固的要塞。罗马人还必须进一步承诺，不会帮助亚美尼亚国王阿萨息斯对抗波斯帝国。朱维安没有为处于困境的罗马军队提供任何及时的补给。相反，当罗马军队不再沿底格里斯河前进时，他们在忍受饥饿的同时又增添了干渴的痛苦。在蒂尔萨法塔，罗马军队与塞巴斯蒂安和普罗科皮乌斯率领的先遣队会合，而这两人此时还没有表现出任何反叛的迹象。当士兵们满怀期待地来到尼西比斯，这里的居民已经准备好热情迎接新任罗马帝国皇帝。然而，朱维安无颜面对这些被他背叛的人。不久，一名波斯军官到达尼西比斯，坚持要求执行和平条约，要求罗马居民撤离。接下来发生的场景令罗马人心碎：波斯帝国国旗在城中升起，不愿离开家园的尼西比斯人，无论地位高低都请求朱维安允许自己在孤立无援的情况下坚守尼西比斯。然而，这一切是徒劳。尼西比斯的居民指责朱维安，放弃了尼西比斯就等于向波斯人敞开了大门。他们比较了君士坦提乌斯二世的英勇行为与朱维安的卖国行径。（难道他们不知道或不关心朱利安吗?)一位演说家向朱维安献上王冠时,讽刺道:"皇帝陛下,愿您统治下的所有城市都这样为您加冕!"尼西比斯的居民被迫撤离,带着能带走的家当,带着对家园和祖坟的不舍。而稍微令人宽慰的是,他们中的许多人在仍然属于罗马的阿米达找到了新家。朱维安留下一名军官履行和平条约中的剩余条款,自己则急匆匆地向君士坦丁堡进发,渴望早日在那里加冕。在安条克,朱维安让他的部下稍做休息,然后继续前往塔尔苏斯。此前,普罗科皮乌斯护送朱利安的灵柩已经抵达塔尔苏斯。格列高利·纳西昂这样写道,当看到护送灵柩的队伍经过时,人们进行了一些滑稽表演,讽刺已故皇帝朱利安的行为和举止。安条克人当然不是没有能力这样做,但朱利安的灵柩没有在安条克停留,护送灵柩的队伍很可能并没有经过安条克。就这样,罗马帝国最后一位信仰希腊文化的皇帝朱利安的遗体一度安葬在塔尔苏斯这片异教徒的出生地。朱利安的墓碑上是一首六步格诗:"朱利安长眠于此,他在奔腾不息的底格里斯河畔殒命。他是一位好君主,也是一名勇士。"据说,朱利安的遗骨后来被迁

塔尔苏斯的古老城门

到君士坦丁堡，葬于妻子海伦的墓旁。在阿米亚诺斯·马尔塞林努斯看来，对朱利安来说，罗马城似乎是更适合他安息的地方，那里有诸神的神殿和古代英雄的纪念碑。

朱维安并未实现自己的目标。公元364年新年的第一天，在安卡拉，朱维安再次表现出对罗马帝国尊严的漠视——任命自己年幼的儿子为执政官。有一天晚上，在位于比提尼亚和加拉太交界处的达达斯塔那，人们发现朱维安死在自己的床上。有人把朱维安的死因归结为消化不良；也有人认为是煤烟引起的窒息，就像朱利安在巴黎差点窒息时那样；还有人怀疑是谋杀。无论朱维安到底因何而死，已经没有什么人关心。罗马军队已经开始着手选立新皇帝。萨卢斯特再次受到推举，但他还是拒绝了。于是，皇位落在了候选人瓦伦提尼安的头上。瓦伦提尼安是一名功勋卓著的军人。他请求与自己的弟弟瓦伦斯共同

瓦伦提尼安

执掌罗马帝国。这个提议很快得到了允许。现在，罗马帝国又回到了戴克里先创立的共治局面：罗马帝国仍是一个统一的国家，但有了两位皇帝，分别负责东部和西部的事务。瓦伦斯居住在安条克。从那时起，他就致力于解决波斯人的问题。虽然罗马人已经承诺放弃与亚美尼亚结盟，但当沙普尔二世入侵亚美尼亚并俘虏了亚美尼亚国王阿萨息斯时，亚美尼亚人自然会向罗马帝国求援。与此同时，波斯人还企图干涉伊比利亚。被囚禁的亚美尼亚国王阿萨息斯驾崩后，瓦伦斯热情地收留了阿萨息斯的儿子帕拉，并派军队帮助得到罗马支持的候选人分别登上伊比利亚和亚美尼亚的国王宝座。但随后出现的困难使罗马人提出要与波斯帝国分割伊比利亚王国，而沙普尔二世直到一场战役失败后才同意了这项提议。与此同时，沙普尔二世和瓦伦斯有一个共同的对手，那就是狡诈的帕拉。帕拉最终惨死在罗马帝国使者手中。如果此时波斯帝国的国力足够强大，或者沙普尔二世有能力非凡的继任者，那么波斯人可能会进一步瓜分罗马人的领土。然而，最终的解决方案是亚美尼亚被罗马帝国和波斯帝国分割。亚美尼亚长期分离使东方教会分裂出不同的教派。

　　如果朱利安还活着并实现了他征服波斯的计划，罗马帝国和波斯帝国最终能否形成更符合罗马帝国利益的关系，我们不得而知。朱利安要想扶植一个附庸于罗马帝国的波斯皇帝，需要花费大量的金钱，并为其提供充足的保障。即便如此，我们也不能肯定，霍尔米斯达斯及其王朝会一直忠于支持自己的罗马人。然而，为了维护罗马人在美索不达米亚的霸权，以及罗马人在亚美尼亚和伊比利亚的统治地位，朱利安付出了巨大的努力。由于疏于沟通，朱利安低估了罗马帝国东部战争的巨大困难，没有成为又一个亚历山大大帝，未能完成在东方的土地上传播希腊和罗马的宗教、文化和生活方式的梦想。

　　此时，在罗马帝国西部，事实证明朱利安的军事行动和行政改革并没有被遗忘。的确，阿勒曼尼人借朱利安之死再次拿起了武器。如果朱维安在任命将领的问题上一意孤行，将使罗马西部陷入严重的危机。朱维安派人从亚细亚前往高卢，宣布由自己的岳父卢西利安担任军队统帅，要求骁勇善战的约维努斯将骑兵和步兵的指挥权移交给卢西利安。这项任命直接导致高卢军队哗变。卢西利安被杀，而约维努斯官复原职。这对稳定高卢局势非常有利。瓦伦提尼安通过一系列军事、民事的部署和行动，证明自己才是朱利安的继承人。瓦伦提尼安在巴黎定居了一段时间。像朱利安一样，他努力减轻高卢人的负担，解决人们的困难。瓦伦提尼安的成就在于，在边境的战略要地修建防御工事巩固了罗马边防，并对邻国的敌人开展了一系列积极的军事行动，使罗马军队在摩泽尔河和内卡河流域名声大振。但罗马帝国边界的防御变得越来越困难。一些野蛮部落在迁徙途中闯入罗马帝国的领土。尤其是当勃艮第人开始出现在莱茵河上游，哥特人出现在多瑙河时，形势变得十分严峻。罗马人试图在蛮族部落之间挑起纷争，用一个部落对抗另一个部落，但这个计策终究不能长久。瓦伦提尼安死后不久，他的弟弟瓦伦斯允许大批哥特人在罗马帝国的领土上定居。哥特人因此获得了据点，即使是后来狄奥多西一世成功的军事行动也没能赶走他们。另外，朱利安认为有必要吸纳蛮族士兵加入罗马军队。后来，蛮族人在罗马军队中的数量越来越多，对罗马产生了巨大影响。即使是在一个兵强马壮的国家，再英明的统治者也不可能长期阻止蛮族入侵。然而，在评判朱利安与其继任者取得的成就时，我们必须记住，他们每次拖延蛮族的入侵都收获显著。在罗马帝国，有一些能力出众的蛮族人。他们无论是在军队服役，还是在宫廷为官，都在学习先进的管理经验和文明的生活理念。罗马人抵御蛮族入侵的时间越长，这些在罗马效力的蛮族人就越有可能掌握和保留一些古代文明的遗迹，毕竟这些遗迹后来都由这些蛮族人掌控。

  在宫廷和政府的协调下，朱利安的离世并没有引发暴力骚乱。瓦伦提尼安和瓦伦斯两位新皇帝确实希望在许多方面沿用朱利安的政策。通过为朱利安修陵的行为，我们可以看出他们对已故皇帝朱利安的尊重。瓦伦提尼安和瓦伦斯都习惯过简朴的生活，厌恶从戴克里先时代开始皇宫里盛行的奢靡之风。当然，也有一些挑拨离间的人，他们急于清除深受朱利安器重的人并取而代之。至少，瓦伦斯并没有彻底忽略这些离间之词。普罗科皮乌斯就是朱利安驾崩后遭受不公待遇的代表。在塔尔苏斯为朱利安的遗体举行了最后的仪式之后，普罗科皮乌斯被迫过着默默无闻的流浪生活，躲避来自瓦伦斯的敌意。过了一段时间，普罗科皮乌斯趁瓦伦斯不在亚细亚时，来到君士坦丁堡，通过贿赂和游说得到了一部分军人的拥护。随后，普罗科皮乌斯发动叛乱，自立为王。然而，普罗科皮乌斯似乎没有多少追随者。包括萨卢斯特在内，罗马军队最优秀的军官都忠于瓦伦斯。普罗科皮乌斯为了实现野心，吸纳了哥特人和其他蛮族人加入自己的队伍。他的这种行为玷污了朱利安赐给他的紫色长袍。同时，普罗科皮乌斯得到了君士坦提乌斯二世的遗孀福斯蒂娜的支持。君士坦提乌斯二世的女儿君士坦蒂娅在这场疯狂的叛乱中充当了傀儡。但福斯蒂娜的支持并没有给普罗科皮乌斯带来多大的帮助。我们无法确定，普罗科皮乌斯的宗教主张在多大程度上代表了古希腊多神教。普罗科皮乌斯取得了几次胜利，最终在弗里吉亚被俘，被残忍地处死。普罗科皮乌斯是一个沉默寡言的人，他的主张没有得到广泛地宣传。我们认为，普罗科皮乌斯没有多少机会表明自己继承了朱利安的思想。后来，君士坦蒂娅嫁给了瓦伦提尼安的儿子格拉提安。这种联姻让瓦伦提尼安和瓦伦斯与君士坦提乌斯二世之间建立了某种联系。

　　除了少数调整，朱利安的继任者采纳了朱利安制订的总体目标。在立法方面，朱利安的继任者显示出与朱利安同样的愿望：让法庭履行其职责，遏制官员滥用权力，尤其是在邮政系统。但健全和持久改革不能一蹴而就。在君士坦丁大帝死后的五十年里，在狄奥多西一世懦弱的儿子们的统治之下，罗马帝国的宫廷铺张浪费，官员贪污腐败、压迫百姓的现象屡见不鲜。这说明仅靠立法不足以遏制腐败。腐败已经侵蚀了罗马社会的各个角落。另外，朱利安对医学和科学的鼓励政策并没有中止。这体现在君士坦丁堡大学开明的教育规定中，体现在对医疗职业一如既往的优待上。

　　在宗教事务方面，朱利安的继任者没有立即推翻朱利安的政策，当然也没有回到君士坦提乌斯二世遵循的路线。众所周知，朱维安、瓦伦提尼安和其继任者都是基督教教徒。尽管我们没有理由将他们列为多神教的受害者，但他们的宗教信仰没有影响到军队和普通罗马人对他们的认可，那些追随普罗科皮乌斯的人除外。这一事实表明，多神教信徒往往并不掌权，或者对权力缺乏热情。然而，这种相对宽容的宗教政策来自决策者的谨慎。朱维安恢复了军旗上的基督教象征，并颁布法令保护献身宗教的妇女。然而，正如前文提到的，朱维安毫无顾忌地相信祭祀和占卜的预言。在瓦伦提尼安和瓦伦斯统治时期，神职人员的特权逐渐得到恢复；信奉基督教的教师再次获得了教育年轻人的权利；礼拜日和复活节再次成为公众假日；教会的财产不再供教堂使用，而是供国家使用；涉及流血和夜间举行的祭祀活动被严令禁止。然而，伊洛西斯秘仪不在禁止之列。这是政府顺应民意而做出的让步。罗马一度宣称要保护所有宗教的信徒的自由和安全，但在宗教狂热、情绪高涨的地方，这自然是不可能做到的。许多古代建筑和雕像成了破坏偶像热潮的牺牲品；许多信徒被指控使用巫术，因忠于古老而神秘的仪式而受到惩罚。新柏拉图主义者成为被迫害的对象。而瓦伦斯的忌妒和猜疑为这种迫害活动推波助澜。最终，以弗所的马克西穆斯和他的几个追随者成了多神教的殉道者。总的来说，多神教的教义并不能激发信徒殉道的欲望。在边远地区，古老的迷信可能会在多神教信徒中长期存在。而在大城市，古老的神殿成为废除旧仪式的一种障碍。当格拉提安和其后的狄奥多西一世对多神教采取更严厉的措施，关闭神殿、禁止一切祭祀活动时，并没有遭到激烈反对，也没有人因此愤愤不平、打算离开。这些禁令很可能并没有得到严格执行。但埃及是个例外。在那里，愤怒的僧侣和盲目的信众组织了抗议活动。在格拉提安统治期间，胜利女神的圣坛第二次被逐出罗马元老院标志着多神教在罗马失势。这件事引发了一场争论。在这场争论中，人们也许是第一次发现，罗马帝国皇帝站在正统天主教一边，主张彻底分离世俗政治和宗教戒律。

　　同时，朱利安制定的不干涉教会内部冲突的政策在很大程度上得到了遵守。朱维安虽然偏爱尼西亚派的亚他那修，让亚他那修回到亚历山大城并在那里安详地死去，但不愿满足尼西亚派主教们提出的要求。他拒绝发表一则有利于尼西亚派的声明，而是以对所有寻求教会和平的人都表示善意来回应尼西亚派的要求。同样，瓦伦提尼安虽然赞同主张圣父、上帝、圣子、耶稣同为一体的同质论，但更愿意让教会管理自身事务。瓦伦提尼安声称："我不过是一个俗人。"当有人要求他参加宗教会议，与主教们讨论教义时，他说："这类事情让主教们在自己喜欢的地方集会讨论吧。"然而，瓦伦提尼安并不是始终对宗教保持冷漠的态度。有时，他的弟弟瓦伦斯被描绘成一个宗教迫害者。瓦伦斯在阿里乌派主教的主持下接受洗礼，其奉行的宗教政策引发了尼西亚派和半尼西亚派的不满。但瓦伦斯的宗教措施是否针对一切宗教派系，是否是出于阻止禁欲主义退出罗马世界的愿望，是否与同质论的观点密切相关，我们不得而知。然而，那些能够以某种形式接受《尼西亚信经》的人走到了一起。在安条克，教会的分裂得以弥合。虽然我们仍能看到不同的基督教派别，但阿里乌派似乎没有太强的生命力。因此，教会和国家领导人有机会统一教会。教会中的一些领袖，尤其是梅蒂奥拉努的安布罗斯，对格拉提安和狄奥多西一世产生了巨大的影响，他们的努力也趋向于同一目标。最终，狄奥多西一世，这位热爱秩序和规则的士兵，在战胜哥特人之后颁布法令，命令所有罗马人信奉《尼西亚信经》，禁止在城镇举行异教集会。至此，朱利安的宗教宽容政策宣告结束。但这种宽容政策在其持续过程中为适者生存的法则提供了空间。

　　朱利安并不是靠自身成就，而是靠他付出的努力和他的身份，使自己在古往今来引人瞩目的人物中占有一席之地。我们简述他的生平和所作所为，主要是为了描绘他的性格和他与那个时代的关系。因此，进一步考察朱利安的思想和原则是多余的。读者希望有充分的史料来形成对朱利安的判断，但这几乎是不可能的。这并不像人们获得自己父辈的材料那样容易。朱利安一直被那些和他有着类似宗教热情的人憎恨。那些被朱利安深恶痛绝、对他持怀疑态度的人，却十分钦佩朱利安。朱利安被描绘成一个不切实际的"浪漫主义者"，一个卓越的将军和政治家。如果以一种同理心公正地看待朱利安，也就是想象自己站在他的角度，那么我们看到的将不是一个卓越的政治家、战略家、文学家或宗教哲学天才，也不是一个拥有美德和权力、无与伦比的人物，而是一个为实现理想而认真做事的人。朱利安如果拥有更敏锐的洞察力，并且前进的脚步不那么狂热，就会做得更好。朱利安的墓志铭写道：他是一位好君主，也是一名勇士。然而，朱利安在安条克的行为表明，他不能治理好一个无序的城市；他在波斯战争中对防范措施的忽视，让我们无法将他列入杰出将军的队伍。朱利安的写作风格，就他所处的年代来说，可能被认为是一种纯粹的风格。但他写得过于仓促，所以没有产生任何传世佳作。他是一位思想家，常常能认清那些被习俗和偏见遮蔽的事物，但他的头脑不够冷静，我们无法把他视为杰出的哲学家。他个性鲜明，有着热烈的情感、强烈的正义感、持久的道德责任感。此外，他是一个异常坦率的人。当被迫装糊涂的不幸日子结束之后，朱利安总是光明正大地生活，时不时地表达自己内心的渴望和宣扬生活的原则。他热爱真理和美德，却无法看清一些显而易见的事实；他渴望公平，但没有始终公平地对待那些他不能理解的人；他意识到在自然规律和历史法则面前，人的努力是微不足道的，但看不到自己以一己之力违逆时代潮流的行为是多么的无力。

不过，朱利安的过错可以得到宽恕，因为他爱得炽烈。撇开朱利安短暂而曲折的职业生涯，我们会发现，他自始至终遵循的主要原则是出于对希腊思想和生活理念的热爱。正是这种热爱让朱利安下定决心阻止他认为的野蛮和不体面的势力摧毁希腊文明孕育的思想和理想。朱利安认为这些思想和理想让人们学会尊重美和秩序，学会追求合理、自足的生活，学会在清晰的法律和人道的制度下有序地生活。谁能说这个原则不值得为之奋斗呢？谁又能说人们按照这种原则生活，不会有好的结果呢？

毕竟，这份事业最终取得的胜利不像朱利安希望的那样，通过遏制基督教来实现，更不是通过消灭基督教精神来实现，而是通过将希腊文化中的一些永恒元素渗透到社会、思想和实际生活中实现的。朱利安认为，从巴勒斯坦传来的基督教思想在希腊思想复兴的光辉面前很快就会黯然失色。如果说朱利安的这种想法是错误的，那么那些认为希腊文化随着朱利安的死一起被埋进坟墓的人同样目光短浅。时而向好，时而向坏，当两种不同的思潮混合在一起，很难想象其中一种会与另一种截然分开。敌人胜利的呼喊似乎还回荡在朱利安临终的床前。然而，站在历史评判的角度，我们认为这种胜利是站不住脚的，因为最终打败朱利安的是耶稣，而不是加利利人。

译名对照表

A Collection of Letters	《书信集》
A letter to the Alexandrians	《致亚历山大人的信》
Aargau	阿尔高州
Abraham	亚伯拉罕
Absolute Monarchy	君主专制政体
Acacius	阿卡修斯
Achilles	阿喀琉斯
Acroplis	雅典卫城
Adonis	阿多尼斯
Adoration of the Magi	三博士来朝
Adriatic	亚得里亚海
Adrien Naville	阿德里安·纳维尔
Aedesius	埃代西乌斯
Aegyptus	埃及
Aeschines	埃斯基涅斯
Aeschylus	埃斯库罗斯
Aesop's Fable	《伊索寓言》
Aetius	埃提乌斯
Aetolia	埃托利亚
Africa	阿非利加
Against Celsus	《驳塞尔苏斯》
Against Heraclius the Cynic	《驳斥犬儒赫拉克利乌斯》

Agamemnon	阿伽门农
Agenaric	阿赫纳里克
Agesilaus	阿格西劳斯
Agnoeli	阿涅利
Ahriman	阿赫里曼
Alexander	亚历山大
Alexander Severus	亚历山大·塞维鲁
Alexander the Great	亚历山大大帝
Alexandria	亚历山大城
Alfred, Lord Tennyson	阿尔弗雷德·丁尼生
Alice Gardner	爱丽丝·加德纳
Aliguld	阿利古尔德
Allemanni	阿勒曼尼
Alma Mater	母校
Alps	阿尔卑斯山脉
Alsace	阿尔萨斯
Alsace-Lorraine	阿尔萨斯-洛林
Alypius	阿利皮乌斯
Ambrose	安布罗斯
Ameretat	阿米尔塔特
Amesha Spentas	七大天使
Amida	阿米达
Ammianus Marcellinus	阿米亚诺斯·马尔塞林努斯
Amorgos	阿莫尔戈斯
Amphiaraus	安菲阿剌俄斯
Anatho	阿纳托
Anatolius	亚纳多留斯
Ancient Geography	《古代地理学》
Ancyra	安卡拉
Andernach	安德纳赫
Anicii	阿尼西尼
Anicius Julianus	安尼修斯·尤利安努斯

Anomoeans	非同质派
Antioch	安条克
Antiochus IV	安条克四世
Antisthenes	安提西尼
Antoninus	安敦尼
Antoninus Pius	安敦尼·皮乌斯
Apamea	阿帕梅亚
Aphrodite	阿佛洛狄忒
Apodemus	阿普德摩斯
Apollinarius	阿波里拿留
Apollo	阿波罗
Apollonius of Tyana	《泰安那的阿波罗尼奥斯》
Aquileia	阿奎莱亚
Aquitaine	阿基坦
Aquitania	阿基塔尼亚
Arabia Deserta	阿拉伯沙漠
Arbetio	阿尔贝提奥
Arghi Dagh	阿赫·达吉
Argos	阿尔戈斯
Ariminum	阿里米努姆
Arinthaeus	阿林瑟乌斯
Aristides the Just	公正的阿里斯提得斯
Aristophanes	阿里斯托芬
Aristotle	亚里士多德
Aristoxenus	亚里士多塞诺斯
Arius	阿里乌
Arles	阿尔勒
Armenia	亚美尼亚
Arrian's Discourses of Epictetus	《爱比克泰德谈话集》
Arsaces	阿萨息斯
Arsacius	阿萨西乌斯
Artabius	亚达比乌斯

Artaxerxes II	阿尔塔薛西斯二世
Artemius	阿尔特米乌斯
Arthur Hugh Clough	阿瑟·休·克拉夫
Arthur Wellesley	阿瑟·韦尔斯利
Arundel Society	阿伦德尔协会
Aryan	雅利安人
Arzanena	阿尔扎内纳
Aschaffenburg	阿沙芬堡
Asclepiades	阿斯克利皮亚斯
Asclepios	阿斯克勒庇俄斯
Asia	亚细亚
Asia Minor	小亚细亚
Assyria	亚述
Athanasius	亚他那修
Athene	雅典娜
Attalids	阿塔罗斯王朝
Attic Ephebi	《雅典男青年》
Attuarian	阿图尔人
Atys	阿提斯
Augustine of Hippo	希波的奥古斯丁
Augustodunum	奥古斯托杜姆
Augustus	奥古斯都
Auranitis	霍兰
Aurelian	奥勒利安
Auxerre	欧塞尔
Babylas	巴比拉斯
Babylon	巴比伦
Babylonia	巴比伦王国
Bainobaudes	贝诺巴德斯
Baleares	巴利阿里群岛
Barbatio	巴尔巴提奥
Basel	巴塞尔

Basil of Caesarea	凯撒里亚的巴西流
Basilina	巴西莉娜
Batavi	巴达维人
Batnae	巴特纳
Belgica	贝尔吉卡
Belgium	比利时
Bergzabern	贝格察本
Bernays	伯奈斯
Beroea	贝罗伊
Besancon	贝桑松
Besantio	贝桑蒂奥
Bezabda	贝扎布达
Bill of Rights	《权利法案》
Bingen	宾根
Birthday of the Unconquered Sun	无敌的太阳神的生日
Bithynia	比提尼亚
Black Forest	黑森林
Bodensee	博登湖
Bonn	波恩
Bosphorus	博斯普鲁斯海峡
Bostra	布斯拉
Britannia	不列颠尼亚
British Isles	不列颠群岛
British Museum	大英博物馆
British School at Athens	雅典不列颠学院
Brooke Noel Moore	布鲁克·诺埃尔·穆尔
Brucker	布鲁克
Brumath	布吕马特
Burgundii	勃艮第人
Caesar	恺撒
Callinicus	卡利奈孔城
Callixena	卡利克谢纳

Calypso	卡吕普索
Cappadocia	卡帕多西亚
Caracalla	卡拉卡拉
Carinus	卡里努斯
Carrhae	卡雷
Carthage	迦太基
Carus	卡鲁斯
Cassianus	卡西亚努斯
Castalian	卡斯塔利亚
Catanii	卡塔尼
Catholic	天主教会
Celsus	塞尔苏斯
Celtic	凯尔特
Celts	凯尔特人
Chalcedon	卡尔西登
Chalcis	哈尔基斯
Chalons-sur-Saone	索恩河畔沙隆
Chamavi	查玛维
Charietto	沙里埃托
Charles XII	卡尔十二世
Chief Apparitor	首席执政官
Chionites	匈尼特人
Chnodomar	奇诺多马尔
Christ	基督
Chrysanthius	克里斯桑修斯
Chryses	克律塞斯
Church Fathers	基督教牧师
Church History	《教会史》
Cicero	西塞罗
Cilicia	奇里乞亚
Circesium	色西昔姆
Cithara	西塔拉琴

Claudius	克劳狄乌斯
Claudius II	克劳狄乌斯二世
Cleanthes	克里安西斯
Clement of Alexandria	亚历山大的革利免
Coblentz	科布伦茨
Coche	科切
Cologne	科隆
Comites	扈从长官
Commagene	科马基尼
Commentaries	《高卢战记》
Commodus	康茂德
Como	科莫
Confessions of Augustine	《奥古斯丁的忏悔录》
Constantina	君士坦提娜
Constantine the Great	君士坦丁大帝
Constantinople	君士坦丁堡
Constantius II	《君士坦提乌斯二世》
Constantius I	君士坦提乌斯一世
Consul	执政官
Consul of the Roman Empire	罗马帝国执政官
Contra Christianos	《驳斥基督徒》
Corduene	科杜内
Corinth	科林斯
Corinthian	科林斯人
Corsica	科西嘉
Council of State	国务会议
Count of Dreams	梦之判官
Crates	克拉泰斯
Creator	造物主
Crispus	克里斯普斯
Cronia	《克洛尼亚节》
Cronos	克洛诺斯

Ctesiphon	泰西封
Cursus Publicus	公共邮政
Cybele	西布莉
Cynicism	犬儒学派
Cyprus	塞浦路斯
Cyril	西里尔
Cyrus	居鲁士
Cyzicus	基齐库斯
Dacia	达契亚
Dacian	达契亚人
Dadastana	达达斯塔那
Dalmatian	达尔马提亚人
Dalmatius	达尔马提乌斯
Dalmatius the Younger	小达尔马提乌斯
Damascus	大马士革
Danube	多瑙河
Daphne	达佛涅
Darius	大流士
Darius the Great	大流士大帝
Dark Ages	黑暗时代
De Antiquitatibus Antiochenis	《安条克的古董》
De Civ. Dei	《上帝之城》
De Iside et Osiride	《奥尔莫兹德和阿赫里曼》
De Vita et Scriptis Juliani imperatoris	《朱利安传》
Death of Peregrinus	《佩雷格里努斯之死》
Decalogue	摩西十诫
Decentius	德森提乌斯
Decurion	十夫长
Demeter	得墨忒耳
Demetrius I	德米特里一世
Demiurgus	德米尔古斯
Demonax	泽莫纳克斯

Demosthenes	狄摩西尼
Der Tod des Kaisers Julian	《罗马帝国皇帝朱利安之死》
Didius Julianus	狄第乌斯·尤利安努斯
Didymaean oracle	狄迪梅亚神谕
Dies Solis	礼拜日
Diké	狄刻
Diocese	管区
Diocletian	戴克里先
Diogenes	第欧根尼
Diogenes Laertius	第欧根尼·拉尔修
Dionysus	狄俄尼索斯
Divine Providence	神的旨意
Dominus et deus	主与神
Domitian	图密善
Donatists	多纳图斯派
Dr.Mücke	米克博士
Drav	德拉弗
Duce	军事首领
Duke of Wellington	威灵顿公爵
Dura	杜拉
Dynamius	狄纳米乌斯
Early Gnostic Gems	《早期诺斯底教派的瑰宝》
Ecclesiastical History	《教会史》
Ecdicius	埃克迪修斯
Ecole d' Alexandrie	《亚历山大学院》
Edessa	埃德萨
Edward Bunbury	爱德华·邦伯里
Edward Gibbon	爱德华·吉本
Elagabalus	埃拉加巴卢斯
Elbe	易北河
Eleusinian Mysteries	伊洛西斯秘仪
Eleusius	埃留修斯

Elis	小埃利斯
Epaminondas	伊巴密浓达
Ephesus	以弗所
Epictetus	爱比克泰德
Epicureans	伊壁鸠鲁学派
Epicurus	伊壁鸠鲁
Epiphany	主显节
Ernest Gardner	恩斯特·加德纳
Eros	厄洛斯
Eternal City	永恒之城
Etruscan	伊特鲁里亚
Eumaeus	欧迈俄斯
Eunapius	尤纳皮乌斯
Euphrates	幼发拉底河
Euripides	欧里庇得斯
Eusebia	优西比娅
Eusebius	优西比乌
Eusebius	优西比乌斯
Eustathius	优斯塔修斯
Eutherius	优特瑞乌斯
Euzoius	优佐乌斯
Fates	命运三女神
Faustina	福斯蒂娜
Festival of Adonis	阿多尼斯节
Festival of the Nativity	耶稣诞生节
First Invective	《第一次抨击》
Flavius Claudius Julianus	弗拉菲乌斯·克劳狄乌斯·尤利安努斯
Florentius	弗洛伦蒂乌斯
Forum of Trajan	图拉真广场
Fragment	《片段》
Francis Bacon	弗朗西斯·培根
Franks	法兰克人

Frederick William	腓特烈·威廉
Furies	复仇三女神
Galatia	加拉太
Galba	加尔巴
Galerius	加莱里乌斯
Galilaeans	加利利人
Galla	加拉
Gallia Narbonensis	纳博讷高卢
Gallienus	加里努斯
Gallus	加卢斯
Gaston Boissier	加斯顿·布瓦西耶
Gaudentius	高登提乌斯
Genesis	《创世记》
George Hill	乔治·希尔
George IV	乔治四世
George of Cappadocia	卡帕多西亚的乔治
George Rawlinson	乔治·罗林森
Gerald Henry Rendall	杰拉尔德·亨利·伦德尔
German Nations	日耳曼部落
Germania	日耳曼尼亚
Geta	盖塔
Gnaeus Pompeius	格涅乌斯·庞培
Gnostic	诺斯底教派
Gonville and Caius College	剑桥大学冈维尔凯斯学院
Gordian	戈尔狄安
Gospel	福音
Goths	哥特人
Gratian	格拉提安
Gregory Nazianzen	格列高利·纳西昂
Grunbates	格伦贝茨
Gual	高卢
Gundomad	贡多马德

Gwatkin	格沃特金
Hades	哈得斯
Haemus	哈伊莫司
Hamlet	《哈姆雷特》
Hannibalianus	安尼巴利亚努斯
Hebrew	希伯来
Hecate	赫卡忒
Hecebolius	赫塞博利乌斯
Hecker	赫克
Hector	赫克托耳
Helena	海伦娜
Helen	海伦
Helenopolis	海伦波利斯
Helepolis	攻城塔
Heliogabalus	赫利奥加巴卢斯
Hellene	希腊人
Hellenism	希腊文化
Henry Hallam	亨利·哈勒姆
Henry IV	亨利四世
Henry Wotton	亨利·沃顿
Hermes	赫尔墨斯
Herodotus	希罗多德
Hertlein	赫特莱因
Heruli	赫鲁利人
Hesiod	赫西俄德
Hexameters	六步格诗
Hierapolis	耶拉波利斯
Himerius	希迈里奥斯
Hispania	西班牙
Hist. Phil	《哲学史》
Historia Ecclesiastica	《教会史》
Historia Nova	《罗马新史》

History of the Organ	《管风琴发展史》
History of the Peloponnesian War	《伯罗奔尼撒战争史》
Holland	荷兰
Homer	荷马
Homoeans	类同质派
Homoousian	同质论
Homoousios	本体同一
Hopkin	霍普金
Hormisdas	霍尔米斯达斯
Hortar	霍尔塔
Hucumbra	胡库姆布拉
Hygieia	许革亚
Hymn to Zeus	《宙斯颂》
Hyperides	希佩里德斯
Iamblichus	伊安布利霍斯
Iberia	伊比利亚
Iliad	《伊利亚特》
Illyria	伊利里亚
Illyricum	伊利里库姆
Ionian	爱奥尼亚
Isaac	以撒
Isaurians	伊苏利亚人
Isere	伊泽尔河
Isis	伊希斯
Israel	以色列人
Istria	伊斯特里亚
Italia	意大利
Italian	意大利人
Ivernia	艾弗尼亚
Jacob	雅各布
Jean Reville	让·雷维尔
Jerome	哲罗姆

Jerusalem	耶路撒冷
Jerusalem Chamber	耶路撒冷议事厅
Jewish Quarterly Review	《犹太季刊》
Jiscus	国库
John Chrysostom	约翰·赫里索斯托姆
Jovianus	朱维安
Jovinus	约维努斯
Jovius	约维斯
Judaism	犹太教
Julian	朱利安
Julian's Kriegsthaten	《朱利安的战争》
Julian's Leben und Schriften	《朱利安的生平与著作》
Julianus	《尤利安努斯》
Julius Constantius	尤利乌斯·君士坦提乌斯
Justin Martyr	殉道者查士丁
Juthungi	朱图吉
Kleve	克莱沃
La Fin du Paganisme	《异教徒的终结》
La Religion a Rome sous les Severes	《罗马的宗教》
Labarum	罗马军旗
Laeti	拉蒂
Lake Constance	康斯坦茨湖
Laura Archer-Hind	劳拉·阿彻-欣德
Le droit publique romain	《罗马公法》
Leonas	莱奥纳斯
Leontius	莱昂提乌斯
Lesbos	莱斯博斯岛
Letter to the Athenians	《致雅典人的信》
Libanius	利巴尼乌斯
Liberius	利贝里乌斯
Libinio	利比尼奥
Libya	利比亚

Licinius	李锡尼
Life and Times of Chrysostom	《赫里索斯托姆时代》
Limigantes	利米甘特斯
Litarbae	利塔贝
Loire	卢瓦尔河
London	伦敦
Lucian	卢西恩
Lucian und die Cyniker	《卢西恩与犬儒学派》
Lucillian	卢西利安
Lucillianus	卢西利亚诺斯
Lucius F. Philostratus	卢修斯·F. 菲洛斯特拉图斯
Lucius Verus	卢修斯·韦鲁斯
Lugdunensis	卢格敦高卢
Lugdunum	卢格杜努姆
Lupicinus	卢皮奇努斯
Lutetia	鲁特西亚
Lycurgus	来库古
Macedonian	马其顿
Macellum	马塞鲁
Machamaeus	马卡马乌斯
Macrinus	马克里努斯
Magister Equitum	骑兵统领
Magister Peditum	步兵统领
Magnentius	马格嫩提乌斯
Magnus	马格努斯
Main	美因河
Maine	曼恩河
Malalas	马拉拉斯
Mamertinus	马梅尔蒂努斯
Manichees	摩尼教
Maogamalcha	毛加玛恰
Maranga	马兰伽

Marcellus	马塞勒斯
Marcus Aurelius	马库斯·奥勒留
Marcus Licinius Crassus	马库斯·李锡尼·克拉苏
Marcus of Arethusa	阿瑞托萨主教马库斯
Mardonius	马尔多尼乌斯
Mare Phoenicium	腓尼基海
Mary Magdalene	抹大拉的玛丽亚
Mauritanian	毛里塔尼亚
Maurogordateios Bibliotheke	毛里塔尼亚图书馆
Maurus	莫鲁斯
Maury Louis Ferdinand	莫里·路易斯·费迪南德
Maximian	马克西米安
Maximus of Ephesus	以弗所的马克西穆斯
Mazda Ahura	马兹达·阿胡拉
Media	米底
Mediolanum	梅蒂奥拉努
Meditations	《沉思录》
Mercurius	默库里乌斯
Merus	梅鲁斯
Mesopotamia	美索不达米亚
Metz	梅斯
Meuse	默兹河
Michael Adler	迈克尔·阿德勒
Midas	弥达斯
Minos	弥诺斯
Misopogon	《厌胡者》
Mithras	密特拉
Mitylene	米提利尼
Monro	门罗
Mopsucrene	莫普苏克雷
Mosaic	摩西
Mosel	摩泽尔河

Moxoene	莫克塞内
Mt. Casius	卡修斯山
Mursa	穆尔萨
Muses	缪斯
Musonianus	穆索尼亚努斯
Mygdonia	米哥多尼亚
Mylitta	米利塔
Nabdates	纳贝茨
Naissus	纳苏斯
Narbonne	纳博讷
Narses	纳尔西斯
Nebridius	内布里迪乌斯
Neckar	内卡河
Nemesis	涅墨西斯
Neo-Cynics	新犬儒主义者
Neo-Platonist	新柏拉图主义者
Neo-Pythagoreans	新毕达哥拉斯主义
Nepotian	尼波提亚安
Nereus	涅柔斯
Nero	尼禄
Nerva	涅尔瓦
Neumann	纽曼
Nevitta	内维塔
New Testament	《新约》
Newnham College, Cambridge	剑桥大学纽纳姆学院
Nicaea	尼西亚
Nicene Creed	《尼西亚信经》
Nicias	尼西亚斯
Nicomedia	尼科美底亚
Nigrinus	尼格里努斯
Nile	尼罗河
Nineveh	尼尼微

Nisibis	尼西比斯
Noricum	诺里库姆
North Sea	北海
Notes sur Diocletian	《戴克里先记》
Notre Dame	圣母院
Novatian	诺瓦蒂安
Numerian	努梅里安
Octavius	屋大维
Odýsseia	《奥德赛》
Oenomaus of Gadara	加达拉的奥诺马乌斯
Old Testament	《旧约》
Oliver Cromwell	奥利弗·克伦威尔
Olympia	奥林匹亚
Olympus	奥林波斯山
Oration against the Cynics	《驳斥犬儒主义者》
Oration in Honour of Eusebia	《致优西比娅的颂词》
Oration in Honour of Helios	《致赫利俄斯的颂词》
Oribazius	奥芮培锡阿斯
Oriens	东方
Origen	奥里金
Ormuzd	奥尔莫兹德
Osroene	奥斯若恩
Otho	奥索
Palais de Clugny	克鲁尼宫
Palestine	巴勒斯坦
Pannonias	潘诺尼亚
pantheon	万神殿
Papadopoulos	帕帕佐普洛斯
Paphlagonia	帕夫拉戈尼亚
Para	帕拉
Paris	巴黎
Parthian	帕提亚

Paul	保罗
Pavia	帕维亚
Pegasius	佩加西乌斯
Peloponnesian War	伯罗奔尼撒战争
Penelope	珀涅罗珀
Percy Gardner	珀西·加德纳
Pergamum	帕加蒙
Pericles	伯里克利
Peripatetics	逍遥学派
Persephone	珀尔塞福涅
Persepolis	波斯波利斯
Persia	波斯
Persian	波斯人
Pertinax	佩蒂纳克斯
Pessinus	培希努
Petavio	佩塔维奥
Petulantes	佩特朗斯人
Phaeacian	费阿刻斯人
Phathusa	费特胡萨
Philagrius	菲拉格里乌斯
Philios	腓利俄斯
Philippopolis	菲利普波利斯
Philostorgius	菲洛斯托尔吉乌斯
Phineas	菲尼亚斯
Phoenice	菲涅斯
Phoenicia	腓尼基
Phrygia	弗里吉亚
Phrygian cap	弗里吉亚帽
Picts	皮克特人
Pirisabora	皮利萨波拉
Plato	柏拉图
Platonists	柏拉图主义

Plotinus	普罗提诺
Plutarch	普卢塔赫
Pontifex Maximus	最高祭司
Pontus	本都
Pope Sixtus V	教皇西克斯图斯五世
Porphyry	波菲利
Poseidon	波塞冬
Praefect	总督
Princedom	元首制
Priscus	普里斯库斯
Proaeresius	普罗埃雷修斯
Probus	普罗布斯
Procopius	普罗科皮乌斯
Prophets	《先知书》
Propontis Sea	普罗庞提斯海
Proteus	普洛透斯
Prussia	普鲁士
Puritan	清教徒
Pylae	皮拉
Pyrenees	比利牛斯山脉
Pyrrho	皮浪
Pythagorean	毕达哥拉斯学派
Quadi	夸地
Quirinus	奎里努斯
Raetia	莱提亚
Rehimeme	雷希梅
Reims	兰斯
Reinhardt	莱因哈特
Religions de la Grece	《希腊的宗教》
Remagen	雷马根
Renaissance	文艺复兴
Rhaetia	雷蒂亚

Rheinzabern	莱茵察本
Rhine	莱茵河
Rhodope	罗多彼
Rhone	罗讷河
Rimbault	林博尔特
Romano-Hellenism	希腊罗马文化
Romulus	罗慕路斯
Rufinus	鲁菲努斯
Sabazius	萨巴齐乌斯
Sabbath	安息日
Sabinianus	萨宾尼亚努斯
Salians	萨利安法兰克人
Sallust	萨卢斯特
San Giovanni Laterano	拉特兰圣乔瓦尼大教堂
Sanctio	桑蒂奥
Saracen	撒拉逊
Sardica	撒尔底迦
Sardinia	撒丁岛
Sardinia	萨迪尼亚
Sarmatia	萨尔马提亚
Sarmatian	萨尔马提亚人
Sassanid	萨珊王朝
Saturnalia	农神节
Save	萨沃河
Saxon Shore	撒克逊海岸
Saxon	撒克逊
Saxons	撒克逊人
School of Origen	奥利金学派
Schwarz	施瓦茨
Scots	苏格兰人
Scythian	斯基泰人
Seckingen	塞金根

Second Advent	基督复临
Second Apology	《第二次道歉》
Secundus Sallustius	塞古都斯·萨卢斯蒂乌斯
Seine	塞纳河
Seleucia	塞琉西亚
Seleucus I	塞琉古一世
Semitic	闪米特人
Senate-house	元老院
Sennacherib	辛那赫里布
Sens	桑斯
Serapio	塞拉皮奥
Sermon on the Mount	登山宝训
Severus	塞维鲁
Shapur II	沙普尔二世
Sibylline	西卜林
Sicilia	西西里岛
Sicily	西西里
Sievers	西弗斯
Silenus	西勒诺斯
Silvanus	西尔瓦努斯
Singara	新加拉
Sintula	辛图拉
Sirmium	西尔米乌姆
Socrates of Constantinople	君士坦丁堡的苏格拉底
Socratism	苏格拉底哲学
Soli invicto	无敌的太阳
Solomon's Temple	所罗门圣殿
Solon	梭伦
Sosipatra	索西帕特拉
Sozomen	索佐门
Spain	西班牙
Spanheim	施潘海姆

St. Helena	圣赫勒拿
St. John	圣约翰
St. Luke	圣路加
St. Mammas in Cappadocia	卡帕多西亚的圣玛玛斯
St. Paul	圣保罗
Stadia	斯塔德
Stoics	斯多葛学派
Strasburg	斯特拉斯堡
Strymon	斯特赖蒙河
Succi	苏奇
Suevi	苏维汇人
Suidas	《苏达辞书》
Summary Judgment	即决判决
Suomar	苏马尔
Supplicatio	祈祷日
Surena	苏雷纳
Susa	苏萨
Sweden	瑞典
Symmachus	辛马库
Syracuse	叙拉古
Syria	叙利亚
Talbot	塔尔博特
Talmud	《塔木德》
Tamsapor	塔姆萨波尔
Tarragona	塔拉戈纳
Tarsus	塔尔苏斯
Tartarus	塔尔塔洛斯
Taurus	托鲁斯
Tertullus	泰尔图卢斯
Teutonic	日耳曼人
Thalassius	萨拉西乌斯
The Caesars	《恺撒》

The Cause of Humanity	《人类的事业》
The Ecclesiastical History	《教会史》
The Epistle to Themistius	《致特米斯提乌斯的信》
The First Edict of Toleration	第一份宽容敕令
The Frogs	《蛙》
The Seventh Monarchy	《第七王朝》
The Ten Thousand	《长征记》
Thebes	底比斯
Themistius	特米斯提乌斯
Themistocles	赛米斯托克利斯
Theodora	狄奥多拉
Theodoret	狄奥多勒
Theodorus	特奥多鲁斯
Theodosian Code	《狄奥多西法典》
Theodosius I	狄奥多西一世
Theodosius II	狄奥多西二世
Theodotus	狄奥多图斯
Theolaif	西奥莱夫
Theophrastus	提奥夫拉斯图斯
Thermes de Julien	朱利安温泉宫
Thilsaphata	蒂尔萨法塔
Thracia	色雷斯
Thracian Chersonesus	克森尼索部落
Thucydidean	修昔底德式
Tiberius	提比略
Tigris	底格里斯河
Timaeus	《蒂迈欧篇》
Timoleon	提莫莱昂
Tisza	蒂萨
Titan	提坦
Titus	提图斯
To the Unmannerly Dogs	《致没教养的犬》

Tower of Babel	巴别塔
Tower of Pola	普拉塔
Trajan	图拉真
Tree of Life	生命之树
Treves	特里尔
Triptolemus	特里普托勒摩斯
Triton	特里同
Troy	特洛伊
Troyes	特鲁瓦
Turin	都灵
Tuscany	托斯卡纳
Tyana	蒂亚纳
Tyre	提尔
Ueberweg	于贝韦格
University of Cambridge	剑桥大学
University of Constantinople	君士坦丁堡大学
University of Oxford	牛津大学
Upper Asia	上亚细亚
Upper Dardania	上达尔达尼亚
Upper Egypt	上埃及
Upper Moesia	上梅西亚
Upper Rhine	莱茵河上游
Ursicinus	乌尔西奇努斯
Ursulus	乌苏卢斯
Vacherot	瓦舍罗
Vadomar	瓦多玛尔
Valence	瓦朗斯
Valens	瓦伦斯
Valentinian	瓦伦提尼安
Valerian	瓦列里安
Varronianus	瓦罗尼安努斯
Verus	韦鲁斯

Vespasian	韦斯巴芗
Vesta	维斯塔
Vestal Virgins	维斯塔贞女
Vetrano	韦特拉诺
Vicar	主事官
Victor	维克托
Victorinus	维克多里努斯
Vienne	维埃纳
Viennensis	维埃内西斯
Vindex	温德克斯
Virta	维尔塔
Vitellius	维提里乌斯
Waterloo	滑铁卢
Willems	威廉姆斯
William Wordsworth	威廉·华兹华斯
Word of God	上帝之道
Xenophon	色诺芬
Xerxes	薛西斯
Yazata	雅扎塔
Zabdicena	扎比蒂卡纳
Zabern	扎伯恩
Zaitha	扎伊塔
Zealand	西兰岛
Zeno	芝诺
Zeus	宙斯
Zizais	齐扎伊
Zonaras	佐纳拉斯
Zoroastrianism	琐罗亚斯德教
Zosimus	索西穆斯